QUEMAR LAS NAVES

MATT HIGGINS

QUEMAR LAS NAVES

POR QUÉ NO TENER UN PLAN B PUEDE RESULTAR BENEFICIOSO

EMPRESA ACTIVA

Argentina – Chile – Colombia – España
Estados Unidos – México – Perú – Uruguay

Título original: *Burn the Boats*
Editor original: William Morrow, an Imprint of HarperCollins*Publishers*.
Traducción: María Celina Rojas

1.ª edición: octubre 2024

Plaza de los Reyes Magos, 8, piso 1.º C y D – 28007 Madrid
www.empresaactiva.com
www.edicionesurano.com

ISBN: 978-84-18308-00-0
E-ISBN: 978-84-10365-24-7
Depósito legal: M-18.174-2024

Fotocomposición: Urano World Spain, S.A.U.
Impreso por Romanyà Valls, S.A. – Verdaguer, 1 – 08786 Capellades (Barcelona)

Impreso en España – *Printed in Spain*

Índice

Introducción

Sentado detrás del escritorio en el set de rodaje del piloto de un nuevo *show* televisivo no pude evitar reflexionar sobre cómo había llegado al punto en el que iba a ser el presentador de mi propio programa de televisión. No me sentía tan diferente de cuando dormía en un colchón destartalado en el suelo de un apartamento infestado de cucarachas en el barrio neoyorquino de Queens y yo era el menor de los cuatro hijos de una madre soltera que limpiaba casas arrodillada para pagar el alquiler. Hacía tiempo que mis tres hermanos mayores se habían independizado cuando me di cuenta de cómo de desesperante era nuestra situación.

Cuando dejé el instituto a los dieciséis años, estoy bastante seguro de que ninguno de mis compañeros de clase podría haber imaginado que, menos de tres décadas más tarde, me verían como *shark* invitado en *Shark Tank**, el programa televisivo de negocios más importante del mundo. Ahora me encontraba subiendo un peldaño más, esta vez como presentador y productor ejecutivo de mi propio piloto de televisión desarrollado por Mark Burnett, presidente de la productora televisiva MGM y visionario de franquicias televisivas de increíble éxito, como los *realities Shark Tank*, *The Apprentice***, *La Voz*, *Supervivientes* y más.

---

* N. del T.: *Shark Tank (Negociando con tiburones* en español*)* es un *reality show* estadounidense emitido en la ABC y producido por el Mark Burnett, en el que los «tiburones» (inversores potenciales) deciden si invertir o no en un negocio presentado por un emprendedor.

** N. del T.: *The Apprentice* es un programa de televisión estadounidense de la cadena NBC en el que participan un grupo de empresarios que compiten por 250.000 dólares y un contrato para dirigir una empresa.

Escribo estas palabras antes de ni siquiera saber si el programa se emitirá, pero eso no importa. Lo que me entusiasma es la acción de ir hacia adelante. Mark y su equipo detectaron en mí la ambición que todavía siento y la imbatible fuerza de voluntad que yo mismo puedo reconocer en los emprendedores a los que filmamos, quienes se encuentran a punto de comprar sus primeros negocios y dar el salto más grande de sus vidas. Hay mucho en juego. Aproximadamente la mitad de los negocios fracasan en los primeros dos años de vida. En ese momento aparezco yo para guiarles en su estrategia de la misma manera con la que guío a los empresarios con los que trabajo en RSE Ventures, la empresa que cofundé con el dueño del equipo de fútbol americano Miami Dolphins, Stephen Ross, donde he ayudado a impulsar negocios revolucionarios orientados al consumidor, como el imperio gastronómico de David Chang, Momofuku.

Gracias a mi propia experiencia y a la de cientos de negocios y empresarios con los que he trabajado —muchos de los cuales menciono en este libro—, me he dado cuenta de que realmente existe una fórmula poderosa para alcanzar un crecimiento progresivo e infinito y un éxito sostenido: arroja el plan B por la borda y *quema las naves*.

¿A qué me refiero con «quema las naves»?

Para lograr algo extraordinario, debes deshacerte de tus vías de escape, debes evitar toda oportunidad de retroceder. Descarta tus planes alternativos y sigue adelante, sin que las infinitas formas con las que limitamos nuestros propios éxitos te detengan. Con el tiempo, nuestros instintos primitivos han sido reemplazados por la creencia popular que nos impulsa a elaborar planes de contingencia. Las palabras «nunca se sabe» retumban en nuestros cerebros en un bucle infinito. Estamos tan desacostumbrados a sacar provecho de nuestros sistemas de navegación internos que, cuando estamos a punto de dar un paso audaz, nuestro primer impulso es socavarlo con un plan B. En otras palabras, ya no confiamos en nuestros instintos. Y, sin embargo, el mismo acto de construir una red de seguridad es precisamente lo que te obliga a necesitarla. Si eres alguien que se preocupa por no tener éxito, entonces ya has fracasado.

Soy la prueba viviente de que el universo no impone un techo sobre la ambición. Si he aprendido algo durante las tres últimas décadas —desde el momento en que dejé el instituto, con tal de rendir el examen de desarrollo educativo general (GED) en un intento de escapar de la pobreza, hasta que llegué a *Shark Tank* para ayudar a que nuevos emprendedores lanzaran sus carreras profesionales— es que nunca ganas si te concedes la posibilidad de perder. La grandeza no emerge de contemplar los riesgos, dudar o sucumbir frente a los detractores que acechan en cada rincón de nuestras vidas.

Yo no hubiera logrado nada si no hubiera vivido según la filosofía de *quemar tus naves*. Ahora, con este libro, estoy listo para equiparte a ti con todas las herramientas y consejos para que hagas exactamente lo mismo.

◉ ◉ ◉

De pequeño, hice todo lo que estaba a mi alcance para escapar del pequeño apartamento de Queens donde vivíamos con mi madre. Asistí a la universidad, luego me gradué en Derecho y me convertí en el secretario de prensa más joven de la historia de Nueva York, un puesto que me permitió trabajar con el alcalde Rudolph Giuliani durante los horrorosos atentados del once de septiembre. Posteriormente, fui jefe de operaciones en la reconstrucción de la zona del *World Trade Center*, y más adelante ocupé los cargos de vicepresidente de operaciones comerciales de los New York Jets, vicepresidente de los Miami Dolphins y cofundador de RSE.

Siempre me imaginé trabajando en el campo de los negocios, pero también me encontré a mí mismo triunfando en ámbitos que se encontraban muy lejos de mi idea inicial, desde aparecer en *Shark Tank* hasta producir el piloto de mi propio programa televisivo del cual era el presentador, o convertirme en miembro ejecutivo y profesor asistente en uno de los programas más populares de la Escuela de Negocios de Harvard. He conocido a cada presidente de los Estados Unidos de las últimas tres décadas y recientemente tuve un encuentro privado con el papa Francisco debido a nuestro interés común por los derechos humanos.

Pero también he sufrido mi cuota de grandes y pequeños fracasos. Pensaba comenzar este libro con la historia de cómo, a finales de 2020, estaba contemplando los banderines con el logo de un nueva empresa que había creado en medio de una crisis global, en la Bolsa de Valores de Nueva York. Recaudé doscientos seis millones de dólares para fundar

Omnichannel Acquisition Corp., cuya misión era identificar empresas de potencial excepcional, impulsadas digitalmente y orientadas al consumidor, para fusionarnos y juntos alcanzar nuevos niveles de éxito. Reuní a una junta directiva de gigantes del consumo, trabajé día y noche sin descanso durante meses para lograrlo y me enfrenté a una serie de retos inesperados que se sumaron a mis otras responsabilidades profesionales. Hice sonar la campana de la Bolsa de valores de los Estados Unidos, evento que fue transmitido en vivo por la CNBC, para, al día siguiente, amanecer con COVID-19 y una neumonía bilateral, cuando ni siquiera existía vacuna.

Un año y medio después, y tras mucho más trabajo, justo cuando estaba a punto de lograr sacar a la luz un negocio increíble llamado Kim Insurance, el acuerdo se desmoronó. Podía culpar al clima económico —la inflación era desorbitante, las acciones de alto crecimiento estaban en declive, y el máximo competidor de la empresa (y principal punto de referencia) colisionó y se desmoronó, lo que colocó un nubarrón oscuro en el cielo del mundo de los seguros—, pero la realidad era que había fallado.

Podría haberme ahogado en mis penas y limitarme a mantener los proyectos que creía seguros y que sabía que tendrían éxito. En cambio, doblé la apuesta, dejé *Shark Tank* en un segundo plano para apostar por un programa propio, invertir en el metaverso y escribir este libro. Mi filosofía alimentó mi creencia de que el fracaso de Omnichannel me conduciría a algo mejor, y continué esforzándome para conseguir una mayor libertad y autonomía. Renuncié a mi cargo en los Dolphins y en numerosas juntas directivas, creando nuevas oportunidades de quemar mis naves y buscar recompensas más grandes si cabe.

◉ ◉ ◉

Esta no es solo mi historia. Son todas las historias, y es toda la historia. *Quemar tus naves* como estrategia de éxito se remonta al Antiguo Testamento. «En tiempos antguos», escribe el rabino Naphtali Hoff, «los ejércitos israelíes sitiaban ciudades enemigas únicamente desde tres flancos, lo que dejaba abierta la posibilidad de huida… comprendían que, si el enemigo veía que contaba con una ruta de escape, no lucharía con el máximo fervor y energía»[1].

Sun Tzu, el gran general, estratega militar, escritor y filósofo chino, sugiere la misma idea. «El líder de un ejército...» escribió en su clásica guía de estrategia militar, *El arte de la guerra*, «se adentra con sus hombres más allá de las líneas enemigas antes de revelar su estrategia. Quema sus naves y se deshace de sus ollas de cocina»[2]. Les quita a sus hombres la posibilidad de regresar, y la única manera en la que volverán a alimentarse es arrebatándole la comida a su enemigo.

Cinco siglos más tarde, Julio César navegó con su ejército desde Roma hasta la costa irlandesa con el objetivo de conquistar Inglaterra. Cuando sus naves llegaron a la orilla, él y sus hombres se vieron claramente superados en número, por lo que existían motivos suficientes para retirarse. Pero César estaba decidido a completar su misión, y quería asegurarse de que sus guerreros —y aquellos a los que se iban a enfrentar— supieran que no existía posibilidad de huida. Iba a ser una lucha a la muerte. «¡Quemad las naves!», ordenó César, y ya no hubo vuelta atrás.

Más recientemente, en 2022, Volodymyr Zelensky, el actor de comedia que llegó a presidente de Ucrania, sufría el ataque de los invasores rusos cuando Estados Unidos le ofreció un plan de evacuación. El mundo libre en su totalidad había concluido que Ucrania no albergaba posibilidades de doblegar el poderío del ejército ruso, y que, si Zelensky no abandonaba Kiev pronto, encontraría su fin. Pero el presidente ucraniano demostró que era un experto tanto en historia como en psicología cuando salió en los medios a rechazar la oferta del presidente estadounidense Joe Biden. «No necesito un plan de huida. Necesito munición», declaró.

Zelensky había transmitido a sus oponentes rusos —y al mundo— que descartaba cualquier clase de plan de escape. Había quemado sus naves y estaba preparado para luchar hasta la muerte. Su resistencia se tornó contagiosa y con esas simples palabras inspiró a su país —y finalmente a toda la OTAN— para resistir la invasión.

Me encontraba en un hotel en Pittsburgh con los New York Jets —sus esperanzas para los *playoffs* de la temporada 2010-2011 se esfumaban a marchas forzadas tras dos derrotas consecutivas— cuando nuestro fogoso entrenador, Rex Ryan, dio una charla de lo más entusiasta y pasional para provocar una reacción de sus jugadores. Con el rostro de un rojo brillante, la voz entrecortada y su papada en movimiento acompañando cada palabra, Rex contó a su equipo la leyenda del conquistador español Hernán Cortés, quien se había visto en desventaja numérica cuando intentaba conquistar a los aztecas en 1519, y les había exigido a sus soldados que quemaran sus naves y renunciaran a la posibilidad de retroceder. Como reportaría el periódico *The New York Times* más adelante, «"¡Quemaron sus naves!", gritó [Rex]. "¡Solo os pido que me deis siete semanas!"»[3].

«Los Jets salieron de la sala», continuó el *Times*, «con la adrenalina por las nubes. Más adelante, varios jugadores declararon que esa noche no habían podido dormir. Los Jets aplastaron a los Steelers en lo que se convirtió en su victoria más emblemática de la temporada».

Fue emocionante. Realmente creo que la analogía de *quemar las naves* hizo saltar un resorte en el interior de nuestros jugadores que desbloqueó un nivel de esfuerzo que no sabían que poseían. Esa frase me ha perseguido desde entonces, ya que reconocí que esa filosofía había estado guiando mis decisiones mucho antes de que pudiera expresarla con palabras.

Nunca estuve en una guerra como Sun Tzu y César, ni literalmente bajo asedio como Zelensky, defendiendo la democracia del mal, pero en algunos momentos he sentido el viaje de mi vida como una verdadera batalla. No solo por el hecho de haber nacido en la pobreza. Nací sin esperanzas. Mi madre —que crio a cuatro hijos sola— se encontraba desesperadamente enferma, y empeoraba ante mis ojos hasta que finalmente falleció cuando yo tenía veintiséis años. Me hubiera resultado muy fácil terminar como tantos jóvenes de mi barrio: preso de las drogas, condenado a prisión, sin medios para lograr absolutamente nada o, en muchos casos, muerto. Mi regalo fue que vi otro camino. Y lo seguí.

Achaco todos mis logros vitales a comprender, siendo un adolescente con problemas en el instituto, que la caballería nunca iba a llegar. El universo no me debía nada. Tenía una vida que vivir y nadie me iba a mostrar el camino.

Veo este mismo patrón en cada negocio en el que invierto, y en cada persona de éxito que conozco. Estos comprenden que todo depende de ellos y que no importa lo que hagan o piensen los demás. En los próximos capítulos hablaré de qué importante es seguir tu instinto y actuar en consecuencia. He visto cómo las dudas acaban con más sueños de lo que una reacción rápida nunca lo hará. Y cuando dudas, cuando le das vueltas a algo, o divides tu atención entre tu meta y la red de seguridad que piensas que necesitas, todo se reduce, simplemente, a la siguiente pregunta: ¿a qué esperas?

◉ ◉ ◉

La ciencia corrobora este fenómeno. Las investigaciones han demostrado de manera convincente que los planes alternativos detienen nuestro camino hacia el éxito, y contar con demasiadas alternativas termina por paralizarnos.

Está bien dudar sobre cuál es la decisión correcta en el momento oportuno, así como suponer que tus buenas ideas resultan evidentes para los que te rodean, pero, si actúas en función de esas dudas, te prometo que lo único que vas a estar haciendo es sabotearte a ti mismo. Un éxito arrollador significa entrenar tu mente para perseguir la oportunidad antes del punto de inflexión de la evidencia, en ese espacio intermedio entre la intuición y los datos. Al aprender cómo *quemar tus naves* con confianza y prender fuego a cualquier plan B corrosivo que estés acunando, reducirás el tiempo entre percepción y acción, y cosecharás rendimientos exponenciales.

◉ ◉ ◉

La filosofía de *quemar tus naves* nutre las tres secciones de este libro: «Salta al agua» (parte uno), «Sin retorno» (parte dos) y «Construye más naves» (parte tres). Dentro de cada sección incluyo capítulos que profundizan sobre un conjunto de principios respaldados por historias de mi propia vida, empresas con las que he trabajado e investigación que sustenta lo que los pioneros ya conocen de manera instintiva.

Al final de este libro estarás listo para destruir las barreras que te impiden vivir la vida que estás destinado a vivir; de hecho, estarás listo para cambiar el mundo. Lo único que importa, empieces desde donde empieces, es ese gran siguiente paso. Prepárate para *quemar tus naves*.

PARTE I

SALTA AL AGUA

1. Sigue tu instinto

Quien no conoce mi historia se sorprende mucho cuando cuento que dejé el instituto porque hay un estereotipo recurrente para aquellos que lo hacen; no son más que fracasados que carecen de motivación y condicionan radicalmente sus posibilidades futuras. Mi consejero escolar, el señor Baker, si bien tenía buenas intenciones, vaticinó que desperdiciaría mi vida. Insistía en que el estigma de dejar el instituto permanecería conmigo para siempre.

Él no lo entendía, nadie lo hacía. Dejar el instituto no fue simplemente una consecuencia de no lograr terminarlo. Era un plan diseñado que fui capaz de ejecutar solo porque logré construir una visión de un futuro posible, me comprometí con él al máximo y no dejé que me disuadieran. Seguí mi instinto.

Me explico: en el diminuto apartamento de protección oficial en Queens donde crecí, mi madre y yo nos enfrentábamos a dificultades constantes. Mi mayor sueño de niño no iba más allá de contar con dinero suficiente para tener algo que llevarnos a la boca a diario. Recuerdo la nevera casi vacía en la que solo había carne enlatada *Spam*, sobras de rodajas de carne *Steak-umm* y lo que llamábamos «queso del Gobierno», ya que se trataba de un bloque de dos kilos y medio de un queso misterioso estampado con las palabras «Queso estadounidense donado por el Departamento de Agricultura de los Estados Unidos».

Nuestro ritual de Acción de Gracias comenzaba con una llamada a la puerta del sacerdote de nuestra capilla local, que esperaba en el umbral. Por lo que yo sabía, no eramos grandes católicos. No recordaba la última vez que habíamos ido a la iglesia, y no hubiera sabido qué decir si me lo hubieran preguntado directamente. Pero uno de mis primeros recuerdos es el de tirar del vestido de mi madre, espiar por la rendija de la puerta, y escucharle decir: «Hola, padre». No se hacían preguntas, y no había una mirada sentenciosa en el rostro del sacerdote, ni vergüenza en ese pasillo. Todo lo que sentía era amor mientras él nos entregaba una caja de comida para las fiestas. Ese gesto se me quedó grabado de por vida.

La situación llegó a ser realmente difícil. Mi padre se fue de mi vida antes de que yo cumpliera nueve años. Mis tres hermanos, todos mayores, abandonaron la casa tan pronto como fueron capaces de juntar el dinero suficiente. Si bien mi madre tenía una mente extremadamente rápida y podía escribir mejor que ningún otro escritor como los que leía en los libros del colegio, ella también había dejado el instituto; pero en su caso había sido debido a las circunstancias y no a un guion establecido. Estaba deprimida, tenía problemas de salud, y se vio obligada a utilizar una silla de ruedas porque sus rodillas no podían sostener su cuerpo, que ganaba peso día a día hasta llegar alcanzar unos ciento ochenta kilos. Su balsa salvavidas eran las clases que de la universidad Queens College a las que se matriculó tras obtener su diploma GED. Las amaba. Solía llevarme con ella los sábados a sus clases de estudios urbanos, y a mí también me encantaban.

Esas clases me inspiraron. Pero la inspiración no pagaba el alquiler, por lo que conseguí mi primer empleo a los diez años para ayudar a mi madre a llegar a fin de mes. Vendía flores en las esquinas y también carteras de cuero de diez dólares desde una furgoneta en mercados dominicales. Finalmente conseguí un empleo en McDonald's quitando los chicles de debajo de las mesas de la sala de fiestas infantil. Pero, como era menor, mis ingresos se limitaban a unos cinco dólares la hora. Eso nunca iba a ser suficiente. Necesitábamos muchísimo más. Rebuscando en los anuncios del periódico local *PennySaver* —SOLO ESTUDIANTES UNIVERSITARIOS, 9$/HORA— me di cuenta de que quizás no tenía que esperar a cumplir los dieciocho. ¿Y si saltaba dos años para conseguir todas las cualidades de la adultez como la universidad, un empleo mejor remunerado y libertad?

Tenía catorce años cuando me di cuenta de que el camino tradicional no era para mí. Por eso tomé una decisión: dejaría el instituto, no porque no pudiera terminarlo, ni porque no quisiera seguir estudiando, sino porque estaba desesperado por escapar de la suciedad y la depresión, y necesitaba comenzar mi futuro en ese mismo instante. Tracé un plan para abandonar el instituto dos años más tarde, justo al cumplir los dieciséis, cuando ya podía hacerlo por ley, y aproveché un vacío legal en el sistema inspirado por el camino de mi madre. Si mi nota en el examen GED* —el estigmatizado examen de último recurso— era suficientemente buena, podría saltar directamente a la universidad mucho antes de que mis compañeros de instituto se graduaran, obtener acceso a empleos mejor remunerados y acercarme todavía más a una realidad en la que mi madre y yo pudiéramos escapar de las terribles circunstancias en las que vivíamos.

Recuerdo que, cuando estaba en el primer año de instituto, me colé en la noche de orientación para la universidad. Reuní el coraje suficiente para acercarme a uno de los representantes de algunas de las mejores universidades del país y le pedí validación para mi plan: «Disculpe, señor. Si alguien no llegara a graduarse del instituto, pero sacara muy buena nota en el examen GED, ¿se plantearía admitirlo? Pregunto por un amigo». La respuesta siempre sonaba diplomática e iba acompañada de una sonrisilla condescendiente: «Supongo que sí. Creemos en las segundas oportunidades, jovencito».

¿Acaso alguien comprendía realmente mi intención? En absoluto. Ni mis amigos, ni mis profesores, ni mi madre. Pero durante dos años me aferré a ese único plan. Intuí que tenía que suspender todas mis asignaturas para lograr que funcionara. Si iba tirando, si aprobaba alguna, habría demasiada fuerza gravitacional empujándome para seguir en el instituto y tendría que hacer frente a más charlas inútiles con consejeros escolares; y lo que yo necesitaba una aniquilación completa y total.

Repetí noveno dos veces y terminé sentado en la misma clase durante dos años, rodeado de los traficantes de drogas del instituto que llevaban buscas en sus cinturones y que estaban tomando rumbos vitales muy diferentes al mío. Independientemente de cuáles fueran nuestras motivaciones, todos fuimos abandonados en el mismo barco. Algunas noches trabajaba en el colmado de mi barrio, dormía un poco, miraba los informes del general Norman Schwarzkopf sobre la guerra del Golfo en la CNN, me iba paseando al instituto sobre las doce del mediodía y en el camino evitaba a los inspectores de absentismo escolar. No aprobé ninguna asignatura excepto la clase de mecanografía

* N. del T.: El examen de GED es un examen de equivalencia del bachillerato. Examina lectura, interpretación de la información y expresión.

(creía que era una habilidad útil; a día de hoy puedo escribir más de noventa palabras por minuto).

Me había cavado un pozo del que solo podía salir a través de mi plan. Había creado mi propia crisis. Pero una cosa es tener una idea, y otra cosa totalmente diferente es llevarla a cabo. Cuando finalmente llegó el día de dejar el instituto, me sentí como un fracasado. Recuerdo ir aula por aula devolviendo mis libros, cabizbajo, y absolutamente avergonzado. Entré de puntillas a la clase de ciencias del señor Rosenthal, y le entregué un libro que nunca había abierto.

«Higgins, qué desperdicio», soltó despectivamente mientras miraba a la clase repleta de estudiantes. «Te veré en el McDonald's».

Soy de ascendencia irlandesa, de manera que, cuando paso vergüenza, mi rostro adquiere un color rojizo imposible de disimular. Fue tan embarazoso que creí que no llegaría a la puerta y me desmayaría delante de treinta y cinco adolescentes que no dejaban de reír. Pero, cuando ya estaba girando el pomo, me llené de valor y respondí: «Si me ve en el McDonald's, será porque soy el dueño».

Las últimas palabras que escuché en la escuela fueron «Uhhhhhhhh, ¡menuda respuesta!» y «¿Va a permitir que le hable así, señor Rosenthal?». Abrí de una patada las puertas de metal de mi prisión camino a mi supuesta libertad, y me senté en los escalones del instituto Cardozo por última vez, encendí un Malboro y pensé para mis adentros: *«Puede que tenga razón»*.

◉ ◉ ◉

Mi osada jugada de ajedrez terminó funcionando. Dos meses más tarde, superé con creces el GED y, antes de que terminara el verano, me aceptaron en la universidad Queens College, donde empecé a ganar nueve dólares la hora trabajando en la campaña política del congresista Gary Ackerman. Cuando me presenté con mi cara de niño en el cuartel improvisado de campaña del congresista, me exigieron pruebas de que era un estudiante universitario. Les enseñé el recibo de mi beca de estudios y entré. Terminé siendo el presidente del equipo de debate de Queens College, y me postulé para presidente estudiantil tras informar al periódico de la institución de que había dejado el instituto porque «no me suponía ningún reto», que era la historia que contaba en ese entonces.

De la oficina del congresista Ackerman salté a un empleo como investigador en la oficina de prensa de Giuliani, el alcalde de la ciudad de Nueva York, y desde allí seguí avanzando.

Cuando empecé a escribir este libro, dudaba acerca de cómo contar mi historia, y si el hecho de *quemar las naves* resultaba una estrategia válida para todo el mundo o solo para aquellos afortunados que han nacido bajo determinadas ventajas estructurales. Sí, yo crecí en la pobreza, y mi madre estaba enferma y postrada en una silla de ruedas. Pero, aun así, la sociedad me otorgó el privilegio innegable de ser un hombre blanco. Es por eso que en este libro he decidido incluir historias de empresarios que no tienen por qué compartir mi aspecto o mi pasado. Al escuchar estas historias, parecidas y diferentes a la mía en variedad de formas, me di cuenta de que no importa de dónde vengas, la respuesta es siempre la misma. Quizás el camino sea más largo o arduo dependiendo de las cartas que te hayan tocado, pero, para sacar provecho de ellas y alcanzar tu máximo potencial, debes comprometerte al máximo, seguir tu instinto y actuar.

En lo más profundo de nuestro interior, todos sabemos de lo que somos capaces. Todos contamos con visiones de nuestro futuro que nadie más ratifica. Demasiadas veces la creencia popular y las presiones externas nos apartan de nuestro camino. Desde el momento en el que tenemos la edad suficiente para articular nuestro instinto, nos vemos condicionados a desestimarlo en favor de las instituciones que nos gobiernan y aquellos a quienes pagamos para que nos digan qué es lo mejor para todos. Los consejos de los demás quizás nos mantengan a salvo de la catástrofe —¡no metas papel de aluminio en el microondas!—, pero también nos impiden sacar a relucir nuestras capacidades únicas y singulares.

Ante todo, este libro trata explicar la importancia de no dudar de tu instinto, incluso cuando este no concuerda con lo que el mundo te está diciendo que hagas. La clave para liberar tu potencial es aceptar tu mayor ventaja competitiva: tú eres el único que conoce la historia completa de tu vida, y no hay mayor experto sobre ti que tú mismo. Y, por supuesto, solo tú puedes ver el camino que tienes por delante.

En otras palabras, si no confías en ti mismo, te perderás la oportunidad de ser extraordinario.

Como escribió Ralph Waldo Emerson en su ensayo de 1841 *La confianza en uno mismo* (un ensayo que releo una y otra vez en busca de inspiración): «La persona debe aprender a detectar y a atender ese destello de luz que cruza su el interior de su mente en lugar de admirar el lustre del firmamento con sus bardos y sabios. Sin embargo, el hombre rechaza su propio pensamiento sin dudarlo, y lo rechaza porque proviene de sí mismo»[1].

Es a través de escucharte a ti mismo como empezarás a vislumbrar tu futuro. Existen cuatro principios que te ayudarán a llegar hasta allí.

El destino comienza con una visión

Para mí, era la libertad. Necesitaba hacer todo lo que estuviera a mi alcance para escapar de las limitaciones que el instituto suponía para mí. En tu caso, puede ser cualquier otra cosa, pero tiene que ser algo. No puedes lograr una meta que no has definido. Necesitas saber a dónde quieres ir; solo entonces puedes diseñar un plan para llegar allí. Los mejores sueños son los que emergen de lo más profundo de tu interior, donde la ambición se encuentra inextricablemente asociada a tu visión del mundo, tus dones, tus talentos, y tu alma.

Freddie Harrel divisó una nueva realidad para mujeres negras que, como ella, deseaban expresarse a través de su pelo sin tener que lidiar con experiencias estigmatizantes, costosas y que llevaran mucho tiempo. Deseaba que las extensiones de pelo —un mercado de siete mil millones de dólares a nivel global— fueran fáciles de colocar y divertidas, y, sin embargo, era todo lo contrario. Freddie odiaba que las mujeres que llevaban peluca se sintieran avergonzadas. Incluso la palabra «peluca» parecía tener una connotación negativa. Ella y sus amigas estaban cansadas de que su única opción fueran las tiendas de productos de belleza que vendían productos de una calidad cuestionable y pelucas cuyas texturas no concordaban con sus cabelleras.

De modo que Freddie recaudó más de dos millones de dólares para fundar RadSwan, una empresa emergente de belleza que cambió el mercado del cabello para las mujeres negras y formó una comunidad que giraba en torno a la celebración y el empoderamiento. «Para las mujeres negras del mundo, nuestro pelo comunica mucho sobre quiénes somos, dónde nos encontramos; es como un idioma nuevo», me contó. Las marcas líderes no fueron capaces de verlo, pero Freddie sí.

Otro ejemplo: mi amigo Brian Chesky soñaba con ayudar a generar un ingreso extra a cualquiera que tuviera una habitación de invitados, un sofá extra o incluso un simple colchón inflable, cuando se le ocurrió la idea de Airbnb en 2007. Cuando la web TechCrunch cubrió el lanzamiento de la empresa un año después, el primer comentario predijo un fracaso instantáneo: «Si esto alguna vez se vuelve popular, no tardará en venirse abajo»[2]. Una docena de años más tarde, la oferta pública inicial de la empresa en diciembre de 2020 dio un valor de cuarenta y siete mil millones de dólares a Airbnb. Mi empresa, RSE, tuvo la oportunidad de ser uno de sus primeros inversores y dejamos pasar la oportunidad, ya que dimos demasiada importancia a los potenciales desafíos legislativos en lugar de confiar en mi intuición de que Brian sabría darles solución. Un error catastrófico. Y prueba de que la inacción puede costarte mucho más que un fracaso.

Mi socio en RSE, Stephen Ross —constructor, dueño de los Miami Dolphins y número doscientos sesenta y siete en la lista de multimillonarios Forbes con un patrimonio neto de 11,6 mil millones de dólares[3]— tenía un sueño que también parecía imposible para el resto del mundo. Hudson Yards había sido la ubicación de un antiguo ferrocarril de Manhattan, una herida abierta en el lado oeste de la isla durante casi quince años, una mancha en el paisaje de Nueva York[4]. Una serie de alcaldes y gobernadores propusieron remodelación tras remodelación, y cada una de ellas falló debido a los bajos presupuestos y el escaso apoyo a la inversión de lo que parecía un terreno perdido y demasiado alejado de las líneas del metro como para que nadie se desplazase hasta ahí. Yo tenía cierta relación con el área, ya que inicialmente los New York Jets me contrataron para liderar la construcción de un nuevo estadio en esa misma zona de Hudson Yards. El proyecto se había desmoronado, víctima de la política de «no en mi jardín trasero», al igual que los múltiples intentos de convertir la propiedad en un nuevo estadio de béisbol para los Yankees; en un estadio para las distintas candidaturas fallidas de la ciudad de Nueva York de acoger los Juegos Olímpicos, y, finalmente, en oficinas, un acuerdo que fracasó durante la crisis financiera de 2008.

Stephen veía algo que nadie más veía: la posibilidad de construir un barrio completamente nuevo desde cero, un proyecto de uso mixto con oficinas, espacios para espectáculos, bloques de pisos, tiendas, restaurantes, una plaza pública y una nueva e imponente obra de arte que actuaría como imán para esta área inexplorada. Se convertiría en el proyecto inmobiliario más grande de la ciudad de Nueva York desde la construcción del Rockefeller Center en 1939; un proyecto de veinte mil millones de dólares en total que llegó a hacerse realidad porque él hizo frente a una combinación casi imposible de arduas negociaciones, complejos retos de ingeniería para construir sobre líneas de metro activas, una crisis financiera y una pandemia que amenazaron con hacer descarrilar el proyecto[5]. Su visión sin fisuras fue lo que convirtió su esfuerzo en éxito.

A lo largo de este libro leeremos historias inspiradoras de toda clase; el sueño de Christina Tosi de hornear una galleta para cada una de las personas del planeta; la capacidad de Laura Book para descubrir cómo sacar provecho de los episodios traumáticos de su infancia (ser víctima de violencia sexual) para ayudar a mejorar la vida de millones de personas; y la misión de Laurie Segall de lanzar una empresa de comunicación bajo la premisa de llevar el metaverso a las masas (y combatir de esa manera los vicios patriarcales que históricamente han formado parte integrante del espacio tecnológico), por nombrar algunas. Las motivaciones surgidas de la experiencia personal son los activos más valiosos que poseemos. No existen sueños imposibles de perseguir en la vigilia. Pero tenemos que concedernos el permiso de identificarlos y actuar en consecuencia.

Abhi Ramesh, de veintinueve años, es el fundador de Misfits Market, que envía productos frescos y conservas a precios asequibles por todo el país, lo que ayuda a sus clientes a ahorrar dinero y a su vez combate el desperdicio de alimentos. La empresa ha recaudado más de trescientos millones de dólares y está valorada en miles de millones[6]. Abhi tuvo una epifanía cuando recolectaba manzanas en una granja con su novia y veía la fruta levemente dañada en el suelo y, tras enterarse por el granjero de que los supermercados no la aceptaban, se preguntó por qué esas manzanas imperfectas, pero perfectamente comestibles, quedaban relegadas a la basura. Vale la pena reflexionar sobre el origen de esa idea, ya que habla de la importancia de la experiencia acumulativa.

«Toda la vida me he dedicado a buscar valor donde otros no lo ven», me contó Abhi. En el instituto, vio cómo sus amigos tiraban sus libros de texto a la basura, ya que les resultaban inútiles una vez el año escolar terminaba. Abhi los compró (por treinta céntimos de dólar) y los revendió en Amazon (por sesenta céntimos de dólar), lo que duplicó su inversión. Tras graduarse en Wharton, trabajó en un fondo buitre, donde buscaba oportunidades ocultas en empresas en dificultades. «Encontrar valor oculto está en mi ADN», afirma, y, cuando vio las manzanas en el suelo, estaba listo para sacarle rendimiento. La idea encajaba con el espíritu de su visión, cuya meta era descubrir valor allá donde estuviera.

◉ ◉ ◉

Abhi comprendió lo que estaba intentando lograr, de manera que aceptar su sueño no le requirió un gran salto de fe. ¿Cuentas con la misma clarividencia para reconocer tu propio sueño cuando se te presenta? Cuando les hablo a mis estudiantes de la Escuela de Negocios de Harvard que buscan consejos acerca de qué empresa de capital privado deberían escoger, o a qué empresa de consultoría deberían unirse, yo empiezo por pedirles que den un paso atrás.

«No quiero saber qué queréis ser. Quiero saber *quién queréis* ser».

Esa clase de pregunta existencial es lo que realmente debería estar impulsando nuestras vidas. Abhi asegura que encontrar valor oculto es su motivación. Mi misión es ganar capacidad de acción a través de mayor libertad y autonomía, un impulso que nació en un momento donde no tenía ninguna de ellas. ¿Cuál es la tuya?

Para hacer reflotar esas motivaciones profundas, puedes hacerte algunas preguntas difíciles, pero fundamentalmente importantes:

- ¿Qué cualidades me hacen ser alguien a quien respeto y admiro?
- ¿Deseo pasar mis días creando desde cero o ejecutando el sueño de otro?
- ¿Puedo tolerar el riesgo de un futuro incierto o necesito certezas?
- ¿Preferiría pensar o hacer?

- ¿Me alimento de las interacciones humanas o me quitan la energía?
- ¿Cuándo he sido más feliz? ¿Y qué me conduciría a sentirme de esa manera nuevamente?
- ¿Qué deseo que ponga en mi epitafio?

Tener respuestas concretas es, en cierta manera, menos importante que pensar en las ideas detrás de estas. Siento que la mayoría de gente que se siente perdida llegó a ese punto porque se saltó la introspección del comienzo del camino. Cuando llegan a un determinado punto, algunos se sienten perdidos porque resulta que se embarcaron en el viaje incorrecto. Necesitamos concedernos el tiempo de sentarnos con nosotros mismos y vislumbrar nuestros propios sueños.

A partir de ahí, debemos fiarnos de lo que vemos.

Los datos son secundarios; prepara un «sándwich de instinto»

Stuart Landesberg tenía la visión de una empresa de bienes para el consumidor que permitiera a la gente vivir según los valores que profesan. Sabía que mucha gente cree en la protección del medioambiente, y, sin embargo, cuando se trata de los elementos esenciales de los que dependemos en la vida cotidiana, la conveniencia dicta nuestras decisiones. La mayoría de nosotros se inclina por defecto por las marcas más comunes y más fáciles de encontrar, que no son (en la mayoría de los casos) las mejores opciones para el planeta. Stuart decidió que debía existir una empresa centrada en crear productos de uso cotidiano para el consumidor —como jabón de manos, papel higiénico y detergente para la ropa— que fueran sostenibles, más saludables y libres de plásticos desechables. Renunció a su trabajo en inversión de capital y se comprometió a hacer realidad su sueño, pero sus ciento setenta y cinco propuestas a inversores se toparon con ciento setenta y cinco rechazos en el transcurso de más de un año y medio. Ni un solo inversor comprendió lo que él veía.

Tras todos esos rechazos, la mayoría de la gente habría concluido que el mercado había hablado a través de su portavoz oficial —el capital de riesgo y su necesidad de rendimiento inmediato—, y el mensaje había sido fuerte y claro. Nadie quería a Grove Collaborative, el nombre que él había escogido para su empresa. Pero Stuart decidió que simplemente no había encontrado, todavía, al inversor visionario adecuado. Comprendió que no todos comprenderían su sueño hasta que él lo hubiera transformado en una realidad que no pudiera ser ignorada. Porque él solo necesitaba *una oportunidad*. Un inversor que lo comprendiera, o por lo menos que confiara en lo que Stuart estaba viendo y le permitiera demostrar que su visión era correcta.

Stuart siguió el consejo siempre vigente de Jacob Riis:

> Cuando todo parece en mi contra, me detendré a mirar cómo un picapedrero golpea su roca una y otra vez; quizás cien veces sin siquiera provocar una sola grieta. Sin embargo, en el golpe ciento uno, la roca se partirá en dos, y sabré que no fue ese último golpe el que lo logró, sino todos los anteriores[7].

Stuart hizo algo que la mayoría de los emprendedores se avergüenzan de hacer. Se puso en contacto con uno de los inversores que lo había rechazado, Paul Martino, de Bullpen Capital, y decidió intentarlo de nuevo. «Sabía que estaba interesado», me comentó Stuart. «Quería hacerlo, pero su equipo no estaba de acuerdo, o algo así. Le dije a Paul: "Quiero trabajar contigo. Sé que la respuesta ha sido que no, pero debe haber un precio que pueda pagar"».

Stuart presentía que iban a hacer un buen equipo, y estaba dispuesto a lo que fuera con tal de hacerlo realidad. «Bullpen siempre había tratado con buenos negocios que por alguna razón no parecían del todo seguros», recuerda Stuart. «En nuestro caso, el problema era que el comercio electrónico no era muy popular. No encajábamos con ninguna gran historia de éxito. La misión de Bullpen era respaldar negocios aparentemente poco atractivos... no ha sido hasta hace bien poco que la venta de jabón se ha vuelto, en cierto sentido, un poco más atractiva».

Paul respondió con un precio, y era una propuesta que Stuart podía aceptar. «Era justa tanto para Bullpen como para la empresa», menciona. Entonces, después de ciento setenta y cinco rechazos, logró cerrar un acuerdo. Ahora, cinco años más tarde, Stuart se ha convertido en un héroe del movimiento sostenible, Bullpen agradece que Stuart nunca se rindiera, y Grove Collaborative ocupa portadas. La empresa recaudó cuatrocientos millones de dólares en ingresos totales en el año 2023, y recientemente anunció su intención de cotizar en bolsa respaldada por el multimillonario británico Richard Branson, con una tasación de 1,5 mil millones de dólares.

◉ ◉ ◉

Los datos le indicaban a Stuart que debía rendirse, pero él no estaba de acuerdo. Los mejores líderes toman decisiones disfrazadas de elecciones basadas en datos cuando en realidad son lo que yo denomino «sándwiches de instinto»: datos entre percepciones e intuición que no podemos justificar únicamente con cifras. Las ideas revolucionarias cuentan con demasiados ingredientes como para ser reducidas a una fórmula. Steve Jobs sabía que deseaba hacer llegar diez mil canciones a nuestros bolsillos antes de que nosotros ni siquiera contempláramos esa posibilidad. Katrina Lake, fundadora de Stitch Fix, comprendió la posibilidad de un servicio de suscripción de moda antes que nadie; y se convirtió en la mujer más joven en cotizar una empresa en bolsa. Jeff Bezos lanzó una tienda de libros *online* y, antes de que nadie lo viera venir, la transformó en una empresa de servicios en la nube, una tienda de alimentos, coches autónomos (después de que Amazon adquiriera la empresa emergente Zoox en 2020), y así sucesivamente.

Estas iniciativas no estaban impulsadas por números ni estadísticas. Podemos reunir esos elementos de apoyo más adelante, pero los líderes confían en corazonadas que supuestamente están respaldadas por pruebas concluyentes. Steve Jobs podría haber adoptado un enfoque gradual hacia la música y haber agregado más capacidad de CD a su versión del Sony Walkman. Pero, como era un fanático de la música, comenzó contemplando el problema y trabajó a la inversa para encontrar la solución: ¿cómo llevo conmigo mi colección de los Beatles, compuesta por cientos de canciones, a donde quiera que vaya? Subió al escenario en 2001, metió la mano en el bolsillo delantero de sus vaqueros, y le enseñó al mundo un iPod por primera vez.

Mi colega *shark** Katrina Lake intuyó que la compra de ropa era algo problemático para muchos consumidores, al verse obligados a buscar entre opciones interminables para encontrar algo que les gustara. Gracias a Stitch Fix, reinventó la figura de asesor de compras como una posibilidad accesible para todo el mundo, no solo para los pudientes, y desarrolló esa idea hasta convertirla en un negocio de ropa *online* muy trabajado que en la actualidad obtiene casi dos mil millones de dólares en ganancias anuales y que ha generado innumerables imitaciones.

Seguir la creencia popular hubiera hecho que Jeff Bezos se conformara con que Amazon se convirtiera en el minorista de libros más grande del mundo. Fija tu rumbo y céntrate en este. La falta de enfoque y claridad harán disminuir tu éxito. Pero Bezos tenía un sueño todavía más grande, que denominó *Día Uno*: ¿y si construía una empresa en la que nunca se pusiera el sol, en la que cada nuevo día representara una nueva oportunidad para expandir una nueva faceta de la vida? Fue a por ello y, dos décadas más tarde, es la persona más rica del planeta, o al menos se encuentra entre las cinco primeras.

En RSE, invertimos en Jordana Kier y Alex Friedman, quienes tuvieron el presentimiento de que, si las mujeres fueran plenamente conscientes de los productos que se aplicaban, acabarían por escoger una empresa de higiene femenina de ingredientes cien por cien orgánicos y una cultura de tolerancia, libre de prejuicios. Su momento de revelación tuvo lugar cuando se percataron de la larga lista de componentes que había en la parte posterior de una caja de tampones y de las palabras «puede contener» seguidas de una lista interminable de elementos que nadie en su sano juicio dejaría que tocara su cuerpo, lejía incluida. No existían datos que confirmaran su sueño. De hecho, los escépticos capitalistas de riesgo insistían en que no había un mercado disponible, que el espacio estaba dominado por tres gigantes empresariales, incluida Procter & Gamble, y las investigaciones demostraban que las preferencias de las mujeres en ese campo estaban profundamente arraigadas. Pero, al parecer, las investigaciones eran erróneas, o al menos incompletas. En realidad, nadie había hecho las preguntas correctas a las mujeres.

---

* N. del T.: Es una referencia al famoso programa *Shark Tank*, en el que los inversores potenciales son llamados *sharks*: tiburones en inglés.

«La mayoría de los inversores de capital y líderes de marcas de cuidado femenino son —y siempre han sido—hombres», me explicó Alex. «Sabía que el problema era real porque ¡yo lo experimentaba! No podía descifrar de qué estaban hechos los tampones convencionales, lo que me parecía una falta de respeto. Yo utilizaba la misma marca de tampones una y otra vez por inercia y falta de opciones, no por fidelidad a esta. Tuve la corazonada de que a otras mujeres les pasaba exactamente lo mismo. Sabía que, si existía un producto para la menstruación que estuviera compuesto por ingredientes reconocibles, fuera conveniente y lo produjera una marca que se alineara con mis valores, cambiaría de marca de inmediato. Hablar con otras mujeres me confirmó que ellas también lo harían. Hablamos con cientos de mujeres que sentían una insatisfacción silenciosa con sus marcas de higiene femenina. Sus respuestas confirmaban nuestros instintos, y creamos LOLA para resolver un problema muy real tanto para ellas como para nosotras».

Cuatro años más tarde, los productos LOLA se venden en todos los Walmart exactamente igual que otros productos líderes del mercado, y aumentan su presencia día a día. La iniciativa de Alex y Jordana no iba a borrar del mapa a sus competidores tradicionales, ya que los datos insistían en que los productos existentes eran perfectos para la mayoría de las mujeres. Pero las dos fundadoras sabían que los datos no contaban toda la historia y las mujeres con las que conversaban respaldaban esas convicciones y les otorgaban a Jordana y a Alex la fortaleza necesaria para seguir adelante. De manera que, a menudo, los datos actúan simplemente como un seguro contra el autoengaño. No te dan (y no deberían hacerlo) luz verde. De hecho, las investigaciones terminan, con demasiada frecuencia, dando motivos a la gente para que se rinda antes de empezar. No permitas que las cifras te detengan cuando en tu interior sabes que puedes conseguir algo, y no tengas miedo de buscar el apoyo que sabes que existe en algún lugar.

Debo mencionar una idea todavía más importante llegados a este punto —y es una cuestión que surgió durante una conversación que mantuve con Sean Harper, el cofundador y director ejecutivo de Kin Insurance—, la empresa que iba a lanzar hasta que nuestro acuerdo se desmoronó. Cuando dependes únicamente de los datos, existen muchas oportunidades para dudar de ti mismo. Los datos podrían ser erróneos, o tu análisis podría no ser el correcto y conducirte en la dirección equivocada. «Pero si simplemente haces lo que quieres hacer —lo que tu instinto te dicta que hagas—, entonces no puedes dudar», insiste Sean. «No puedes discutir con tus sentimientos. Y eso, a fin de cuentas, puede acompañar cada decisión que tomes de una paz mental muy necesaria».

Jordana y Alex no ignoraron su instinto. No estaban conformes con los productos de higiene femenina que llevaban toda la vida utilizando. Sabían que otras mujeres se sentían de la misma manera; y estaban absolutamente en lo cierto. La mayoría de nosotros nos autoconvencemos de reprimir nuestras corazonadas. Personas exitosas como Sean Harper y las fundadoras de LOLA decidieron no hacerlo.

Seguir tu instinto es similar a ejercitar un músculo: se fortalece con el tiempo

Pasar una vida comprometiéndote al máximo y quemando tus naves no es sencillo, mayormente porque no se trata de tomar tan solo una decisión correcta. Lograr un éxito duradero requiere de un movimiento constante y de decisiones sucesivas. Kevin O'Leary de *Shark Tank* —también conocido como el señor Maravilloso— comenzó su carrera al cofundar una empresa de *software* educativo. A partir de ahí, podría haber seguido creciendo en esa misma industria y convertirse en un gigante. En cambio, utilizó su experiencia para dar un salto al capital privado y al capital riesgo, y luego hizo su incursión en la televisión, primero en Canadá (en *Dragon's Den*, la versión canadiense de *Shark Tank*), y más tarde en Estados Unidos. Desde entonces, Kevin dirige un imperio presente en diversas industrias, e incluso ha utilizado su fama para dar el salto a la política canadiense.

Lori Greiner es otro gran ejemplo. Comenzó como inventora, y creó y patentó un organizador de pendientes que finalmente fue escogido por JCPenney; y a partir de allí saltó al estrellato televisivo. Actualmente, es propietaria de ciento veinte patentes para algunas de las invenciones domésticas más populares del mundo, ha creado y comercializado más de ochocientos productos y —valiéndose de su experiencia en televisión— ha fundado una productora televisiva propia. Ningún *shark* o inversor se ha quedado quieto, ni siquiera tras un éxito arrollador.

◉ ◉ ◉

Yo había pasado de dejar el instituto a trabajar para la alcaldía de la ciudad de Nueva York y podría haber decidido que ya era suficiente, relajarme y confiar en que mi vida estaba encaminada. Pero no quería detenerme allí. Mi instinto me decía que había mucho más por hacer. En primer lugar, sabía que debía deshacerme del estigma de haber abandonado el instituto. Al pensar en mi futuro, no quería que esa mancha se interpusiera en mi camino, de manera que, después de obtener mi título en Queens College, decidí asistir a la escuela de derecho nocturna a tiempo parcial. Un título de Fordham Law mejoraría mi currículum. Supuse que nadie me reprocharía haber dejado el instituto si me graduaba no solo de la universidad, sino también de una universidad de renombre como abogado, y mi nombre aparecía en la publicación legal *Law Review*.

Al mismo tiempo, solicité un ascenso en la alcaldía. Deseaba ser subsecretario de prensa, pese a tener solamente veintitrés años. Sabía que mi trabajo demostraba que lo merecía, y que el ascenso significaría un aumento sustancial de sueldo, lo que ayudaría a sacarnos, a mi madre y a mí, de la miseria en la que vivíamos. Debido a mi juventud, me respondieron que debía esperar mi turno, y que otros mayores que yo y con más antigüedad se encontraban por delante. En ese momento, mi instinto me dictó que debía tomar una decisión audaz: renunciar.

Nunca pierdas las riendas de tu vida. La justicia no se impartirá en tu defensa. Si sientes que te están explotando o impidiendo que brilles, no puedes dejarte llevar por el resentimiento y esperar a que te reconozcan o, incluso peor, autocompadecerte. La ley del interés compuesto se aplica tanto a ideas y logros como al dinero. Cuanto más rápido asegures nuevos logros, más tiempo tendrás para cosechar los frutos del crecimiento exponencial. Por esa razón, en el musical *Hamilton*, Eliza le pregunta a su esposo: «¿Por qué escribes como si te estuvieras quedando sin tiempo?». Alexander Hamilton escribe frenéticamente porque entiende que todos contamos con un tiempo limitado.

Yo no iba a esperar en la alcaldía para siempre. Debía trabajar a la velocidad de la luz para salir de la pobreza de manera segura y permanente. De modo que obtuve un empleo en el departamento de asuntos gubernamentales en New York Life, una gigantesca empresa de seguros. Me ofrecieron un salario base más elevado y también me iban a pagar la escuela de derecho. Mis colegas en la oficina de prensa del alcalde me decían que estaba cometiendo un error, pero lo hice de todos modos. Por supuesto que lo hice. Ellos no decidirían sobre mi futuro; solo yo era el responsable de mis decisiones.

El trabajo era desalentador y terriblemente aburrido —mi primer y último trabajo de ocho horas —, pero poco después, cuatro meses más tarde, el Ayuntamiento me llamó y me pidió que regresara, esta vez como subsecretario de prensa. La estrategia había funcionado. Salté a primera línea en base al mérito, no a la edad, tal como yo había querido, y gané un aumento que no me daba para pagar la escuela de derecho (terminé enterrado en préstamos estudiantiles), pero al menos tendría suficiente como para cuidar de mi madre.

En ese entonces no sabía que estaba siguiendo un patrón que detectaría en tantas otras personas a lo largo de mi carrera. No creía que el hecho afrontar todo tipo de riesgos con valentía fuera nada más que mi propia actitud vital. Pero resulta que funciona. Puedo reconocer esa misma actitud en la carrera de Jason Feldman, el cofundador y director ejecutivo de Vault Health, el líder en *tests* de saliva para detectar el COVID-19, que se asoció con gobiernos y empresas en todo el mundo con el objetivo de salvar vidas.

La trayectoria profesional de Jason antes de dejar su huella en el ámbito de la salud estuvo marcada por constantes saltos de un lado a otro. Comenzó su carrera en el Departamento de Estado de los Estados Unidos, pero rápidamente incursionó en el mundo minorista, y ascendió en la jerarquía al pasar de The Home Depot a The Body Shop, más tarde a Hanes y luego a Amazon, para más adelante dirigir Prime Video Directs, ayudando a creadores de contenido a hacer que sus videos estuvieran disponibles en Prime a escala global.

A partir de ahí, Jason estuvo a punto de convertirse en el director ejecutivo de Jenny Craig, el gigante empresarial en técnicas de adelgazamiento, cuando una reunión con los futuros cofundadores de Vault Health cambió por completo su trayectoria. La empresa buscaba convertirse en un negocio emergente en el área del cuidado de la salud masculina, impulsada por la idea de que los hombres necesitan prestar mayor atención a su bienestar cardiovascular, y utilizar la telemedicina para lograr ese objetivo. Jason se sintió inspirado por esa idea. Finalmente, decidió cofundar y dirigir la empresa. Un año más tarde, se desató el COVID-19.

«El día en el que planeábamos lanzar oficialmente el producto principal de la empresa y gastar la mayor parte de nuestro presupuesto de *marketing*, la bolsa de valores se desplomó», recuerda Jason. Debían cambiar de rumbo, y Jason, quien no había parado de hacerlo durante su carrera, era la persona indicada para el trabajo. Jason se topó con un test de saliva que se encontraba guardado en la Rutgers University, y creyó que debía existir una posibilidad de llevarlo al mercado para aquellas personas a quienes los *test* de COVID-19 que implicaban frotar en lo profundo de las fosas nasales hasta llegar prácticamente al cerebro les asustaban.

Se encargó de hacer llegar el *test* de saliva a millones de personas y forjó relaciones y asociaciones con estados enteros y ligas deportivas para llevar a cabo sus programas de testeos. ¿Quién hubiera tenido la confianza para dar ese salto y asumir ese riesgo excepto alguien que llevaba años haciéndolo? «Aprovechar cada oportunidad de mi carrera me ayudó a construirme una caja de herramientas con un conjunto único de habilidades que adquirí mediante el triunfo y el fracaso», me contó Jason. «Recuerdo haberme frustrado cuando uno de mis primeros gerentes me tildó de "generalista" en una evaluación de rendimiento. Ese gerente había pasado años ascendiendo lentamente por la jerarquía corporativa, y me dijo que yo nunca llegaría a ningún lado si no me centraba y me especializaba en algo específico. Pero yo tenía un camino muy diferente en mente».

En el contexto de una pandemia, ese camino dio sus frutos.

◉ ◉ ◉

Los saltos de Jason de industria a industria me recuerdan a mi propia historia. Después de regresar a la alcaldía como subsecretario de prensa, terminé renunciando una vez más, pero, cuando la empresa emergente a la que me uní fracasó, el Ayuntamiento me pidió que regresara, esta vez como secretario de prensa. Tenía tan solo veintiséis años. Al mandato del alcalde le quedaba menos de un año. Los miembros de su equipo estaban abandonándolo, y ya buscaban otros empleos. Yo realmente no sabía cómo cumpliría con el trabajo: el más difícil de los Estados Unidos en el sector de prensa, casi al nivel del secretario de prensa de la Casa Blanca. Mientras dirigía las operaciones de prensa municipales más grandes del mundo, me encontraba atado al teléfono veinticuatro horas al día y corría de una catástrofe a otra, seguía viviendo mi vergonzosa y miserable vida secreta, en la que debía bañar a mi propia madre y asistir a la escuela de derecho por las noches. Pero sabía que tenía que intentarlo.

La oportunidad no es un recurso inagotable, y, cuando detectas una, debes aprovecharla. Como el secretario de prensa más joven de la historia de Nueva York, sentí que me estaba asegurando de por vida mi futuro profesional. Eso es algo imposible, pero realmente creí que aceptar ese trabajo sería la última decisión difícil que tendría que tomar. Mi historia ya no sería la de un chico que dejó el instituto; «el secretario de prensa más joven» sería la primera frase de cualquier presentación sobre mí, al menos hasta que lograra algo mejor. Veía mi futuro tan claro como el agua: había quemado mis naves y, en tan solo una década, nos había sacado a mi madre y a mí de la pobreza.

En realidad, no fue exactamente así.

Tu instinto te salvará; incluso cuando todo lo demás se desmorone

Era el 2 de abril de 2001, mi primer día en el trabajo. Estaba exultante ya que finalmente podría ganar lo suficiente como para contratar a alguien que ayudara a mi madre, conseguir un lugar propio para vivir y hasta tener una cita por primera vez en mi vida. Mi madre estaba cada vez más desmejorada, pero, cuando vives sumergido en una pesadilla constante, te haces inmune a las señales que indican que las cosas pueden ir a aún peor. Si lo pienso ahora, esa mañana cuando me fui el rostro de mi madre estaba prácticamente azul, pero yo no podía ver otra cosa que su máscara de oxígeno y una cuenta bancaria vacía, ya que, si bien yo había estado ganando dinero, el coste de sus cuidados superaba mi salario. Estaba al límite, y no podía continuar pagando una cuidadora para que la bañara. No teníamos nada. Con veintiséis años sentía que me estaba ahogando y ese nuevo puesto como secretario de prensa era mi salvavidas. Antes de marcharme, mi madre me dijo que no se encontraba bien y me suplicó que me quedara en casa, pero ella nunca se encontraba bien y yo tenía que ser puntual en mi primer día en el Ayuntamiento.

Cuando subí corriendo las escaleras de mármol de la entrada principal en el distrito financiero de Manhattan, Chris, un joven policía con un acento de Brooklyn perfecto, me dejó pasar y me saludó chocándome la mano.

«¡Matty Boy, has vuelto!».

Me acomodé en mi escritorio, ubicado en un rincón, y a las diez de la mañana me llamó Angela Banks, la directora de la oficina. «Matt, tu madre está al teléfono», me dijo.

Había llamado a una ambulancia. Le costaba respirar.

Mi primera reacción fue de alivio. Por fin alguien más se pondría al mando y haría algo, lo que fuera. Le dije que me encontraría con ella en el hospital de Queens.

Me detuve en nuestro triste y diminuto apartamento con la intención de recoger algunas de sus cosas para lo que, esperaba, sería un ingreso largo en el hospital; ese era mi deseo, ya que por lo general, las visitas a urgencias terminaban con negativas y conmigo empujando la silla de ruedas de vuelta al coche. Cuando llegué, había una ambulancia abandonada en el medio de la calle con las puertas abiertas, la primera señal de que algo iba realmente mal.

Siempre me arrepentiré de esos minutos tan valiosos que desperdicié en el apartamento. «Lo lamento mucho», dijo la recepcionista cuando llegué al hospital. «Tu madre ha fallecido hace cinco minutos».

◉ ◉ ◉

El mayor éxito profesional que había experimentado hasta el momento sucedió en el peor día de mi vida. De pequeño, deseaba rescatar a mi madre desesperadamente. Hasta el día de hoy, es mi mayor fracaso, y una herida supurante que nunca termina de sanar. Algunas cosas simplemente no se superan.

El dolor de mi madre terminó esa mañana, pero su legado vive en lo que aprendí de su experiencia: en primer lugar, la enorme empatía que siento por aquellos que intentan tirar hacia adelante a pesar de la pobreza o la discapacidad, y, en segundo lugar, una lección que me ha espoleado desde ese entonces: nada nos garantiza un final feliz.

Las cosas se desmoronan; lo harán, hasta cierto punto y de una manera u otra, para casi todos nosotros, en especial si aspiramos a lograr algo grandioso o significativo. Cuando eso sucede, lo único que queda eres tú mismo y las decisiones que tomaste en el camino. Tal como dijo Sean Harper, de Kin: no puedes dudar de tus sentimientos. Seguir tu instinto es la única manera de vivir sin remordimientos. En cuanto a mí, más allá de lo que le sucediera a mi madre, todavía debía hacer frente a mi propia vida. Me pregunto dónde estaría si no hubiera abandonado el instituto cuando lo hice. Mi madre habría muerto igualmente, quizás incluso antes si no hubiéramos contado con mi salario para pagar sus cuidados. ¿Y dónde habría estado yo? Probablemente no hubiera logrado llegar a la alcaldía. Probablemente ni siquiera hubiera asistido a la universidad. Mi trauma de la infancia habría lastrado en mi vida adulta, y yo habría culpado a mi madre por arruinar mi potencial.

En cambio, a pesar de encontrarme emocionalmente devastado, contaba con un futuro profesional por delante.

◉ ◉ ◉

¿Qué haces cuando lo más fácil es desmoronarse? Seguir adelante. No existe un mejor ejemplo que el de Kaley Young para ejemplificar esta lección. Se encontraba en enormes dificultades cuando ella y sus dos hermanos, Keira y Christian, cruzaron con decisión las famosas puertas de madera de *Shark Tank*. Ella había dejado la universidad a los diecinueve años, y su madre se estaba muriendo de cáncer de mama. Ayudaba a su padre, un bombero llamado Keith, a cuidar de sus dos hermanos más jóvenes; pero poco después también él enfermó de cáncer, probablemente debido a su trabajo en la zona cero durante el atentado terrorista del 11-S, donde puede que nos cruzáramos mientras yo dirigía la cobertura mediática de los atentados.

Keith, cuando no estaba en la estación de bomberos, era cocinero—había aparecido en el canal Food Network y derrotado al chef Bobby Flay en un desafío de «pollo a la *cacciatore*»— y era un emprendedor e innovador. Había inventado una nueva tabla de cortar que contaba con una bandeja que colgaba del borde de la encimera para evitar que se escurrieran los líquidos y otros restos de comida. Tras múltiples rechazos, su invitación para *Shark Tank* había llegado tres meses después de su muerte.

Kaley, aún sumida en un duelo terrible, podría haber arrojado la carta a la basura. Pero tomó la decisión de seguir con el legado de su padre, y utilizar lo que él había dejado para mejorar las circunstancias de su familia. Junto a sus dos hermanos, que habían pasado a su cargo, voló a Los Ángeles para presentarse en el programa. Fue un momento sumamente emotivo. Deseaba acercarme a ella y protegerla, decirle que superaría ese momento y que todo iría bien.

La tabla de cortar era brillante, pero la familia necesitaba ayuda. Las maquinarias en las que Keith había invertido para crear más unidades se habían oxidado tras su enfermedad. Sus hijos necesitaban treinta mil dólares para comprar nuevas máquinas y poder lanzar el producto al mercado. Les pedimos que salieran algunos minutos para que pudiéramos conversar. Me reuní con Mark Cuban (empresario, inversor y dueño de los Mavericks de Dallas) y los cinco *sharks* ideamos un plan para respaldar a esta familia. Ofrecimos cien mil dólares por el veinte por ciento del negocio, y donamos todas las ganancias a las familias de aquellos bomberos que habían contraído enfermedades a causa de su trabajo durante el once de septiembre. Entre todos, aunamos fuerzas para hacer que los sueños de esta familia se volvieran realidad.

En cuestión de tres meses, el equipo de Daymond John les consiguió una audiencia con la cadena de tiendas de utensilios de cocina Williams-Sonoma, y actualmente su tabla de cortar es la más vendida de toda la cadena. Kaley y su familia se encuentran en una situación financiera estable. Es una historia increíble. Y todo porque ella se negó a rendirse, incluso frente una tragedia tan desgarradora, y se comprometió al máximo y cosechó la recompensa.

◉ ◉ ◉

Las circunstancias de tu vida no determinan tu camino de manera inevitable. Yo lo tenía todo para fracasar; seguir mi instinto me otorgó una salida. Lo mismo sucedió con Kaley. Todo lo que necesitamos está en nuestro interior, no hay duda. Simplemente debemos escuchar esa voz interna; aun y cuando le cuesta hacerse oír.

2. SUPERA TUS DEMONIOS Y ENEMIGOS

Si te pareces en algo a mí, cuando eras niño quizás imaginabas que cuando envejecieras —a los treinta más o menos— finalmente se te revelarían los conocimientos necesarios para navegar por este incomprensible mundo, y que ya habrías superado tus traumas de infancia, dominado todos los demonios que te limitan y que te llevan a tomar malas decisiones porque ya contarías con todas las respuestas. Que estarías tranquilo, estable y completamente seguro de ti mismo.

¡Ay!, yo sigo esperando ese momento.

No me malinterpretes, soy perfectamente capaz de hacer frente a una crisis. Tras dirigir la respuesta mediática a los atentados del once de septiembre y pasar dos años viviendo en la zona cero esforzándome las veinticuatro horas del día para ayudar a reconstruir la ciudad de Nueva York, ¿cómo no iba a sentir que cuento con las herramientas para superar cualquier cosa? Ayudé a dirigir el proyecto para construir el monumento al once de septiembre —a la vez que terminaba la escuela de derecho— y entonces, de manera inesperada, recibí una llamada de los New York Jets para gestionar su intento, poco viable, de construir un nuevo estadio de fútbol en el lado oeste de Manhattan. Esperaban que fuera la pieza clave de la oferta, finalmente infructuosa, de Nueva York para acoger los Juegos Olímpicos de 2012, y mi experiencia para sortear la burocracia de la ciudad me convertía en el candidato perfecto. Y, sin embargo, aunque prosperaba en el ámbito profesional, en lo personal seguía luchando, de más formas de las que creía en ese momento.

Me convertí en ejecutivo de los Jets y, finalmente, quedé a cargo de los negocios del equipo. Tenía un nuevo acuerdo entre manos, un bebé de tres meses y un hermoso apartamento en Brooklyn Heights.

Finalmente me sentía seguro, feliz, e incluso creía que mis viejas heridas se habían cerrado. Había vencido las tragedias de mi niñez, o eso pensaba.

Pero entonces enfermé de cáncer; cáncer testicular, incluido en la lista de cánceres que podrían desarrollarse como consecuencia de la exposición a la zona cero tras el once de septiembre. Me encontraron un tumor gigantesco, después de semanas de dolor y, a la vez, negación por mi parte. A pesar de que mi vida se encontraba en peligro, lo único en lo que podía pensar era en cómo ocultar el diagnóstico. Aún sentía tanta vergüenza, tanta inseguridad respecto a mis orígenes, que temía mostrar cualquier señal de debilidad. Tenía la certeza de que, si alguien se enteraba de que yo tenía cáncer, el contrato laboral provisional que había firmado —que me iba a proporcionar la estabilidad que siempre había deseado— sería cancelado. A pesar de que sabía que había probado mi valía con los Jets, me preocupaba perderlo todo en un instante y regresar a ese roñoso apartamento de Queens a comer ese «queso del Gobierno».

Regresé al trabajo un día después de la cirugía de extracción de testículo, con una cicatriz de dos centímetros y medio aún cubierta de sangre. En ese momento se estaba llevando a cabo una cena de los Jets con un grupo de entrenadores. Me obligué a salir de la cama, dejé los analgésicos a un lado y decidí probar que seguía siendo invencible. Entré en el salón comedor privado donde el entrenador en jefe de los Jets, Eric Mangini, se dirigía a una mesa repleta de miembros de su equipo. De manera despreocupada, ocupé una silla como si nada hubiera sucedido. Era imposible no darse cuenta de que tenía una gran bolsa de hielo entre las piernas. Después de brindar con vino, solté mi nuevo lema, que pronto ocuparía una placa en un collar de perro colgada orgullosamente en mi cuello: LA MITAD DE COJONES. EL DOBLE DE HOMBRE.

Creía que estaba actuando como un héroe, que estaba demostrando fortaleza y determinación, pero ahora siento vergüenza al recordar esa noche. Lo único que estaba mostrando era mi propia debilidad. Estaba mandando un mensaje a todos mis empleados: si yo volvía al trabajo al día siguiente de mi operación, todos debían dejar de lado sus problemas y arreglárselas como pudieran. Ahora sé que por aquel entonces era un líder muy imperfecto, exigente, inflexible, rígido; porque así era exactamente conmigo mismo. No puedes empatizar con los otros si no muestras la misma amabilidad fundamental contigo mismo. No confiaba en que nadie me diera el beneficio de la duda, me diera un respiro o aceptara que yo no era un superhombre. Estaba equivocado.

◉ ◉ ◉

Sean cuales sean tus logros, resulta muy fácil convencerte de que no es suficiente, de que *tú* no eres suficiente, y de que hay buitres esperando para devorarte ante la primera señal de debilidad. Pero, más allá de si los buitres son reales o de si simplemente son las voces de tu cabeza, no podemos dejar que desgarren nuestra autoestima. Antes de quemar nuestras naves, debemos confiar en quiénes somos y no debemos tener miedo de ser derrotados por fuerzas ocultas. Debemos recuperar el poder de las manos de aquellos que buscan abatirnos, de nuestras vergüenzas y fracasos y, desde lo más profundo de nuestro interior, destruir todas las dudas y prepararnos para el duro trabajo que cualquier tipo de éxito conlleva. Este capítulo cubrirá los principios que creo que son fundamentales para superar el pasado y prepararnos para un futuro sin límites.

Vence a tus detractores y cuida tus ideas

Cuando Dave Chang decidió servir su «Hamburguesa Imposible» en uno de sus restaurantes Momofuku en Nueva York en 2016, se topó con un profundo escepticismo. «Nadie querrá hamburguesas veganas», le decían todos, incluido el periódico *New York Post*. «Al laboratorio de Impossible Foods de [Patrick O.] Brown le ha llevado cinco años y ochenta millones de dólares —ochenta millones de dólares— crear una hamburguesa por la que yo no pagaría ni ochenta céntimos», escribió Steve Cuozzo, un columnista del *Post* y crítico gastronómico. «Y definitivamente no pagaría doce dólares por ella, que es lo que costará en Momofuku Nishi».

Me encontraba al fondo de un salón de juntas al lado de Steve Cuozzo en la presentación del producto a la prensa, y observábamos cómo Dave exponía la hamburguesa mientras yo comía una con diligencia y, secretamente, pensaba exactamente lo mismo. Como alguien que ha pasado toda su vida adulta luchando con el sobrepeso, en cuanto descubrí que las calorías de la «Hamburguesa Imposible» se aproximaban a las de una hamburguesa real, no comprendí por qué alguien se iba a molestar en pedirla. A por todas, ¿verdad? Sin embargo, yo le debía fidelidad a Dave y sonreí mostrando mi apoyo cuando él predijo que su producto supondría el inicio de un cambio radical en la sociedad.

Lo que ni yo ni otros logramos anticipar fue la creciente crisis climática y las tendencias éticas hacia la comida vegana que estaban a punto de despegar. Dave predijo la amenaza mucho antes que la mayoría. Comprendió que el consumo masivo de carne estaba contribuyendo a un desastre planetario, y que eso llevaría a la gente a buscar alternativas. Momofuku Nishi se convirtió en el primer restaurante en cerrar un acuerdo con Impossible Foods y el instinto de Dave resultó ser absolutamente correcto. Nos quedamos con una pequeña participación accionarial a cambio de nuestra apuesta pionera. Cuatro años después de que el *Post* declarara que no pagaría ni ochenta céntimos por ella, la «Impossible burger»* fue valorada en cuatro mil millones de dólares por inversores que opinaban distinto; y, mientras escribo esto, la empresa acaba de cerrar su última ronda de financiación por quinientos millones de dólares [1]. Dave tuvo la capacidad de ver el futuro con mucha más claridad que el resto de nosotros, y, si me hubiera escuchado a mí, o al *New York Post*, hubiera esperado y desperdiciado su oportunidad.

«Puedes verlo cuando estás dentro», explica Dave. «Cuando estás todos los días dentro de una industria, tienes ciertas percepciones, sabes más que alguien de fuera, observas hacia dónde se están moviendo las cosas. No existen garantías, pero está claro que yo iba a saber más que una acerca de hacia dónde se está inclinando la industria gastronómica que una persona promedio. Con la «Impossible burger», me sentí como un artista que no quería grabar el mismo álbum una y otra vez. Sabía que necesitaba cambiar, hacer algo distinto. Es gracioso: cuando era más joven, las personas me criticaban por no querer atender a veganos y vegetarianos, pero con el tiempo vi hacia dónde se estaba dirigiendo el mundo. Las personas quieren comer más sano y ser más cuidadosos con el planeta, por no hablar de la escasez de proteínas para el 2050 a la que

---

* N. del T.: *Impossible Burger* (hamburguesa imposible): Es una alternativa vegana a las hamburguesas de carne tradicionales. Es «imposible» porque imita a la perfección el sabor, aroma y textura de las de carne, sin estar hecha de carne.

nos dirigimos. El cambio es inevitable. Y quiero actuar en consecuencia mucho antes del punto de no retorno, en especial sabiendo que si actúo —si tomo la decisión de involucrarme— estaré ayudando a acelerar el progreso».

◉ ◉ ◉

Cuando decidí invertir en carreras de drones, me humillaron igual que a Dave. Nadie lo consideraba un deporte. Nadie imaginaba que a la gente le interesaría observar el mundo desde la perspectiva de un dron, presenciar cómo esos «juguetes» tan caros chocaban entre sí a ciento sesenta kilómetros por hora y recorrían una pista repleta de tuberías y ventanas rotas en una fábrica abandonada. Pero yo tenía algo de lo que los escépticos carecían: fe en un fundador cuya visión comprendía por completo.

Un profético veinteañero de mi equipo trajo a Nicholas Horbaczewski a mi oficina y este me presentó una idea: «¿qué niño no sueña con volar?», dijo. Los drones brindan a la gente la oportunidad de vivir una experiencia extracorporal, contemplar el mundo desde una perspectiva única, y esto resulta adictivo. Estas carreras han generado la aparición de drones de alto rendimiento que terminarán siendo accesibles para el gran público.

Sonaba genial, pero esta idea no hubiera tenido mayor relevancia si Horbaczewski no hubiera tenido lo que se necesitaba para llevarla a cabo, monetizarla y hacerla crecer. Nicholas contaba con las credenciales perfectas para la misión: un máster de Harvard, experiencia como director financiero en Tough Mudder (lo que había empezado siendo una especie de carrera de obstáculos para domingueros y que ahora se había vuelto popular) y experiencia como productor de cortometrajes, por lo que poseía las habilidades necesarias para hacer que las carreras de drones resultaran espectaculares.

Yo no estaba metido en el mismo mundo que Nicholas, pero realizamos con mi equipo una investigación en la que encontramos indicadores que respaldaban la visión de Nicholas. En YouTube descubrimos una subcultura completamente nueva para nosotros: los niños ya estaban realizando carreras de drones en parques y garajes de todo el mundo, y me di cuenta de que con el ascenso de los *e-sports*, los drones podrían encajar perfectamente en esa tendencia.

Todavía no eran carreras profesionales, pero los primeros adeptos ya se organizaban y realizaban competiciones improvisadas, y, aunque el contenido estaba pixelado y era casero, funcionaba bastante bien. No era tan difícil de creer que esa idea —con algo de inversión en tecnología para extender el tiempo de batería de los drones, de apoyo logístico para la organización de carreras, y de producción para crear un producto final atractivo— podía convertirse en un verdadero deporte. Igual que ya había gente mirando como otros jugaban a videojuegos, también lo harían con las carreras de drones. Y la capacidad de vender patrocinios —algo crucial para transformar un pasatiempo en un deporte viable— parecía completamente posible dada la presencia ya existente de drones en YouTube y la experiencia de Nicholas.

Pero la mayoría de gente no compartía esa visión. Querían ver cifras indicativas de ingresos y no había datos sobre eso. Cuando vas a invertir en algo antes de percibir ganancias, no tiene que parecer que tienes razón. Debes tener razón.

«Era un proyecto inmenso», recuerda Nicholas. «Yo estaba intentando descifrar cómo construir un deporte global que dependía de una tecnología que aún no se había probado. Era lo más espectacular que jamás hubiese visto, pero sabía que era algo complejo, arriesgado y muy caro. Cuando me topaba con un detractor que me decía que fallaría, de alguna manera me estaba diciendo algo que yo ya sabía: no sería fácil y me encontraría con obstáculos para cumplir mi sueño de una nueva franquicia global de deportes. Lo que intenté hacer fue escuchar. ¿Hablaban de un riesgo que yo ya estaba teniendo en cuenta? ¿Qué debía hacer para lograr que comenzaran a creer?».

La actitud de Nicholas era la adecuada. «Como la mayoría de los emprendedores», continuó, «estaba analizando un problema complejo con información incompleta, de manera que debía aprovechar cada oportunidad para cuestionar y perfeccionar mis ideas, incluso aunque las críticas provinieran de un detractor. Dicho esto, también percibía inmensos cambios culturales a mi alrededor. Me resultaba evidente que la integración entre los juegos y la tecnología innovadora en los deportes no eran parte de una tendencia temporal, sino la base del futuro de los negocios deportivos».

No hacía falta ser un genio para atar cabos y entender el potencial de la idea de Nicholas, pero sí era necesario pensar e investigar lo suficiente como para comprender lo que la mayoría no comprendía. Esto no era un pasatiempo, era un deporte; o al menos tenía el potencial de serlo. Por supuesto, hay muchas personas que han fracasado intentando convertir una actividad de nicho en un deporte. De modo que, honestamente, no sé cómo acabará todo este asunto de las carreras de drones, Drone Racing League, y cómo de popular se volverán. Lo que sé es que Nicholas persistirá en superar cada uno de los desafíos que se le presenten. Por ahora, ya hemos creado una nueva empresa que permite sacarle partido a la tecnología vanguardista propuesta por Nicholas. Performance Drone Works desarrolla robots pequeños a control remoto que pueden funcionar como nuestros ojos y oídos en lugares donde no podemos acceder, lo que brinda ventajas tácticas a fuerzas militares y de seguridad y preserva la vida humana en situaciones peligrosas.

◉ ◉ ◉

No podemos dejar que nuestros detractores ganen. Para progresar en nuestras vidas, debemos ignorar la negatividad y perseguir nuestras ambiciones sin importar lo que digan los demás. La vida es un constante tira y afloja entre creadores y destructores. Los creadores están destinados a ganar eventualmente —así se ha comprobado a lo largo de la historia—, pero eso no significa que vencer a los destructores sea más sencillo. Lamentarse de que haya detractores que buscan derribarte es como desear que la gravedad no exista. Cuanto más creces, más adversarios aparecen en tu camino.

Pero no debes dejar que te afecte. En lugar de eso, considera a los críticos como una fuente de datos útiles, como representantes de un porcentaje inevitable de la población que instintivamente rechazará tu idea. Ellos te ponen a prueba y fortalecen tu determinación. Si no puedes defender las virtudes de tu negocio frente a alguien que cuestiona su mera existencia, entonces quizás tu negocio no deba existir después de todo. Y los detractores prueban que existe el triunfo —la posibilidad de obtener una recompensa mayor— tras los riesgos asumidos. Si todo el mundo conociera el valor de una idea o tuviera el coraje de perseguirla, no habría lugar para ese primer movimiento que te permite tomar ventaja antes de que otros vean su potencial.

Los detractores tratan de hacerte caer porque ellos mismos han caído. No los juzgo; siento empatía por ellos porque sé que su odio proviene de un lugar oscuro. Y, sin embargo, cuando está dirigido hacia ti, puede llegar a afectarte.

Para evitar que el odio nos debilite, resulta útil, en primer lugar, comprender algunas de las razones comunes por las cuales la gente intenta derribarnos y reflexionar sobre cómo estas pueden manifestarse.

Falta de información

No todo el mundo puede ver las oportunidades que tú ves porque no cuentan con el contexto, no comprenden tu sueño o no poseen la capacidad de predecir el futuro. La «Hamburguesa Imposible» y las carreras de drones son buenos ejemplos de este fenómeno. Otro ejemplo es el de mi trabajo como director de operaciones del proyecto para la construcción del monumento a las víctimas del once de septiembre. Cuando comenzamos a desarrollar los planes, la ciudad se encontraba completamente dividida con respecto a qué dirección tomar. Había un grupo que deseaba mantener el área de dieciséis acres como un cementerio y no reconstruir nada en absoluto. Pero, para un gran número de personas, hacer algo que no restableciera la normalidad en ese lugar significaba rendirse. Y también estaban los que deseaban erigir una copia exacta de las Torres Gemelas (el diseño original había sido rechazado por gran parte de la comunidad arquitectónica por su falta de proporción respecto al resto del paisaje de Manhattan; «tamaño y escala inhumanos», declararon algunos[2]), y no podían comprender por qué nos planteábamos algo diferente.

Nos encontrábamos en una situación única. En general, los monumentos conmemorativos no se construyen cuando las personas todavía están de luto, sino años después del suceso en sí, cuando ya ha pasado el tiempo suficiente para procesar su significado desde una perspectiva histórica. Por lo general, los monumentos no se construyen en grandes extensiones de terreno en el corazón financiero de una ciudad con la doble necesidad de conmemorar lo que sucedió y a la vez revitalizar una economía afectada. Por lo general, los monumentos no se construyen sobre el terreno que también actúa como el lugar de descanso de las víctimas, en especial cuando algunos restos aún no han sido recuperados. Se nos había encomendado la tarea de reconciliar impulsos en conflicto y estábamos destinados a no satisfacer a nadie.

Junto a mis colegas de la Corporación de Desarrollo del Bajo Manhattan, visité un buen puñado de emplazamientos sensibles: el Pentágono poco después de los ataques, el área donde impactó del vuelo noventa y tres en un campo de Shanksville, Pensilvania, el Monumento a los Derechos Civiles en Montgomery, Alabama, y el Monumento Conmemorativo Nacional de la ciudad de Oklahoma. Ver cómo esos monumentos abordaban sus propios desafíos nos ofreció otra perspectiva. Nos dimos cuenta de que los esfuerzos que se centraban únicamente en conmemorar a los muertos son menos proclives a mantener su relevancia a lo largo de la historia. Una vez que desaparece una generación, esa clase de monumentos pierde su relevancia emotiva, lo que termina perjudicando a aquellos a quienes se intenta conmemorar, ya que no consiguen relatar lo que sucedió y por qué se hizo en el marco de su contexto histórico. Descubrimos que el mayor desafío sería crear, simultáneamente, un monumento conmemorativo para aquellos que habían muerto y un sitio que trascendiera lo literal y se convirtiera en algo que permitiera a las futuras generaciones comprender de inmediato la magnitud de la violencia infligida sobre nuestra nación.

Maya Lin, una estudiante de veintiún años de Yale, se volvió famosa en 1981 tras ganar un concurso público para diseñar el Monumento a los Veteranos de Vietnam. La prensa la condenó por proponer una visión más abstracta que literal y por fracasar en honrar a los muertos. Algunos se refirieron al producto terminado como «el tajo negro de la vergüenza» antes de que ganara aceptación y se convirtiera en el prototipo de monumentos de ese estilo[3]. Nosotros sabíamos que ella, más que nadie, comprendía las sensibilidades en disputa con las que lidiábamos, de manera que la convocamos para conformar el jurado del Monumento del World Trade Center.

Hubo 5.201 propuestas en nuestro concurso, provenientes de cuarenta y nueve estados y sesenta y tres países[4]. Maya y el resto del jurado las evaluaron bajo una presión extrema. Al final, después de desarrollar un plan general para el área que comprendería el monumento, que abarcaba la extensión de terreno en la que se encontraban las torres, reservamos cuatro acres y medio para el diseño conmemorativo ganador (llamado «*Reflecting Absence*», es decir, reflejo de la ausencia). Habría una tumba para los restos sin identificar que quedaría en un nivel inferior y que los familiares de las víctimas podrían visitar, junto a un museo que explicaría la historia y magnitud de la tragedia. Justo al lado de este espacio, construimos el edificio más alto del hemisferio norte, el One World Trade Center, también conocido como la Torre de la Libertad: de quinientos cuarenta y un metros de altura. Juzgados como dos proyectos independientes, en primera instancia el resultado dejó insatisfecho a cada grupo de interés, pero, si se contemplaba desde la distancia, el lugar terminaba interpretándose efectivamente como una composición completa. Ambos conceptos —reflexión y renacimiento— fueron transmitidos. Podría afirmarse que se ha convertido en el monumento conmemorativo más reconocible del mundo.

El hecho de entender el contexto, a través del tiempo que empleamos investigando y desarrollando, nos dio la confianza suficiente para superar las críticas y crear algo verdaderamente especial. Pero no existía una manera de comunicarle ese contexto al planeta entero. Debíamos aceptar que íbamos a ser malinterpretados y dejar que la historia se convirtiera en el juez definitivo de nuestra obra.

Envidia

Las personas suelen atacarte porque les recuerdas el éxito que ellas desearían alcanzar en sus propias vidas. Una investigación ha estudiado los efectos indirectos de los premios que los medios de información económica otorgan a ejecutivos de empresas por su visión y rendimiento[5]. Es un ejemplo sorprendente de las locuras que las personas pueden llegar a hacer como consecuencia de la envidia. Cuando un ejecutivo gana un premio de renombre y se convierte en lo que el estudio denominaba «un ejecutivo superestrella», los datos indican que sus rivales son más propensos a incurrir en derroches de gastos y buscar nuevas adquisiciones durante el periodo posterior al premio. Esos acuerdos, con más frecuencia de lo que indican las estadísticas, terminan fracasando. Los celos provocan que los detractores se desvíen de sus planes y tomen malas decisiones, simplemente porque sus competidores han sido galardonados por los medios; y este efecto es incluso más pronunciado para los directores ejecutivos que estuvieron más cerca de ganar los premios. Los finalistas son los más propensos a tomar decisiones estúpidas después de perder.

La envidia es una emoción muy poderosa. Los detractores que nos rodean, consumidos por nuestro éxito, se ven impulsados a tomar peores decisiones. En este sentido, no deberíamos otorgar nada de crédito a sus opiniones sesgadas.

Incomodidad

Un tercer grupo de críticos desean que el mundo se mantenga tal y como está, simplemente porque el cambio resulta incómodo. Necesitan que tú fracases para justificar su propia inacción y ratificar que aventurarse más allá de la zona de confort resulta peligroso. Se quedan en el mismo lugar, siguen haciendo lo que están haciendo y encuentran la felicidad cuando el fracaso momentáneo te obliga a retroceder a ti.

Esto me resultó muy claro durante mi época con los Jets. Yo estaba convencido de que los aficionados deseaban acercarse a los jugadores tanto como fuera posible, y esa creencia me impulsó a desafiar los límites de las redes sociales en los primeros días de Internet en un intento de arrastrar a la NFL hacia la era moderna. Yo creía que era fundamental que los equipos se acercaran a los aficionados, y no esperar a que el público se limitara a interactuar a través de nuestros canales oficiales, que en ese entonces se traducían en una simple web. Mi mantra era interactuar con nuestros aficionados a través de tantos canales como fuera posible y preocuparme por monetizar esas interacciones posteriormente, una vez que hubiéramos construido una audiencia. Reunimos un gran número de seguidores en MySpace, un precursor de Facebook, y, en consecuencia, la liga nos envió una carta advirtiéndonos que no podíamos seguir operando en esa plataforma. Me mudé a Twitter, donde estaba convirtiendo a nuestros jugadores en superestrellas de la cultura pop, pero una vez más la liga nos obligó a retroceder. Querían restringir nuestra capacidad de lanzar contenido que no saliera directamente de los canales de comunicación oficiales que la liga controlaba. Se trataba de un desacuerdo fundamental acerca del enfoque correcto para conectar con la audiencia. Un año, utilizamos Twitter para informar de nuestras elecciones del *draft* antes de que el comisionado de la NFL los anunciara durante el acto oficial (en retrospectiva, no fue una estrategia muy elegante). En teoría, lo hicimos porque sabíamos que nuestros seguidores no querían esperar más para recibir esa información. En realidad, fue para aumentar nuestros seguidores en Twitter. Sabíamos que esa selección de jugadores generaría miles de retuits. Es más fácil pedir perdón que permiso.

De manera comprensible, la liga se enfadó, pero, en lugar de aceptar que nuestra estrategia era innovadora y adoptar nuestra iniciativa con tal de aumentar las interacciones con los aficionados, lanzaron una normativa para prohibirla. Fue muy frustrante además de desacertado. En lugar de eso, deberían haber adoptado la estrategia de Wayne Gretzky —«patina en la dirección del disco»— y unirse a nosotros acercándose así al público. Esto sigue siendo un problema incluso en los deportes profesionales en la actualidad. Con algunas excepciones, la mayoría de los equipos y ligas deportivas intentan preservar el *statu quo*, y muchas veces se ven obligados a adoptar las nuevas herramientas de comunicación a regañadientes. Corea del Norte ya estaba en TikTok antes que muchos equipos importantes se prestaran a ello.

Exposición

Finalmente, algunas personas temen que nuestra valentía —nuestras grandes jugadas— los hagan parecer débiles o inferiores. Esto hace que sientan la necesidad de destruirnos preventivamente. Las personas inseguras a menudo se ven tentadas a arrastrar a alguien a su nivel o avergonzar a los que se atreven a brillar demasiado. El síndrome de la amapola alta es un término que se acuñó en Australia y Nueva Zelanda. Se refiere a la idea de que todas las flores deberían ser del mismo tamaño y que, si una crece demasiado, es necesario cortarla. Un estudio canadiense titulado: «La amapola más alta: las mujeres exitosas pagan un precio elevado por sus logros» analizó una muestra de más de mil quinientas mujeres que habían alcanzado cierto éxito laboral y descubrió que el ochenta y siete por ciento había visto sus esfuerzos socavados por colegas de trabajo[6].

Las anécdotas del estudio son desde irritantes hasta aterradoras: «Durante las primeras semanas en mi nuevo trabajo», declaró una participante, «recibí un correo electrónico de mi jefe felicitándome por algo que había hecho … mis colegas expresaron sus celos abiertamente y hablaron de ello toda la semana».

«Tres ejecutivos, los antiguos dueños de la empresa, me rodearon y me acorralaron contra la barandilla del primer piso», informó otra participante. «Fueron hostiles, agresivos y me hicieron temer por mi integridad física. Luego me escoltaron hasta mi despacho mientras bloqueaban la salida para que no pudiera escapar»[7].

En lugar de crear un entorno donde el talento pueda destacar, los detractores prefieren intimidar e incluso usar la fuerza con tal de que reine la mediocridad.

Es más, el término «amapolas» ha inspirado la creación de una comunidad de Facebook en la que decenas de miles de padres de niños superdotados o excepcionales de una u otra forma comparten historias sobre sistemas educativos de todo el mundo. Esos niños se enfrentan a todo tipo de dificultades con tal de que no destaquen, para que el resto de estudiantes no sean tildados de medianías o de nivel promedio. Eso termina creando una cultura de la mediocridad; exactamente lo opuesto a lo que todos deberíamos aspirar.

◉ ◉ ◉

Todas estos son motivos de peso por los que otros pueden intentar llevarte al fracaso. Aunque a fin de cuentas, la motivación es lo de menos. Es cómo lidiamos con la crítica lo que marca la diferencia.

Por suerte, hay una fórmula secreta para gestionarla de manera positiva.

El poder del diálogo interno

Cuando me senté en el estudio de *Shark Tank* por primera vez, me quedé completamente petrificado. Entré en pánico, me dejé llevar por la ansiedad y casi mando al garete mi oportunidad. Pasados diez segundos de grabación, viéndome prácticamente hundido e incapaz de decir una palabra, Mark Cuban me lanzó una mirada inquisitiva y seguramente pensó: «¿Quién ha invitado a este tipo?». Pero recuerdo el instante en el que conseguí revertir la situación. Domé la voz de mi cabeza y le prohibí que me llevara por la senda del fracaso. «Escucha, Matt», me dije a mí mismo. «Mereces estar aquí, y la prueba de que lo mereces es que efectivamente estás aquí».

Funcionó, y cualquiera que practique las afirmaciones diarias sabrá por qué. Está comprobado que el diálogo interno nos motiva, aunque depende de cómo lo hagas. Fíjate en que me referí a mí mismo en tercera persona: «Matt, tú mereces estar aquí». Utilizar tu propio nombre, en lugar de la primera persona, te permite tomar distancia de una manera que hace que la charla motivacional seguramente funcione todavía más. Esto ha quedado demostrado en una serie de experimentos sobre cómo minimizar el estrés y la ansiedad social[8]. Se trata de crear esta figura de autoridad del superego que quiere lo mejor para ti y a quien no puedes cuestionar. Es un descubrimiento maravilloso y algo que fácilmente podemos entrenar.

La palabra escrita es incluso más poderosa. En una investigación, estudiantes provenientes de grupos marginalizados que escribieron sobre los valores que eran más importantes para ellos —como la confianza, la creatividad, la empatía y la independencia— recibieron calificaciones más altas que un grupo de control[9]. En otra investigación, los participantes que estaban a dieta y que escribieron sobre lo que más valoraban en la vida —relaciones, religión y salud— acabaron perdiendo más peso que aquellos que no lo habían hecho[10]. Fortalecer tu identidad —reafirmar lo que valoras y en lo que crees— hace que sea más fácil mantenerte firme cuando te enfrentas a desafíos externos, e incluso internos.

Todos debemos entrenar esa voz interior para que se convierta en nuestra mejor aliada, porque las conversaciones más impactantes que vas a tener siempre serán contigo mismo. Con demasiada frecuencia dejamos que nuestro diálogo interno nos destroce mucho antes de que el mundo incluso tenga la oportunidad de hacerlo. ¿Quién te hace pasar por un peor momento, tu jefe o tú mismo cuando anticipas lo que tu jefe dirá sobre algún error que podrías haber cometido? Socavamos nuestros esfuerzos y nos convertimos en nuestros peores críticos, incluso peores que aquellos a quienes tememos. No puedes actuar así y esperar tener éxito. En cambio, debes dirigirte a ti mismo con la misma amabilidad con la que te diriges a un amigo. Cuando logremos comprender que la única aprobación que importa en nuestra vida es la propia, nos daremos cuenta de que tenemos el poder de vacunarnos a nosotros mismos del desdén y la ridiculización externos.

◉ ◉ ◉

Aun así, debemos dar lo mejor de nosotros mismos con tal de no exponernos a las personas que nos menospreciarán y criticarán nuestras metas. Debemos aprovechar cada pizca de energía positiva para alcanzar nuestros mayores sueños. Ten cuidado de a quién le preguntas, a quién dejas entrar en tu círculo y a quién le confías las cosas que más valoras. Yo siempre advierto a aquellas personas que se encuentran gestando empresas o ideas nuevas que esos proyectos son muy frágiles en los inicios. Protege tus sueños con el mayor de los cuidados. Debes crear el entorno correcto para mantener con vida aquellos planes que estás gestando y evitar que tu instinto se vea contaminado. Muchos de nosotros nacemos con una predisposición al autodesprecio, un sentimiento embarazoso que a menudo escondemos incluso a nuestros seres más cercanos. De manera que lo último que necesitamos son voces todavía más negativas que otorguen crédito al escéptico que vive en nuestra mente; en especial durante esos primeros días tan frágiles de todo proyecto naciente.

El programa televisivo *Brain Games** condujo un fascinante experimento en el que hicieron que un fantástico lanzador de tiros libres de baloncesto, que había encestado nueve canastas seguidas delante de un público que lo alentaba, se cubriera los ojos[11]. En lugar de alentarlo, ahora el público lo abucheaba tras cada lanzamiento, sin importar si encestaba o no. Cuando le quitaron la venda de los ojos y recuperó la visión, de pronto comenzó a fallar canasta tras canasta. Delante de un público que lo abucheaba, había perdido por completo su gran capacidad de tiro.

Todos necesitamos apoyo amable y cuidado afectivo. Si te rodeas de la gente incorrecta, tu energía y motivación pueden verse realmente afectadas. Deberíamos protegernos de las críticas innecesarias hasta que hayamos despegado y ganado impulso gracias a algunos seguidores desinteresados iniciales, o a quienes yo denomino optimistas pragmáticos. Estas deberían ser personas que poseen el contexto suficiente para ser capaces de anticipar lo que hacemos y que nos alientan en lugar de

---

* N. del T.: Es un programa americano sobre ciencia popular producido por Magical Elves.

desmoralizarnos. Siempre habrá tiempo de poner tus ideas a prueba ante los más críticos, pero no durante esas primeras etapas de incubación tan delicadas.

El experimento de *Brain Games* también demostró que incluso una dosis pequeña de apoyo externo puede animarte de manera desproporcionada. Una mujer falló diez de diez canastas. Luego el productor le colocó la venda e hizo que el público enloqueciera en vítores cuando falló dos canastas, lo que la condujo a creer que las había encestado. Los vítores desencadenaron una oleada de endorfinas en la mujer y le brindaron una confianza renovada. Una vez retirada la venda, tiró diez veces más y encestó en cuatro ocasiones, una mejoría casi inconcebible tras la primera ronda.

◉ ◉ ◉

Todo eso suena genial, pero ¿qué sucede si te sientes atrapado no por las voces del público, o por las de tu cabeza, sino por la historia de tu vida? La vergüenza que arrastré durante tanto tiempo limitó mi crecimiento hasta que descubrí cómo redefinirla y cómo ver mis desafíos como superpoderes. Mis dificultades me brindaron la determinación, la fortaleza y la percepción para divisar el camino que tenía por delante.

En un momento particularmente oscuro, me reuní con el padre Leonir Chiarello, un defensor global de los pobres y los perseguidos. Es un colega de toda la vida del papa Francisco que supervisa los programas de migrantes y refugiados en todo el mundo como superior general de la orden Scalabrini de la Iglesia católica. Esta antigua orden cuenta con una larga historia de servicio a aquellos que conviven con la guerra y la miseria a diario. El padre Leonir y yo hablamos sobre cómo la vergüenza puede llegar a limitarte y sobre cuán difícil resulta desprenderse de nuestros fantasmas más arraigados. Él me pidió que cerrara los ojos e imaginara un anillo de diamantes deslizándose por un dedo y cayendo en el lugar más repugnante en el que pudiera pensar. «Hijo mío», me dijo, «solo cuando alguien lo descubra y lo libre de toda esa suciedad acumulada durante años nos daremos cuenta de que nunca dejó de ser una joya».

Convierte tus debilidades más profundas en tus triunfos más apabullantes

Rex Ryan trabajó como entrenador de los New York Jets de 2009 a 2014. Poseía cualidades increíblemente valiosas —una perseverancia inquebrantable acompañada de un gran corazón—, pero su carrera estuvo a punto de irse a pique por un episodio personal que lo llenaba de vergüenza y que había mantenido oculto durante sus años como entrenador. Durante los *playoffs* de los Jets en el año 2010, se filtró un video en el que Rex fingía ser un oficial de policía, detenía el coche de su esposa, la elogiaba y le masajeaba los pies de una manera sugerente y sensual. De hecho, aparecieron más videos de ese estilo, y el impacto mediático fue tremendo. Rex estaba terriblemente avergonzado y creía que el escándalo sería el final tanto de su matrimonio como de su carrera. Justificado o no, Rex consideraba que la filtración de esos videos desenmascaraba una debilidad profunda de su interior. Le preocupaba que todo lo que había logrado quedara invalidado y que tuviera que escapar de lo sucedido durante el resto de su vida. Recuerdo entrar en la oficina de Rex. Él acababa de terminar de rezar con Bruce Speight, nuestro vicepresidente de comunicación y miembro devoto de la organización.

«Rex, no sabía que rezabas», dije.

«Ahora lo hago».

Más que una conversión religiosa, lo que Rex necesitaba era redefinir su pensamiento. ¿Cuántos hombres están tan enamorados de sus esposas después de veinte años que todavía sienten ese nivel de devoción sexual hacia ellas... y sus pies? «No deberías avergonzarte, ¡deberías aparecer en *Oprah*! ¡Deberías firmar un contrato para escribir una saga literaria sobre cómo encender la chispa en el matrimonio!», exclamé.

Logró superar el escándalo, y los Jets lograron llegar a la final de la Conferencia Americana de la NFL. A día de hoy, Rex sigue diciéndome, cada vez que me ve: «Anda, ¡aquí está Oprah!».

«Te necesitaba», me confesó recientemente, «y tú estuviste allí para mí. Siempre lo recordaré».

La humanidad de Rex hizo que una gran cantidad de personas saliera a respaldarlo. «Amo a mi esposa», explica Rex, «y no creerías la cantidad de personas que se me acercaron después de lo que pasó y me dijeron que me apoyaban. En cierta manera, la situación demostraba lo que les había dicho desde el día uno: no soy perfecto. Les dije que cometería errores, y lo hice. Todos cometemos errores. Y una vez que la gente ve que tú comprendes esa verdad tan humana, están dispuestos a confiar en ti. Saben que eres real, y —en un vestuario de NFL más que en cualquier otro lugar— los jugadores detectan a un impostor en cuestión de segundos. Mi vergüenza se convirtió en mi fortaleza».

Tu vergüenza también puede convertirse en tu fortaleza. Cualquier preocupación que te esté frenando es tan solo una parte de tu historia. Todos tenemos sombras sobre las que no podemos dejar de pensar, aristas que ocultamos al mundo o episodios sobre los que no queremos hablar. Pero, una vez que te das cuenta de que todos guardamos esa clase de secretos, el poder que las personas ejercen sobre ti se desmorona. No, no puedes maltratar a la gente, y (afortunadamente) hemos visto, durante los últimos años especialmente, que los malos actos —el machismo, la discriminación, el acoso y cosas peores— pueden recibir su justo castigo. Pero ¿el mero hecho de ser humano y dejar que algunas veces esa humanidad salga a la luz? Eso es un triunfo, no un problema.

«Voy con la verdad por delante», comenta Rex. «Los grandes líderes deben mostrar humanidad».

También necesitan un gran sentido del humor. Incluso ahora, y ya han pasado más de diez años, dicho incidente suele reaparecer en la vida de Rex. En diciembre de 2021, estaba en ESPN, hablando sobre una lesión en el pie del *quarterback* Aaron Rodgers. «Soy un experto en pies», bromeó Ryan, lo que hizo estallar de risa a sus copresentadores[12]. Como dice Rex, debes ser humano. Debes aceptarlo.

◉ ◉ ◉

La historia de mi socio, Dave Chang, ilustra el mismo principio, pero de una manera diferente. Más allá de la «Hamburguesa Imposible», Dave había experimentado lo que para los demás parecía ser un ascenso legendario: había pasado de abrir su primer restaurante, Momofuku Noodle Bar, en el East Village de Nueva York en 2004, a construir un imperio gastronómico, lanzar su propia revista (*Lucky Peach*), una serie de televisión y más. Solo aquellos cercanos a él sabíamos que, detrás de las cámaras, batallaba con el trastorno bipolar. En 2018, comenzó a abrirse y hablar de sus demonios y de cómo había pasado su vida ocultándolos y a menudo sufriendo largos periodos de depresión. Se abrió al público acerca de sus dificultades, incluso escribió un libro sobre ellas, y se ha ganado el cariño del mundo por tener el coraje de compartir lo que alguna vez se había considerado como un tema tabú. «Me contactan personas que ni siquiera son de la industria gastronómica», dice Dave. «Creo que es importante para todo el mundo hablar sobre estas cosas, y descubrí que mis luchas internas realmente permiten que los demás puedan empatizar».

Los otros no solo aceptan nuestras debilidades: nos aman debido a ellas, ya que prueban que somos reales y les demuestran que el camino al éxito, a pesar de tu pasado o las dificultades que hayas encontrado, es posible. Bryan Stevenson, abogado, profesor de Derecho y fundador de la organización Iniciativa por la Justicia Igualitaria (EJI, por sus siglas en inglés) —quien, gracias a la representación de personas que han sido condenadas a muerte, ha frenado más de ciento treinta ejecuciones—, escribió en su célebre autobiografía *Just Mercy: A Story of Justice and Redemption*: «Cada uno de nosotros es mejor que el peor de nuestros actos».

Todos trastabillamos. Por eso nunca debemos juzgar, pues acabaremos siendo juzgados también.

◉ ◉ ◉

Luego está la maravillosa historia de Isaac Wright, también conocido como Drift, un fotógrafo y explorador urbano que comenzó a hacer fotografías mientras servía como paracaidista en el ejército en 2018. Isaac descubrió que la perspectiva que podía retratar desde las alturas generaba imágenes impactantes y transmitía una increíble sensación de posibilidades ilimitadas.

Isaac se dedicó plenamente a su pasión, vendió su coche para invertir en equipamiento fotográfico y se propuso escalar cualquier estructura —puente, edificio, etcétera— que tuviera la altura suficiente para generar las imágenes que él deseaba. Por supuesto, él no era el propietario de ninguna de esas estructuras, y, después de que lo atraparan invadiéndolas, lo sentenciaron por violación a la propiedad privada (acceder a un lugar de manera ilegal para tomar fotografías) y lo condenaron a cumplir cien días de cárcel.

Ese podría haber sido el final de la historia de Isaac: otro joven negro cuyo potencial había sido frenado trágicamente a causa de una encarcelación. Sin embargo, eso era solo el principio. Su arte no podía ser ignorado; e, incluso durante su condena, estaba convencido de que vendrían días mejores. «Entre rejas tenía la misma fe en mí mismo que tengo hoy», me contó Isaac. «Les aseguraba a los guardias y a mis compañeros de prisión que mi arte cambiaría el mundo y que lo que me había sucedido era tan solo un obstáculo más. Sentía que era una prueba para saber si podía lidiar con lo que vendría, y que solo tenía que seguir trabajando».

A Isaac lo liberaron el 9 de abril de 2021. Justo un año más tarde, lanzó un NFT* (un token no fungible) titulado «Primer día libre», con una fotografía que capturaba su regreso al arte. Se convirtió en la fotografía más vendida de todos tiempos con 10.351 NFT de la misma imagen, que le reportaron 6,8 millones de dólares. Isaac se comprometió a donar más de un millón para ayudar a los prisioneros mediante el proyecto Bail Project en el condado de Hamilton, Ohio, donde Isaac había cumplido condena.

La lección de utilizar tus peores circunstancias como combustible de tu éxito no podría ser más clara. Desde que empezó con la fotografía, Isaac supo que él y su trabajo estaban destinados a la grandeza. «Mi meta y visión para mi arte es expandir la consciencia humana sobre lo que realmente es posible», explica. «Cuando la gente ve mi arte, contemplan un mundo inmenso y expansivo, el mismo mundo inmenso que yo veo cuando estoy trepando, lo que me lleva a pensar en qué más podría expandirse y qué más es posible en la vida cotidiana. Mi mentalidad —trepar hasta la luna y no mirar atrás— se trata de alcanzar el límite y dar un paso más. Para muchas personas, eso es aterrador, pero, si cruzas la delgada línea de la vulnerabilidad, encontrarás crecimiento humano. Quiero que las personas vean la inmensidad de lo que es posible».

---

* N del T.: Los NFTs o tokens no fungibles son representaciones inequívocas de activos, tanto digitales como físicos, en la red *blockchain*. Usan la misma tecnología que las criptomonedas; no se pueden dividir ni intercambiar entre sí, pero sí se pueden comprar y vender.

◉ ◉ ◉

Doy charlas a estudiantes que se encuentran preparando el GED, algunos de ellos sin hogar que apenas ven posibilidades en lo que hacen. Me presento ante ellos con una apariencia lejana a la de aquel niño de Queens, con la huella de mi pasado oculta bajo mis trajes hechos a medida. De manera que naturalmente asumen que yo nací en la opulencia. Es en esos momentos cuando veo con todavía más claridad por qué tuve tantas dificultades de niño. Compartir tus vulnerabilidades con alguien necesitado es convertir tu dolor en un regalo. Como puedes imaginar, estos son jóvenes curtidos, y muchos de ellos pertenecen a pandillas o han escapado de padres abusivos. Cuando relato mi historia, añadiendo detalles más desgarradores de los que me siento cómodo compartiendo en estas páginas, el cinismo desaparece de la sala. Las emociones se desbordan. De pronto, en lugar de verme como a un extraño que ha tenido éxito, divisan un destello de sus propios futuros. Comienzan creyendo que sus historias siempre serán un escollo en su camino hacia el éxito: ya sea el estigma de dejar del instituto, el hecho de vivir en la calle, o haber sido víctima de abusos. Pero yo les digo que soy la prueba viviente de que el ascenso desde el punto de partida de sus circunstancias miserables no solo los hará más fuertes, sino que los volverá especiales.

«Imagina lo que un empleador pensará cuando sepa que te has abierto camino desde un centro para personas sin hogar, o que has tenido que obtener tu GED sin contar con un techo», les digo. «Este empleador sabrá de lo que eres capaz y de que puedes lograr cualquier objetivo que te propongas».

Cuanto más abajo comiences en tu vida, más extraordinaria será la comparación con tu éxito posterior. En mi lista de personas que admiro en el mundo, aquellas que ocupan los primeros puestos son los que luchan por sobrevivir a la vez que aspiran a algo más. Me refiero a la clase de persona que se encuentra detrás del mostrador en una tienda 7-Eleven y que después de su turno conduce un Uber para poder ahorrar lo suficiente para comprarse una franquicia. Ya el mero hecho de subsistir es arduo. Pero aspirar a más a la vez me resulta extraordinario.

Lo que nos detiene no es solo nuestro pasado. También los tropiezos y caídas inevitables que encontramos en el camino; los fracasos públicos, los proyectos que nunca se hicieron realidad, las decisiones equivocadas, los obstáculos que toda persona de éxito sufre en la senda hacia la victoria. Todos ganamos y perdemos y, dado que he estudiado a los triunfadores de mi alrededor, he descubierto que hay una estrategia que la mayoría de ellos pone en práctica.

Interioriza tus victorias y reflexiona sobre tus pérdidas

Michael Rubin aún no es un nombre conocido, pero pronto lo será. Es un emprendedor nato que cuando todavía iba al instituto abrió una tienda de esquí y, a pesar de haber generado ciento veinticinco mil dólares en ingresos, su negocio no tardó en quebrar. Tenía una deuda de cien mil dólares y su mayor activo era un Porsche que había comprado a los dieciséis. Rubin contrató a un abogado especializado en quiebras, y, si bien era demasiado joven para declararse en bancarrota, terminó saldando sus deudas y cerrando su tienda. A partir de allí asistió a la universidad, pero la abandonó a las seis semanas y comenzó otro negocio minorista, que fue un éxito arrollador. Cambió de rumbo para lanzar un negocio de comercio *online*, que finalmente vendió a eBay por 2,4 mil millones de dólares. A continuación, Michael recompró una pequeña parte del negocio que no interesaba a eBay: Fanatics, un proveedor de productos deportivos bajo licencia. Logró transformar ese negocio en una empresa gigantesca, el negocio de mercancía deportiva más grande del mundo. La empresa cuenta con los derechos de tarjetas coleccionables de la Major League Baseball, la National Football League y la National Basketball Association, lo que puso punto final a asociaciones de décadas de duración, como la de MLB con Topps. Fanatics actualmente está valorada en dieciocho mil millones de dólares.

Yo lo sé por experiencia: la NFL es como las Naciones Unidas; resulta casi imposible lograr que todos los propietarios quieran coordinar y hacer negocios con un solo individuo. Algunos valoran mucho el pedigrí, y Michael no cuenta con uno. Sin embargo, no solo ha logrado lidiar exitosamente con algunas de las personas más ricas del mundo, sino que se ha vuelto una de ellas por cuenta propia. ¿Cuál es su secreto? Sufre rechazo tras rechazo, y él vuelve a por más. «Me gustan mis fracasos», reconoce. «Para mí, el fracaso es el precursor de la victoria. Aprendo de ellos. Crezco a partir de ellos».

En otras palabras, no permite que sus fracasos lo definan. Quizás fracase, pero eso no lo convierte a él en un fracaso. Este es el único atributo verdaderamente importante que veo en quienes han tenido un éxito inexplicable. Los triunfadores permiten que sus victorias se vuelvan parte de su identidad y apuntalen la confianza en sí mismos; como la terrible lanzadora de libres de *Brain Games*, quien creyó en la ilusión de que había encestado sus dos lanzamientos con una venda cubriéndole los ojos. La diferencia entre la victoria y la derrota radica en dejar las pérdidas atrás. Debes aprender de estas, por supuesto, pero, una vez has extraído información del cadáver de tus fracasos, entiérralo en el desierto y nunca vuelvas a presentarle tus respetos. Se ha ido para siempre. Cada vez que estos triunfadores fallan, simplemente expanden su definición del éxito para incluir ese fracaso como otro paso en el camino.

Dave Chang declara que el fracaso «es el precio que hay que pagar para subir de nivel». Queremos lograr un *home run*, deseamos ser maravillosos en lo que hacemos y arrasar con todo, pero para lograrlo debemos aceptar que el fracaso es posible, e incluso alentarlo, porque significa que ese *home run* está cada vez más cerca».

Yo proceso el fracaso en cuatro etapas:

---

1. He fracasado.
2. Pero no soy un fracaso.
3. Descubriré lo que el fracaso intenta enseñarme.
4. Y la próxima vez ganaré.

Esto no quiere decir que debamos ignorar el fracaso o evitar responsabilizarnos. Eso es engañarse, y no estoy diciendo que debas ser un iluso. Debes sentir curiosidad acerca de tus fracasos, descubrir qué salió mal y reflexionar sobre cómo hacerlo mejor la próxima vez. No debes dejar que el fracaso se apropie de tu identidad.

◉ ◉ ◉

Esta lección conecta con el concepto evolutivo conocido como *aversión a la pérdida*. La aversión a la pérdida es simplemente esa tendencia tan humana de preferir evitar las pérdidas y acumular victorias en su lugar. Para la mayoría de nosotros, la tristeza de perder cien dólares sería mayor que la alegría de ganarlos, aunque nos hubieran caído del cielo.

En las épocas más salvajes de la historia humana, este sesgo tenía todo el sentido del mundo. Perder la comida de un día podía matarte, pero encontrar comida extra no te ayudaba necesariamente a vivir más tiempo. Nuestros ancestros cazadores recolectores debían conservar lo que habían obtenido, incluso aunque eso significara no poder generar nuevas ganancias. Ello no resulta tan importante en esta era de abundancia de alimento y amplia disponibilidad de wi-fi. Y, francamente, aceptar una posible pérdida es una gran ventaja en el arbitraje de información, porque se trata de un juego asimétrico.

Sean Harper, de Kin, es un experto en calibrar el riesgo; su negocio de seguros depende de ello. «Existe un límite en lo que puedes perder», explica. «Solo puedes perder lo que posees. Pero, por otro lado, puedes ganar mucho más. No existen límites en cuanto a lo que puedes ganar. Puedes ganar el mundo entero». Simplemente debes reconfigurar tu cerebro para que las pérdidas importen menos y puedas centrarte en las victorias. Vale la pena, y así es cómo los triunfadores progresan, incluso frente a fracasos anteriores.

Nada de esto implica que yo crea que el fracaso es algo bueno. Más bien lo opuesto. Existe un fetichismo del fracaso en nuestra sociedad, como si todos debiéramos fracasar durante nuestro ascenso a la cima. Quizás fracasemos, pero hacerlo no es un requisito, y no deberíamos actuar como si lo fuera. No creo en celebrar el fracaso. En cambio, celebro el acto subyacente de asumir riesgos calculados, más allá del resultado final. Con respecto al fracaso en sí mismo, creo en evitarlo a toda costa. El fracaso es horrible, y las personas que manifiestan lo contrario perpetúan una mentira. Pero cuando sucede (casi de manera inevitable), es necesario tomar lo mejor de él y hacer lo posible para que no vuelva a suceder.

A continuación, una lección final mientras adquirimos la confianza necesaria para embarcarnos en cualquier clase de viaje.

Lo más importante es la empatía: hacia ti mismo y hacia los demás.

Cuando me diagnosticaron cáncer estuve muy mal. Me negaba a concederme tiempo para curarme o permitirme ser más compasivo conmigo mismo. Eso no me perjudicaba solamente a mí, sino a toda la organización. Lo había visto una y otra vez: los gerentes menos empáticos también son los más despiadados consigo mismos. Cuando te tratas mal a ti mismo, también tratas mal a los otros, y, finalmente, tu objetivo termina sufriendo.

Por otro lado, si te amas a ti mismo y tomas el control de tu historia, puedes convertir tu dolor en el motor que te pone en movimiento y no en el lastre que te arrastra hacia abajo. Me gustaría decir que mi enfermedad me cambió, pero la realidad es que mi epifanía no llegó hasta algunos años más tarde, durante mi divorcio.

Hasta ese momento, yo creía que mi voluntad era suficiente para alcanzar el éxito, pero el divorcio era algo que no podía ocultar, y la verdad es que lo veía como el mayor fracaso de mi vida adulta. Después de un divorcio sientes un gran abandono. Muchos de tus supuestos amigos se alejan de ti, la gente te mira de manera diferente, y tu vida personal se vuelve un tema de debate como nunca hasta ese punto. Mi identidad, en mi propia cabeza, era la de alguien con la habilidad de trazar una manera de salir de cualquier situación adversa, pero en esa ocasión no lograba hacerlo.

El problema de que tu autoestima dependa del éxito es que, cuando suceden cosas malas, tu identidad termina por desmoronarse. De pequeño me llamaban Doogie Howser, en honor al personaje televisivo de Neil Patrick Harris de principios de la década de 1990 que se convirtió en doctor a la edad de catorce años. Sin darme cuenta, mi autoestima dependía de que los demás me percibieran como alguien que lograba hazañas prematuras. Y de pronto, a los treinta, me estaba divorciando; definitivamente no era una hazaña con la que deseaba que me asociaran.

Durante mucho tiempo, me sentí insignificante, como si estuviera en un pozo oscuro del que me sería imposible salir. Y luego, una noche, me di cuenta. Estaba deprimido y desesperado, encerrado en una habitación de hotel, después de tres noches sin dormir, mirando mi teléfono con el rostro bañado en lágrimas. Esa noche me encontraba acostado rogándole a mi cerebro que por favor me dejara dormir cuando de pronto escuché un susurro de lo más tranquilizador en mi cabeza que me decía con una autoridad innegable: «Matthew, estás bien». No soy alguien que crea en apariciones, pero eso era lo más cercano a una intervención divina que jamás haya experimentado. Me habló como si eso fuera la verdad absoluta. Me repetí esas palabras —una vez más, ese diálogo interno en tercera persona— y me di cuenta de que, desde el día en que damos nuestros primeros pasos hasta nuestro último suspiro, todos nacemos equipados con lo necesario para mantenernos de pie. Yo estaba bien. Y tú también lo estás.

Me di cuenta del desastre en el que me estaba convirtiendo en el trabajo. Estaba tomando malas decisiones. Estaba tan consumido por el miedo a que «descubrieran» que era humano que no había espacio en mi cabeza para pensar en los demás y en sus necesidades. Les estaba trasmitiendo a todos en la organización: ocultad vuestros problemas, sufridlos en silencio y actuad como si todo fuera bien sean cuales sean vuestros sentimientos.

Los líderes que fomentan esa clase de entorno no generan lealtad entre sus filas. Terminan sufriendo mayores pérdidas y son incapaces de tolerar las crisis organizacionales. Sus empleados, reprimidos, ocultan sus problemas y toman malas decisiones. Antes de mi divorcio, solía juzgar inconscientemente a cualquiera que admitiera estar pasando por un problema personal. Yo había superado mis traumas de infancia (o eso creía), y pensaba que todos los demás también deberían superar sus propios problemas. Simplemente creía que los demás eran menos resistentes, y más débiles internamente.

Todo patrañas. El divorcio había quebrado mi resistencia y me había destruido. Pero me ayudó a entender cómo podía apoyar a los demás y cómo generar un entorno de naturalidad en el trabajo en el que admitir que tienes un problema no fuera algo de lo que avergonzarse. La gente necesita la libertad mental necesaria como para llegar a este tipo de conclusiones.

¿A qué me refiero con eso? Podemos ocupar hasta el setenta por ciento de nuestro día en el trabajo. Si contamos con un entorno laboral profesional en el que nos sentimos cómodos, cualquier proceso de sanación puede acelerarse y ayudarnos a recuperar la estabilidad con mayor rapidez. Necesitamos ser vistos, y necesitamos que las personas se preocupen por nosotros. Necesitamos empatía, incluso en el trabajo. O, mejor dicho, especialmente en el trabajo. Mostrar esa empatía hará que los demás hagan cualquier cosa por ti.

Debo aclarar que fomentar la empatía en el trabajo es diferente de a lo que la gente se refiere cuando habla de encontrar el «equilibrio entre el trabajo y la vida personal». Creo que la búsqueda del equilibrio ideal es una mentira. Los triunfadores siempre fluctúan entre periodos de extremo esfuerzo y periodos de recuperación. Las cosas extraordinarias solo pueden realizarse mediante el esfuerzo extremo. Debemos tomar decisiones de forma intencional, por supuesto, y priorizar lo que para nosotros es importante. Pasé años volando desde y hacia Miami para no perderme ni una oportunidad de ver a mis hijos en Nueva Jersey. Pero creer que lo puedes tener todo —un éxito profesional descomunal y la clásica semana laboral de cuarenta horas que nunca va a interferir con tu tiempo de ocio— no funciona en el mundo real. Por eso es tan importante perseguir algo que realmente te importe. Es lo que te permitirá hacer frente a la cantidad de trabajo que tu sueño requiere.

◉ ◉ ◉

En un documental del año 2018, *El papa Francisco: un hombre de palabra*, el papa habla sobre cuántos de nosotros vivimos nuestras vidas como si no fuéramos a morir, ignorando el hecho de que la muerte es inevitable, y que necesitamos reconciliarnos con esa verdad. En definitiva, así es cómo vencemos a nuestros detractores: nos damos cuenta de que tenemos una sola vida, que esta terminará y que lo único que importa es qué hacemos con nuestro tiempo en la tierra. Nadie nos recompensará por habernos dejado vencer por nuestros miedos o los traumas de nuestro pasado.

Tengo una aplicación en mi móvil, WeCroak, que me recuerda cinco veces al día que voy a morir. Está diseñada en base a la antigua sabiduría butanesa, que resulta especialmente significativa porque los estudios demuestran que las personas más felices de la tierra viven en el diminuto reino de Bután. En su cultura, las vidas están ancladas por la práctica de la contemplación regular del final de la vida. La continua consciencia de la mortalidad ejerce el efecto opuesto de lo que uno creería. En lugar de generar ansiedad a lo desconocido, pensar en la muerte nos recuerda que nuestras problemáticas son temporales y que nuestros días son bienes preciados. La mayoría de las cosas simplemente no importan, ni los coches lujosos, ni el dinero, ni la fama. Todo eso se puede descartar, lo que te hará más lúcido, intrépido, y listo para seguir avanzando. El presente es la única promesa de vida que tenemos garantizada.

«Todos morimos un poco cada día», dijo el papa Francisco[13]. «¡Es la muerte lo que permite que la vida siga viva!»[14].

Es ese conocimiento y la aceptación de la muerte lo que nos ayuda a reunir el coraje para vivir, y soñar, a lo grande. No podemos desperdiciar la única vida que se nos ha dado.

3. Da el salto

Allí estás, al borde del precipicio, listo para cambiar tu futuro con un gran movimiento. Pero algo todavía te retiene. Has tenido muchas oportunidades, pero, cada vez que estás a punto de hacerlo, te quedas petrificado. Sé que las cosas no siempre salen bien. Tu instinto no es perfecto. Pero los grandes logros no se consiguen quedándose quieto o, incluso peor, saltando sin convicción. Todos tenemos pensamientos que nos impiden actuar según nuestro instinto, pero el secreto del éxito es no dejar que esos pensamientos se impongan. Este capítulo habla de esas creencias que nos detienen, y de qué podemos hacer para luchar contra ellas.

«Es demasiado arriesgado»

Jesse Derris era el mejor profesional de relaciones públicas con el que nunca hubiera trabajado, el genio extravagante a quien no le importaba decir la verdad, pura y llanamente, a directores ejecutivos y políticos que lo doblaban en edad. Inicialmente, yo había contratado a la empresa de Jesse para ayudar a los Jets cuando él tenía veintiséis años y era un joven publicista que trabajaba en una agencia tradicional dirigida por Ken Sunshine, una leyenda de ese campo y estrella política y mediática. Vi algo increíblemente especial en Jesse. Podía predecir el comportamiento humano de manera tal que te hacía sentir un poco ultrajado, ya que desafiaba la mera noción de que poseemos libertad de pensamiento.

Para Jesse, el mundo entero funcionaba de acuerdo a un guion preestablecido, y él lo había memorizado de cabo a rabo. Yo solía bromear con que él parecía practicante de artes oscuras, ya que sus habilidades de reconocimiento de patrones rozaban lo místico. Pero, si bien Jesse parecía ser capaz de predecir el futuro de todos los demás, su propio destino lo paralizaba del miedo.

Jesse nunca se había visto a sí mismo como un emprendedor. Él creía que tendría una carrera al uso y, de hecho, en tan solo unos años, había ascendido en la agencia de Ken Sunshine hasta convertirse en socio y no faltaba mucho para que su nombre figurara en la puerta de la empresa junto al de Ken. Sin ninguna duda, estaba teniendo éxito. Y, sin embargo, incluso logrando dicho hito, su destino seguiría ligado al del hombre de mayor reputación. La empresa crecería y caería en gran parte según el éxito o fracaso de Ken, sin que Jesse pudiera hacer nada para cambiarlo, condenado a aceptar esa política de asociación durante el resto de su carrera. Yo sabía que el destino de Jesse era dirigir su propia empresa. Cualquier cosa por debajo de eso significaría estar desaprovechando su potencial.

Le pedí a Jesse que diéramos un paseo y le planteé una propuesta. Le describí dos posibles escenarios para su futuro: «Primero, puedes quedarte en la empresa, trabajar duro hasta los cuarenta y, si tu nombre no está grabado en la puerta para ese entonces, quizá tengas la determinación necesaria para dar el salto a otra parte. Por supuesto, tu lista de excusas habrá crecido exponencialmente, incluyendo pequeñas bocas que alimentar y cuentas de ahorro para pagar universidades que engordar. Y, si no puedes reunir el coraje de dar el salto, pasarás el resto de la eternidad preguntándote qué hubiera sucedido si este paseo hubiera acabado de un modo distinto.

»La alternativa: dimite. Haz las maletas. Mañana. Pondremos dos millones de dólares en una cuenta bancaria y, la semana que viene, Derris and Company nacerá de mis oficinas en RSE. Si fallamos, nos tomaremos una cerveza sabiendo que hicimos todo lo que pudimos».

Esa tarde, caminando por Madison Square Park en Manhattan y comiendo hamburguesas de Shake Shack por el camino, no albergaba dudas de que los dos millones de dólares nunca correrían peligro. Estaba seguro de que Jesse podía construir una de las mejores empresas de relaciones públicas de Nueva York, generar una cantidad significativa de puestos de trabajo para personas estupendas y alcanzar seguridad financiera para el resto de su vida.

Jesse seguía petrificado; y esto es un muy buen ejemplo de por qué es fundamental contar con socios no solo en los negocios, sino también en el hogar. Él tuvo la confianza de dar el salto porque su novia por aquel entonces, Jordana (un nombre que quizás te resulte familiar, ya que es la misma Jordana que lanzó la empresa de higiene femenina, LOLA) lo convenció de que esa era la decisión correcta. El instinto de Jesse, sus mentores y ahora su novia le aseguraban que ese era el camino indicado. Jesse sabía que, incluso aunque su apuesta fallara, las personas que en ese momento creían en él seguirían haciéndolo en el futuro. Al fin y al cabo, siempre podía conseguir un trabajo «normal».

En cualquier caso, no importa que diera esos primeros pasos con cierta cautela; lo único que importa es que los dio. (En cuanto a los dos millones de dólares, a Jesse le fue tan bien que ni siquiera necesitó tocarlos tras el primer año).

Hay dos lecciones que deseo extraer de la historia de Jesse. La primera es que hay veces en que los otros detectan tu grandeza antes de que tú mismo la veas. Verán tus fortalezas con mucha más claridad que tú porque no cuentan con la carga de aquello contra lo que tú estás luchando. En cambio, les respalda la experiencia y son capaces de ver el camino que tienes por delante. Aquellos cuyas carreras ya están en pleno funcionamiento han andado ese mismo camino, de manera que comprenden la trayectoria. No desestimes a aquellos que ven una versión de ti que excede incluso tus propias expectativas; en lugar de eso, pregúntate si quizás no seas tú quien está apuntando demasiado bajo.

La segunda lección es que lo que parece el camino más arriesgado no siempre es así. De hecho, el camino que consideras seguro puede que esté cargado de mucha más incertidumbre. Jesse estaba depositando su fe en otros —sus socios de la empresa— para que moldearan su futuro. Claro, podría haber funcionado. Quizás todo habría salido perfectamente y él habría terminado llevando la empresa a un éxito permanente. Pero en el mundo del fútbol, yo había presenciado cómo ejecutivos de incluso mayor antigüedad perdían el visto bueno de sus colegas y terminaban siendo apartados de su empresa. Desafortunadamente, a veces, cuando estás en un puesto de trabajo porque crees en lo que estás haciendo, tienes que asumir que quizá los de arriba no sean tan leales como tú; y no hay que descartar la posibilidad de que eso le acabara sucediendo a Jesse.

Quizás algún socio más antiguo se quedaría desfasado debido al cambiante panorama mediático y acabaría arrastrando a Jesse con él en su caída. Algunas personas se estancan al alcanzar la edad de jubilación, y el negocio termina atrofiándose. Incluso un camino «seguro» contiene innumerables posibilidades de fracasar. Todo eso eran variables sobre las que Jesse no tenía ningún control. Todo eso fue lo que intenté explicarle a Jesse durante nuestro paseo.

Siempre que dependas del comportamiento de alguien más para tu prosperidad, te encuentras en situación de riesgo. Deberías contar con tanto control sobre tu destino y tu poder sobre tu futuro como sea posible. La apuesta más segura es apostar por ti mismo. Las probabilidades de victoria están de tu parte porque tú sabes mejor que nadie bajo qué circunstancias rindes mejor. Y ese tipo de información no tiene precio.

Viajemos siete años adelante en el tiempo. Todo apunta a que probablemente Jesse hubiera prosperado de haberse quedado con su antiguo empleo. Pero eso no importa, porque había dado el salto. Jesse se volvió socio de RSE, y juntos hemos construido una agencia de relaciones públicas de renombre mundial con ochenta empleados, la agencia número uno en el ámbito de venta directa al consumidor y participaciones accionarias en más de cien de las principales marcas del país. Gracias a la confianza en sus habilidades y mentores, Jesse ahora cuenta con un grado de riqueza y libertad que nunca hubiera alcanzado si se hubiera quedado atado a una agencia ya existente. Hemos trabajado codo con codo y hemos presenciado cómo quince clientes de Jesse se iban transformando en «unicornios», aquellas empresas emergentes de apariencia mítica que terminan valiendo más de mil millones de dólares. Jesse terminó siendo ese visionario que yo sabía que podía llegar a ser, e incluso un mejor administrador y gerente de lo que yo había imaginado. El final extraordinario de esta historia es que, a mediados de 2022, el gigante de relaciones públicas, BerlinRosen, adquirió Derris. Jesse, un joven de clase media de Syosset, Long Island, ahora es un multimillonario hecho a sí mismo, todo porque aceptó dar un paseo por el parque y tuvo el valor suficiente para dar el salto.

Por supuesto, nunca existen las garantías. Sin duda, gran parte de la historia de Jesse es específica de él y de sus talentos increíblemente particulares. Yo estaba listo y contaba con el respaldo de RSE para poner a Jesse al cargo y hacer que su agencia empezara a rodar de inmediato. Pero lo que quiero decir es que, incluso sin mi presencia o el dinero de RSE, Jesse estaba destinado a ser una estrella porque tenía el coraje de conquistar sus temores. En lo más profundo de tu interior, tú también lo tienes.

◉ ◉ ◉

Todos imaginamos que el momento perfecto acabará llegando; si tuviéramos un poco más de experiencia, o si simplemente nos sintiéramos un poco más seguros en términos financieros... Nos engañamos a nosotros mismos al pensar que seremos capaces de lidiar con el riesgo en caso de tener más experiencia y más madurez. Pero el momento más fácil a la hora de asumir un riesgo es el presente. Nuestra tolerancia al riesgo no incrementa a medida que envejecemos. Las obligaciones se acumulan, y una experiencia mayor hace que sea mucho más difícil dejar atrás las comodidades del éxito corporativo y lanzar algo nuevo sin el séquito de empleados del que te has vuelto dependiente.

Existen maneras de minimizar esta clase de cuestiones. Puedes ser muy exigente respecto a tus condiciones o tan racional que entiendas perfectamente qué son «deseos» y qué «necesidades». Pero, al fin y al cabo, dejar que otros ejerzan el control sobre tu destino te pone en peligro. ¿Piensas que es demasiado arriesgado perseguir tus sueños más locos? La verdadera respuesta es que es demasiado arriesgado no hacerlo.

Una frase muy común que suele frenar a la gente es la siguiente:

«Va en contra de la creencia popular»

Quemar tus naves es una metáfora, por supuesto, pero la manera en la que mi amigo Emmett Shine arrojó por la borda un negocio increíblemente rentable merecería un reportaje a doble página en cualquier revista que se precie. Emmett y sus socios, Nick Link y Suze Dowling, son las mentes maestras detrás de Gin Lane, la poderosa agencia de *marketing* que ayudó a lanzar y hacer crecer a gigantes como Harry's, Sweetgreen, Smile Direct Club, Hims, Quip, Warby Parker, Bonobos, Everlane, y muchos más. No había ninguna empresa de consumo emergente en Silicon Valley que no intentase convencer a Emmett para que llevara su negocio. Pero, independientemente del éxito que cosechó su agencia y la cantidad de dinero que Emmett comenzó a ganar, con el tiempo sintió que promocionar las marcas de otras personas no era lo que más le llenaba. Todo ello empezó a resultarle un tanto vacío, y deseaba involucrarse en un trabajo más significativo.

«Lo habíamos conseguido», me dijo Emmett. «Sentíamos un gran sentido de gratificación al haber construido una agencia respetada, independiente y creativa que hacía muy felices a nuestros clientes, pero anhelábamos el próximo desafío. Sentíamos que diez años de trabajo arduo habían dado sus frutos, y queríamos dejarlo por todo lo alto y hacer algo diferente».

Emmett, Nich y Suze ejecutaron la jugada definitiva en lo que a *quemar las naves* se refiere: transformaron su negocio en algo completamente nuevo. En lugar de utilizar la fórmula de *marketing* que habían ideado para vender marcas y convertir a sus creadores en multimillonarios, ¿por qué no utilizarla mejor para perseguir algo que les importara y construir empresas junto a sus antiguos clientes?

En lugar de desarrollar campañas de *marketing*, decidieron crear marcas propias, idear y operar empresas mediante las habilidades que habían desarrollado en Gin Lane. «Estábamos cansados de decirles a otras personas qué hacer con sus negocios», continúa Emmett. «Queríamos crear y dirigir nuestras propias marcas y adueñarnos del proceso de comercialización de principio a fin».

Juntos, con su equipo a bordo, decidieron lanzar Pattern, una familia de marcas para el hogar que se dedica a ayudar a la gente a lidiar con las presiones a las que se enfrentan a diario. «Mis cofundadores y yo sentíamos que todos los que nos rodeaban prestaban demasiada atención al trabajo y a las redes sociales, y anhelábamos el tiempo que pasábamos en casa. Pattern tenía la misión de convertir las rutinas diarias en rituales, de encontrar placer en actividades como cocinar y organizar».

La primera marca del equipo, la tienda de utensilios de cocina Equal Parts, estaba diseñada para ayudar a la gente que suele cocinar en casa a disfrutar del tiempo en la cocina y encontrar equilibrio en sus vidas. Desde ese entonces, han lanzado Open Spaces —una empresa de almacenamiento para el hogar— y comprado GIR, que fabrica espátulas y otros utensilios de cocina, y Letterfolk, que ofrece decoración creativa y moderna para el hogar para que la gente personalice su espacio cotidiano.

Si rodara una película sobre esta historia, me centraría en el hecho de que doce meses después de su lanzamiento, Pattern estaba valorada en decenas de millones de dólares —una valoración mucho más elevada de la que Gin Lane nunca podría haber deseado como agencia— y, mejor todavía, se trataba de un proyecto que hacía sentir geniales a Emmett y su equipo. Habían quemado una nave que les había brindado éxito, y estaban utilizando lo que habían aprendido para otro sueño y embarcarse en un camino mucho más arriesgado.

Pero la verdad es siempre más compleja. Lanzar Pattern no había sido tan fácil como Emmett, Nick y Suze habían esperado que fuera. Construir una marca desde cero era una tarea complicada. A pesar del papel fundamental que cada uno de ellos había tenido en el lanzamiento de marcas en Gin Lane, se dieron cuenta de que no eran buenos en absolutamente todas las partes del proceso. Desarrollar productos de primera categoría y gestionar los problemas de la cadena de suministro eran tareas complejas. Se dieron cuenta de que funcionaban mejor, de alguna manera, cuando tomaban marcas ya existentes y las ayudaban a desbloquear su valor oculto que cuando intentaban comenzar desde cero. Por lo tanto, equipados con el autoconocimiento de sus limitaciones y la confianza de reconocer sus propios defectos, rápidamente rediseñaron el plan inicial y terminaron recaudando seis millones de dólares (de RSE, entre otras empresas) para comprar marcas incipientes (como GIR y Letterfolk), que ganaban entre dos y diez millones de dólares en ventas, y así impulsar el crecimiento de estas empresas con su marca: es decir, *marketing* y alquimia operativa de eficacia comprobada.

«Algunas de nuestras hipótesis iniciales eran correctas, y algunas eran erróneas», explica Emmett. «Las cadenas de suministro y las líneas de crédito representaban problemas desconocidos para nosotros, pero aprendimos. El modelo es diferente del que diseñamos en 2019, pero estoy orgulloso de ello. No luchamos contra la corriente, sino que escuchamos el viento».

Cuando decidieron alejarse de Gin Lane, sus colegas elogiaron públicamente esa decisión tan valiente y en privado fruncieron el ceño. ¿Por qué arruinar algo que funcionaba? Bueno, lo arruinas para hacerlo mejor. La creencia popular te mantiene estable, pero *quemar tus naves* te conduce al siguiente nivel.

«Ya he empleado demasiado tiempo/energía/dinero»

Todos luchamos contra esa excusa. Es la naturaleza humana. Pasé cuatro años esforzándome al máximo para terminar la escuela nocturna de derecho en la Universidad de Fordham, y durante todo ese tiempo realmente creía que la única forma de que todo tuviera sentido era acabar convirtiéndome en abogado. En las semanas posteriores al once de septiembre, mientras de alguna manera lograba no colapsar mientras gestionaba la respuesta de la ciudad a la crisis y reservaba una parte de mi cerebro para terminar la escuela de derecho —por no mencionar que aún estaba de duelo por la muerte de mi madre— me presenté a algunas entrevistas en una serie de bufetes intentando conseguir un empleo para el otoño siguiente. Recibí una oferta de Skadden, Arps, uno de los estudios jurídicos más grandes del mundo, y quizás el más prestigioso. Me sentía totalmente preparado para aceptar esa oferta. Firmé un contrato, acepté la prima de contratación y estaba listo para empezar, pero a los pocos meses, empecé a trabajar para el equipo de ayuda para la reurbanización del bajo Manhattan.

Yo había tenido durante mucho tiempo una visión muy clara de cuál iba a ser mi redención: me convertiría en abogado. Pero, ahora que lo estaba viviendo, me daba cuenta que el camino para convertirse en socio de un bufete como Skadden era largo y muy poco probable. La mayoría de los asociados nunca logran llegar a socios, pero incluso los que lo logran no lo hacen rápidamente, sino que asciendes al mismo ritmo que los compañeros con los que empezaste. Advirtieron que para convertirme en socio posiblemente iba a necesitar once años, aunque si eras una verdadera estrella podrías lograrlo en ocho o nueve. «¿Cómo te conviertes en una verdadera estrella?», pregunté. Bueno, trabajas más horas que nadie, eso es todo. Esas horas las pasaría contándolas de la misma manera que lo había hecho cuando trabajé en el McDonald's. Es decir, años dedicados a forjar mi propio futuro para volver a ser juzgado por el reloj, en algún sótano, abriendo cajas de documentos antiguos, encorvado sobre montones de papeles, subrayando línea por línea con un rotulador amarillo en un proceso denominado «descubrimiento», que realmente sería lo más parecido al purgatorio que uno pueda imaginar.

Si bien era muy afortunado por tener la posibilidad de trabajar en Skadden, reconocía que allí no me permitiría seguir acelerando mi ascenso social como llevaba haciendo desde que tenía dieciséis años. Y, sin embargo, el prestigio, el impulso de minimizar el riesgo y, más importante, los costes perdidos*, el tiempo, la energía y el dinero que había empleado en obtener mi título de abogado, me dificultaban decir que no. No sabía lo que vendría a continuación en la Corporación de Desarrollo del Bajo Manhattan una vez que el monumento conmemorativo del once de septiembre estuviera terminado. Pero sabía que la decisión correcta no implicaría una reducción salarial para convertirme en asociado de primer año en un bufete de abogados.

Devolví la prima de contratación y hasta el día de hoy todavía no me he presentado al examen para obtener mi licencia. No porque no pueda aprobarlo, ni tampoco porque esté en contra de la idea de ejercer algún día, sino porque sabía que, si lo hacía y dejaba esa puerta abierta, aunque fuera tan solo una rendija, me habría resultado demasiado tentador tomar una decisión de la que seguramente me iba a arrepentir. De manera que decidí quemar mi nave.

◉ ◉ ◉

Podemos extraer dos lecciones de esta historia: la primera es que está permitido hacer acopio de opciones y luego analizar cómo te hacen sentir. Me imagino la vida desarrollándose como un libro de *Elige tu propia aventura,* como los que me encantaba leer de niño. ¡Qué maravilloso me parecía poder cambiar el final!

Nunca permitas que la presión o las normas sociales te impidan disfrutar de realidades alternativas. Es mucho más fácil saber cómo te sientes respecto a una decisión cuando realmente puedes tomar esa decisión. Sin duda, yo quería ser abogado, hasta que tuve que enfrentarme a la decisión de empezar a trabajar en Skadden, y en ese momento me di cuenta de todo lo a que iba a renunciar si me quedaba allí.

La segunda lección va sobre costes perdidos. Es difícil comprender lo que este concepto realmente significa. A nadie le gusta tener la sensación de estar desperdiciando dinero, tiempo o esfuerzo. Creemos que solo por el hecho de haber comprado una entrada no reembolsable, debemos ir al

---

* *N del T.:* En el ámbito de la economía, se denomina coste hundido o perdido a aquellos costes que no pueden ser recuperados porque ya se han incurrido.

concierto, a pesar de que nos muramos de ganas de quedarnos en casa ¿Sabes qué? Ya has gastado ese dinero. En ese momento debes hacer lo mejor para ti, y no actuar solo para justificar lo que hiciste en el pasado.

Esto es una constante también en el mundo empresarial. Mis amigos de la empresa de cereales Magic Spoon pasaron cinco años intentando vender harina de grillo*. Se encontraban muy involucrados en el mundo de las proteínas a base de insectos, y estaban convencidos de que los tentempiés de grillo serían un éxito monumental. Invirtieron dinero, tiempo y esfuerzo en el proyecto. Podrían haber continuado al considerar que debían justificar esa idea inicial y llevarla al límite hasta que ya no pudieran sostenerla. Pero un día se les ocurrió una idea mejor —una nueva generación de cereales a base de proteínas, pero sin grillos—, se lanzaron a por ello y crearon un producto delicioso. El momento justo para abandonar el barco no es cuando toda la esperanza está perdida. A menudo es mucho, mucho antes que eso. El momento justo para dar el salto es en cuanto veas algo mejor. Cuando te encuentras dudando debido al esfuerzo (y dinero) que ya has invertido, piensa en cambio en el coste de oportunidad de mantener el *statu quo*. Los costes perdidos pueden ser aterradores, pero la posibilidad de obtener una nueva oportunidad es lo que debería liberarte. El pasado es el pasado. No puedes cambiarlo. Debes dejar que los costes perdidos simplemente se hundan.

«Debo seguir haciendo aquello en lo que ya soy bueno»

Quizás hayas escuchado hablar de Sarah Cooper. Si su nombre no te resulta familiar, probablemente la hayas visto en videos *online*. Durante quince años trabajó en la industria tecnológica, primero como diseñadora visual en Yahoo! y luego en Google, donde ayudó a diseñar un producto que millones de personas utilizan a diario: Google Docs. Y, sin embargo, ella soñaba con ser escritora de comedia y monologuista. Sarah comenzó escribiendo entradas para su blog en las que bromeaba

* N. del T.: La harina de grillo es un polvo rico en proteínas elaborado a partir de grillos mediante varios procesos.

sobre el mundo tecnológico. Algunas de ellas se hicieron virales, e incluso terminó publicando un libro, pero lo que la volvió famosa fue su *lip-syncing* de las conferencias de prensa del presidente Trump, y la publicación de videos cortos en TikTok y Twitter la volvieron una celebridad. Finalmente grabó su propio especial de Netflix y estuvo una temporada sustituyendo a Jimmy Kimmel como presentadora invitada en su *show.* Los artículos recientes que hablan sobre Sarah ni siquiera hacen referencia a sus años en Silicon Valley, no mencionan ni una sola palabra sobre el tiempo que pasó creándose una identidad como humorista que satirizaba el mundo de la tecnología, ningún indicio de que fuera algo más que una imitadora de Donald Trump que saltó al estrellato.

Si Sarah Cooper se hubiera sentido obligada a quedarse donde estaba —una humorista que se inspiraba en su paso por el mundo corporativo—, nunca habría alcanzado semejante éxito. Si le hubiera preocupado desperdiciar sus habilidades tecnológicas, nunca hubiera dejado Google en primer lugar.

«Abandonar Google fue realmente difícil», declaró [1]. Estuve seis meses pensando una y otra vez: «¿Debería hacerlo? No estoy segura del todo…». El miedo te incita a creer que nada será mejor que trabajar en Google.

«En cierta manera, resultaba irónico sentir que estaba renunciando a mi sueño. La aspiración de muchas personas es trabajar en Google, de modo que lo que para mí era un trabajo secundario, para otros representaba el concepto de una gran carrera» [2]. (Yo me sentía exactamente igual respecto a mi cargo en los Jets).

Sarah tuvo el coraje de dimitir e intentar algo completamente nuevo. Valió la pena, pero, incluso aunque no lo hubiera hecho, algo que a menudo ignoramos cuando se trata de tomar decisiones audaces es que nunca perdemos las habilidades que ganamos, incluso aunque en ese momento no sepamos cómo las vamos a acabar utilizando. Puedo imaginar a Sarah Cooper presentando su propio programa de éxito en televisión, combinando su talento como imitadora con la sátira sobre el mundo tecnológico que dejó atrás. En ese momento, el camino andado tendrá todo el sentido del mundo, aunque haya tenido que llegar hasta ahí para darse cuenta.

◉ ◉ ◉

El talento no desaparece. Yo utilizo mis antiguas habilidades de reportero —mi trabajo cuando estaba en la universidad, antes de llegar a la alcaldía— todos los días. Planteo preguntas a los emprendedores con quienes trabajo e intento profundizar en sus respuestas para entender quiénes son en realidad y qué hay detrás de las presentaciones con las que intentan impresionarme. He supervisado el trabajo de decenas de abogados, y haber asistido a la escuela de derecho me ha ayudado a comprender mucho mejor su labor, a protegerme a mí mismo y a mis empresas y a luchar por cada cláusula de mis contratos. Ser reportero me enseñó a reconocer patrones, una tarea que no tiene precio en el trabajo que realizo a diario. Trabajar en la política me enseñó a sobrevivir en territorios despiadados, a moverme entre regulaciones políticas y a defenderme en los pasillos del poder. Todo lo que he hecho me ha brindado nuevas habilidades de gran valor, sea cual sea el próximo destino de mi carrera profesional. No dejes que el temor a desperdiciar la adquisición de habilidades te impida seguir adelante. Todas tus habilidades y experiencias solo lograrán volverte más efectivo a largo plazo.

«Pero nadie más ve lo que yo veo; necesito algo de apoyo»

Esta es la creencia que más me desespera, la que me haría pasar el resto de mis días gritando a los cuatro vientos. Las oportunidades son solo oportunidades hasta que alguien las ve. En ese momento, ha desaparecido el factor sorpresa y queda poco por ganar. Si esperas a que otros validen tu visión, entonces ya es demasiado tarde.

Los fundadores de Magic Spoon siguieron su instinto para cambiar la harina de grillos por cereales ricos en proteínas, pero, si hubieran escuchado a los expertos, nunca lo hubieran hecho. Se consideraba que el nicho de los cereales era una categoría muerta, sin innovación, con percepciones negativas y crecimiento lento; una especie de anacronismo azucarado. Pero ellos vieron la oportunidad de utilizar lo que ya habían aprendido fabricando tentempiés de insectos en un contexto totalmente nuevo. ¿Y si combinaban la nostalgia que las personas sentían por los cereales de su infancia, como los Lucky Charms y los

Frosted Flakes, con las tendencias saludables actuales y se enfocaban en las dietas keto?

Los cereales que basaban su imagen comercial en un enfoque saludable solían presentar un *packaging* que los hacía parecer más bien un castigo. ¿Y si simplemente los hacían divertidos? Se plantaron en mi despacho con una visión de producto a prueba de balas, y me pareció que sonaban frescos, diferentes, y con justo lo necesario para convertirse en la empresa revelación del mundo de los cereales. Les extendí un cheque, y, pocos años más tarde, el negocio estaba valorado en un sólido número de nueve cifras. En junio de 2022 cerraron una ronda de financiación de ochenta y cinco millones de dólares liderada por la empresa cofundada por Mark Bezos, el hermano del fundador de Amazon, Jeff Bezos. ¿Acaso el resto del mundo vio esa oportunidad cuando nosotros lo hicimos? De ninguna manera. ¿Acaso eso significaba que no deberían haber seguido con el proyecto? En absoluto.

Nunca serás capaz de capitalizar si esperas a que las oportunidades sean evidentes y carentes de riesgos. Yo lo veo como la diferencia entre relámpagos y truenos: la luz viaja mucho más rápido que el sonido, vemos el destello y luego hay un silencio antes del estruendo. La mayoría de las personas no actúan frente al relámpago. Esperan a la confirmación inconfundible del estallido del trueno.

Sin embargo, el arbitraje de información solo funciona si actúas solo, no si esperas a la multitud. Es fácil seguir el camino de otro. Es mucho más difícil comenzar desde cero, construir de la nada, crear un mercado donde nunca hubo uno. Allí es donde se encuentran las verdaderas posibilidades de lograr un éxito descomunal. Debes actuar cuando ves el relámpago.

Pero puedes preguntarte: ¿cómo entrenarte para detectar esas grandes oportunidades antes que los demás? En primer lugar, es necesario que perfecciones tus habilidades de reconocimiento de patrones al operar en las áreas donde ya tienes algo de experiencia. Ubícate en una posición donde tengas lo que yo denomino «conocimiento exclusivo». No necesitas un producto único para comenzar un negocio, sino una perspectiva especial y factible que sea completamente propia. Dibuja un círculo alrededor del sector que deseas comprender, lee todo lo que puedas sobre este y busca la máxima que todavía no haya sido cuestionada. ¿Qué dice la creencia popular, y cómo puedes darle la vuelta?

Joe Bayen llegó a Estados Unidos desde Francia, y se ha convertido en un destacado empresario negro. Él era plenamente consciente de que aquellos en situación de marginalidad—como pobres o inmigrantes—suelen toparse con todo tipo de obstáculos a la hora de pedir créditos, y terminan atrapados en un ciclo de pobreza del cual no pueden escapar. Primero, comenzó Lenny Credit, que, mediante una llamada telefónica, otorgaba micropréstamos de cien a quinientos dólares a estudiantes y *millenials* para ayudarlos a empezar un historial de créditos; pero la empresa tenía dificultades para encontrar bancos asociados que le prestaran dinero y terminó quedándose sin fondos. Sin perder la determinación, Joe cambió de rumbo impulsado por el mismo conocimiento subyacente, y lanzó Grow Credit, una empresa que ofrece préstamos para las suscripciones mensuales recurrentes —Netflix, Spotify, Amazon Prime— a través de una asociación con Mastercard que permite que los usuarios aumenten sus opciones de crédito mediante estos préstamos reducidos. No había inventado nada singular sobre lo que poseyera la propiedad intelectual, pero tenía la convicción de haber creado algo grande y había reunido el coraje para ir tras ello.

«Estaba contra las cuerdas», me contó. «Invertí mis últimos cien mil dólares —¡en una tarjeta de crédito!— y algunas semanas más tarde, Mastercard se unió a nosotros, seguido de tres bancos más, y terminamos recaudando ciento seis millones de dólares de más por parte de una decena de inversores». Yo soy uno de esos inversores y creo fervientemente en la misión de Joe. «Nunca es fácil», explica Joe, «pero cuando actúas siguiendo una motivación generosa, impulsado por algo más grande que tu cuenta bancaria e intentas hacer algo significativo en el mundo, es mucho más fácil ser implacable y no rendirte nunca».

Joe y el equipo de Magic Spoon no esperaron a que alguien más validara sus ideas; y, de hecho, confiaron en su instinto hasta el punto en el que continuaron intentándolo incluso frente al «fracaso». Si sabes que cuentas con una idea ganadora, aférrate a ella sin importar lo tus detractores digan.

◉ ◉ ◉

La historia de Michelle Cordeiro Grant ejemplifica el inmenso poder del conocimiento de causa. Ella trabajaba en Victoria's Secret y sentía que el enfoque de *marketing* de la empresa estaba siendo injusto con sus propias clientas potenciales. *Victoria's Secret* dominaba el espacio para aquellas mujeres que deseaban sentirse provocativas y sexis. Pero ¿qué sucedía con las mujeres que deseaban sentirse poderosas y competentes, que deseaban vestirse para su propia satisfacción y no solo para contentar a sus parejas?

Sabía que muchas mujeres se sentían incómodas a la hora de comprar lencería. No lo disfrutaban, pero tenían que comprar esos productos en algún lugar. Michelle poseía un conocimiento de gran valor: las marcas del momento no conectaban con las mujeres. Eso era todo lo que necesitaba para comenzar a construir algo revolucionario. Michelle creó Lively, una empresa digital de lencería impulsada por la comunidad y el intercambio social. Comenzó analizando en grupos focales cada aspecto de la marca para descubrir qué querían las mujeres y que conectaría con ellas. «Nos dimos cuenta de que las personas no querían decir "bragas" o "pantis"», compartió Michelle a modo de ejemplo. «*Undies** sonaba más cómodo y universal».

Por aquel entonces, no resultaba tan evidente que su enfoque fuera el correcto. «Las personas me preguntaban por qué quería invertir en la creación de una comunidad», cuenta Michelle. «Afirmaban que allí no había retorno sobre la inversión. Pero yo sabía que debíamos pensar de manera diferente a las otras marcas del sector, y tenía la certeza que esta comunidad se convertiría en nuestro factor diferencial».

Michelle supo que habían lanzado una marca ganadora cuando su lista de correos electrónicos se volvió viral. Contaba con quinientas personas en su lista inicial cuando empezó a crear el contenido y voz de la empresa, y pidió a dichos contactos que recomendaran la marca a sus amigas. En cuarenta y ocho horas, las quinientas personas se transformaron en ciento treinta mil y colapsaron los servidores. Michelle no era una diseñadora con un producto nuevo y único, ni estaba intentando inventar una categoría completamente nueva. Su conocimiento se basaba simplemente en los sentimientos de las mujeres cuando compraban un producto necesario para ellas; y, en tan solo algunos años, convirtió a Lively en un éxito rotundo y vendió el

---

* N. de la T.: En inglés, la palabra «undies» significa ropa interior. La fundadora de la empresa menciona que las mujeres se sentían más cómodas utilizando esa palabra.

negocio a la empresa japonesa de ropa Wacoal por cien millones de dólares.

◉ ◉ ◉

Mi amigo Marc Lore es el fundador de múltiples empresas cuyas ventas, desde Diapers (a Amazon por quinientos cuarenta y cinco millones de dólares) y Jet.com (a Walmart por 3,3 mil millones de dólares) lo han convertido en una leyenda. La empresa Diapers.com estaba construida sobre la percepción de que nadie vendía pañales *online* a un precio razonable; principalmente, porque su coste de envío resultaba demasiado caro. Lo descubrió como cualquier otro podría haberlo hecho: «Simplemente me puse a buscar toda clase de palabras aleatorias en Google para descubrir cuántas veces se buscaban», recuerda Marc. «En ese momento tenía un bebé recién nacido y por casualidad busqué la palabra "pañales" y me di cuenta de que se buscaba unos cientos de miles de veces al mes. En esa época, nadie vendía pañales *online*, ni siquiera Amazon, y pensé: son grandes, voluminosos, y la gente odia ir a comprarlos, de manera que descubrí que, si lográbamos que las madres y padres los compraran a un precio accesible, y los entregáramos en menos de veinticuatro horas, entonces los atraparíamos y también nos comprarían todo lo demás».

Lore vendía pañales con la estrategia de precio tipo *loss leader**, para luego compensar el margen de beneficio con los productos secundarios para bebés que lograba que los clientes compraran en su página web, como ropa, cochecitos, biberones y todo lo demás. En un inicio, recibía los pedidos y se dirigía a la tienda más cercana como Cotsco y BJ's, donde compraba los pañales (a un precio más elevado del precio al que terminaba vendiéndolos) y los enviaba a los clientes. Estaba perdiendo una cantidad enorme de dinero en pañales, pero lo compensaba con todo lo demás. Finalmente, Amazon decidió que tenía que adquirir ese negocio.

«Conozco a mucha gente que quiere emprender, pero que dicen no contar con una buena idea», me dijo Marc. «Pero no creo que se trate de

* N de la T.: Las estrategias de precios tipo *loss leader* tienen por objetivo aumentar la venta de un producto popular vendiéndolo por debajo del precio de mercado y del coste real. Tiene como objetivo compensar el *ticket* medio gracias a la venta relacionada de otros productos con un importe mayor de su precio de mercado.

la idea, en realidad no. He visto cómo ideas malas funcionan bien, y he visto cómo grandes ideas fracasan. Todo está en la ejecución, el compromiso, la motivación y la tenacidad. Solo necesitas darle un giro a algo que ya esté funcionando, y será suficiente».

Nos demos cuenta de ello o no, ya contamos con un conjunto de datos a los que estamos expuestos todos los días mientras observamos el mundo. La manera en la que interpretemos esos datos es lo que nos vuelve únicos. Nuestro talento reside en reconocer lo que otros no ven. Ese conocimiento nos puede llevar a asumir ciertos riesgos que pueden resultar muy beneficiosos *a posteriori*. Y, si no lo hacemos nosotros, siempre habrá otro que no tardará en hacerlo. No te engañes: un sueño postergado es, en realidad, una renuncia voluntaria en favor del éxito de otra persona. Si posees un conocimiento de causa exclusivo, ten en cuenta que no te pertenecerá por mucho tiempo.

«Quiero hacerlo, pero no me puedo permitir comprometerme al máximo»

Saltar a medias —meter un dedo en el agua, dejando la opción de retirarlo en cualquier momento— nos perjudica, y existen investigaciones que lo demuestran. Hace unos años, investigadores de la Escuela de Negocios Wharton de la Universidad de Pensilvania, entregaron a dos grupos de sujetos el mismo ejercicio y el mismo plan para completarlo. A un grupo se le indicó que debía pensar en maneras alternativas de llegar al resultado indicado, en otras palabras, idear un plan B[3]. Ese grupo no solo rindió peor que el grupo que no tenía plan alternativo, sino que perdió toda la motivación. Simplemente ya no les importaba tanto ganar.

Los planes alternativos pueden hacerte sentir más seguro y ayudarte a lidiar con la incertidumbre, pero también reducen la posibilidad de que logres tu objetivo principal. El mero acto de contemplar un plan B pone en marcha un bucle de retroalimentación que reduce drásticamente la probabilidad de que logres alcanzar el plan A. Desperdicias demasiada energía emocional en crear planes de contingencia en lugar de trabajar para alcanzar el éxito.

Arnold Schwarzenegger una vez dio un discurso —que ya acumula millones de visitas en YouTube— titulado «Odio el plan B».

«El plan B se convierte en una red de seguridad», explica Schwarzenegger. «Me indica que si fallo… hay algo ahí abajo que me protegerá, y eso no es bueno. Porque las personas rinden mejor cuando no cuentan con una red de seguridad»[4].

Esto es a lo que me refiero cuando hablo de *quemar tus naves*: no puedes desperdiciar tu energía buscando una manera de escapar o un plan alternativo. Toda tu energía debe estar enfocada en tu meta o, de lo contrario, nunca la alcanzarás. En el mismo instante en el que deberías estar pensando «¿Y ahora qué?» contaminas tus sueños preguntándote «¿Pero y si…?».

Si eres alguien a quien le preocupa no tener éxito, entonces ya has fracasado.

◉ ◉ ◉

Pasé ocho años con los Jets antes de dimitir. Era la clase de trabajo al que nadie renuncia —algunos de mis colegas habían estado allí durante décadas—, y había escalado hasta la cima de la organización a gran velocidad. Había construido una carrera. Pero algo me hacía pasar las noches en vela. Miraba a mi alrededor y veía a colegas que habían estado trabajando allí durante treinta años y aun así amaban cada minuto de su trabajo, pero ese no era yo. Al igual que Sarah Cooper, yo tenía el trabajo ideal para mucha gente, pero no era mi trabajo ideal.

Comencé a fantasear con qué más podría hacer. Y si solo vas a llevarte una idea de este libro, que sea esta: nunca te tomes las fantasías a broma. Cuando tu cerebro te está diciendo algo, no lo desestimes. Para mí, la fantasía era potencial desperdiciado. No mi propio potencial desperdiciado, o no del todo, sino del potencial desperdiciado de los Jets. Como éramos una marca líder, las oportunidades se nos presentaban en todo momento. Siempre se nos ofrecía la posibilidad de invertir y ser los pioneros de prácticamente todas las innovaciones orientadas al consumo, junto con empresas como Facebook, YouTube, Snapchat y Pinterest. Pero los equipos de fútbol son negocios maduros, estables y rentables. Existe una enorme inercia bajo la apariencia de salvaguardar la marca, o en terminología de la NFL, «proteger el escudo».

A mí eso siempre me pareció un poco pretencioso. Cuando se trata de innovar, las ligas deportivas y los equipos en general se encuentran rezagados y nunca toman la delantera. Los estándares siempre son demasiados altos como para abrazar tecnologías prometedoras pero no completamente probadas. Quizás eso sea una estrategia inteligente, dada la seguridad de la industria. Pero a mí dejó de resultarme interesante.

En lugar de eso, yo tenía la visión de una red de empresas e inversiones que rodearan a un equipo como los Jets. Deseaba aprovechar la base de aficionados y el lugar que los equipos ocupan en el imaginario colectivo para crear un ecosistema de negocios conectados por millones de personas. Sí, yo había sido pionero en utilizar Twitter para llegar a nuestra audiencia y por un momento tuvimos la mayor cantidad de seguidores en la NFL, pero, más allá de eso, veía toda clase de oportunidades desperdiciadas. Sentía que no estaba haciendo uso de todas mis habilidades. Yo quería estar en un lugar de crecimiento y disrupción perpetuos, no dirigiendo asuntos que funcionaban relativamente bien. Al fin y al cabo, hiciera lo que hiciera, siempre podía contar con los contratos televisivos, y la compra de entradas por parte de los aficionados.

De modo que lo dejé.

Una locura, ¿verdad? Allí estaba yo, en un trabajo que era seguro, al menos por el momento. Quizás me podría haber limitado a tantear el terreno e invertir en una pequeña empresa paralela para ver si realmente era capaz de ayudar a construir negocios. Pero eso hubiera representado un esfuerzo a medias y un escollo respecto a mis responsabilidades profesionales. No hubiera funcionado.

En cambio, dimití sin un plan concreto en mente. Vendí algunas ideas con tal de recaudar dinero y comenzar a invertir. Organicé algunas reuniones. Me fui de vacaciones. Se podría decir que fui imprudente, pero lo realmente imprudente hubiera sido continuar viviendo una vida que sabía que no me haría feliz. Pasamos tanto tiempo intentando preservar lo que tenemos que ignoramos el verdadero valor de lo que nos estamos perdiendo.

Resulta que no era solo yo quien se sentía frustrado por la resistencia del fútbol a la innovación. Poco antes de que yo dejara los Jets, Stephen Ross había comprado los Miami Dolphins. Él se había fijado en mi durante algunas reuniones, y, después de que yo dejara al equipo, quiso saber por qué lo había hecho. Él necesitaba alguien que comprendiera el negocio del fútbol para ayudarlo a que su negocio empezara con buen pie. Pero, como hombre de negocios, Stephen comprendía profundamente aquello que yo buscaba más allá del fútbol. Del mismo modo que más adelante vería algo en Jesse, Stephen había visto algo en mí.

Hablando en términos objetivos, en la época en la que Stephen me conoció, no había literalmente nada en mi experiencia previa que sugiriera que sería un buen inversor o mentor para otros empresarios. Definitivamente no tenía el historial necesario para una carrera en el capital privado. Y, sin embargo, uno de los empresarios y emprendedores de mayor éxito que he conocido me dio la oportunidad de gestionar cientos de millones de dólares de su fortuna personal para crear un extenso catálogo empresarial con los deportes en su epicentro. No escogió a un graduado de Harvard, o a algún descendiente de Rockefeller, sino a un jovencito de Queens que había comenzado su carrera con un GED. Él vio mi potencial porque ya conocía esa historia. Durante su dilatada carrera, el pilar del éxito de Stephen había radicado en identificar y hacer uso del talento ignorando esa mentalidad imperante en nuestra sociedad que define a los triunfadores bajo unos preceptos demasiado estrictos. Él sabía que mi pasado no iba a lastrar mi talento: sabía que triunfamos en base a quiénes somos y no en base a nuestro origen.

Formamos el equipo perfecto: yo utilizaba lo que había aprendido con los Jets para ayudarlo a impulsar su negocio con los Dolphins, y pasaba la mayor parte del tiempo construyendo RSE Ventures, buscando marcas extraordinarias con líderes extraordinarios, para asociarnos con ellos y cambiar el mundo. Era una oportunidad que nunca hubiera tenido con los Jets y que nunca hubiera descubierto si no hubiera estado dispuesto a dar ese salto hacia lo desconocido.

◉ ◉ ◉

Entonces, ¿qué te detiene a ti?

Hay quien dice que no se arriesga porque tiene que comer. Pero no están entendiendo el *quid* de la cuestión. Utiliza tu sentido común para mitigar el riesgo. Consigue un segundo trabajo. Un tercer trabajo. Comprometerse al máximo es muy distinto a no tener ninguna protección contra las pérdidas. Puedes tener dinero en el banco. Yo lo tenía cuando dejé los Jets, te lo puedo asegurar. En ningún caso iba a terminar en la calle. No se trata de destruir tus relaciones, sabotear tu reputación y hacer que sea imposible conseguir un trabajo de nuevo. No necesitas hipotecar tu hogar por segunda vez, arriesgar los ahorros para la universidad de tu hijo y vivir en tu coche. Pero debes comprometerte. Cuando creas planes alternativos, y luego más planes para respaldar dichos planes alternativos, tus medidas de protección se convierten en un lastre

Quizás te estés preguntando: ¿y qué pasa con la diversificación? Se supone que todos comprendemos las ventajas de diversificar nuestro riesgo, de no colocar todos los huevos en la misma cesta (incierta, no garantizada, no verificada). Pero yo creo que puedes reducir los interrogantes si fortaleces tu convicción. El grado con el que diversificas debería ser inversamente proporcional a cómo de convencido estás de tu propio éxito. Resulta contraproducente repartir tu esfuerzo de tal modo que te resulte imposible comprometerte de verdad con nada en específico.

Sé que es difícil dar el salto. Antes de decidir lanzar mi empresa de adquisición con fines especiales (SPAC, por sus siglas en inglés) —y empezar a andar la senda que me llevaría a hacer sonar la campana en la Bolsa de Valores de Nueva York—, dudé hasta la extenuación. Sentía que el momento no era oportuno, lo que, al final, resultó siendo cierto. Creía que mi equipo y yo éramos capaces de sortear todos los obstáculos, y contábamos con la experiencia necesaria (*marketing*, comunicación, algunas de las mentes más brillantes que conocía en el negocio) para hacer funcionar la empresa que queríamos lanzar. *A posteriori*, no creo que mi estrategia estuviera equivocada, pero hay cosas con las que no se puede luchar. Frente al temor de la creciente inflación a comienzos de 2022, y el Nasdaq evitando por poco su peor enero de la historia (tras caer de un momento a otro más del dieciocho por ciento desde su máximo), la mejor decisión era dejarlo correr, en lugar de seguir adelante con un esfuerzo destinado al fracaso.

A día de hoy todavía me alegro. Aprendí mucho en el camino, y ello me permitió conocer a Sean Harper, un empresario extraordinario que terminó recaudando setenta y cinco millones de dólares por cuenta propia a menos de un mes de que termináramos nuestra asociación SPAC. En esa ocasión asumí un riesgo y salió bien, pero los riesgos que no dan réditos son aquellos que decides no tomar. Yo lo había tomado con conocimiento de causa, y no tengo dudas de que la próxima vez esa experiencia me conducirá a algún lugar maravilloso.

◉ ◉ ◉

Menciono mi fracaso porque no pretendo vender la idea de que las cosas siempre salen bien. No puedes tenerlo todo y nadie te asegura el éxito. Cada vez que decidas ir a por algo, estarás perdiendo otra cosa en el proceso. Piensa en todo lo que podrías sacrificar: tiempo con tu familia, tus ahorros, la posibilidad de llevar a cabo cualquier otra actividad tentadora. Pero luego recuerda las posibles recompensas, tangibles e intangibles. Pasa más tiempo pensando en el *por qué* que en el *cómo*, al menos al principio. Decide que este será el camino de tu vida, y que los éxitos individuales o los fracasos con los que te encuentres son solo capítulos de una historia mucho más larga.

La idea contraintuitiva que necesito que aceptes es que nuestra relación con el riesgo se encuentra fundamentalmente invertida. Se nos conduce a pensar que debemos identificar y desarrollar la solución teórica a un problema antes de asumir el riesgo. A esto se lo conoce como «prudencia». Yo me encuentro en las antípodas de esta idea. Cuando necesitamos una solución perfectamente elaborada para resolver un problema y llegar a un objetivo, nos estamos negando la posibilidad de probar la dimensión de nuestra capacidad para actuar bajo presión. Los problemas engendran soluciones. Si aceptas el problema con tan solo una vaga noción de cómo lo resolverás, y siempre mantienes cierta inclinación hacia la acción, tu mente instintiva hará el resto del trabajo por ti.

Y, entonces, de pronto, allí estás.

Estás en el agua.

Y no hay retorno.

PARTE II

SIN RETORNO

4. Optimiza tu ansiedad

Cuando hablo del poder de la ansiedad para hacer aflorar nuestro rendimiento óptimo, pienso de inmediato en Eric Mangini. Trabajé con Eric durante su periodo como entrenador jefe de los Jets desde 2006 a 2008. Su intensidad y atención al detalle condujo al equipo a jugar los *playoffs* en su primera temporada —tras un mediocre año previo en el que habíamos conseguido cuatro victorias y sufrido doce derrotas—, lo que le valió el apodo inigualable de «Mangenius»*.

Mangini siempre estaba en busca de la ventaja competitiva. Era meticuloso con cada aspecto del entrenamiento de los Jets, incluso hasta en la elección de la música. Su meta era alterar constantemente la rutina de sus jugadores y hacerlos salir de su zona de confort. Les hacía practicar ballet, o aprender boxeo, o cualquier otra actividad para hacerles romper con sus hábitos. Cuando se acercaban los *playoffs* de 2006, trasladó los entrenamientos del equipo a un inmenso campo de fútbol cubierto. El techo, a una distancia de treinta y seis metros del suelo, era tan alto que ni siquiera el *kicker* más talentoso de la NFL podía alcanzarlo. Y la altura causaba un eco ensordecedor. ¿Acaso eso representaba un problema? No para Mangini. Para él, eso era un factor más, no un inconveniente. Quería que sus jugadores aprendieran a brillar a pesar de las distracciones.

¿El eco no era suficiente? Mangini ponía *heavy metal* y rap tan fuerte que los jugadores no podían escucharse unos a otros en la línea de golpeo. Tapándose las orejas con las manos en un intento fallido de bloquear el sonido, los jugadores tuvieron que depender de signos para comunicarse mediante señales. Era un completo caos, tal como el entrenador deseaba.

---

* N de la T.: Combinación de su apellido con la palabra *genius*, que significa genio en inglés.

Pero había un método en su locura. Los altavoces y el eco reemplazaban el ruido ensordecedor del público al que el equipo tendría que hacer frente en su viaje al *Metrodome,* el ya demolido estadio cubierto de Minneapolis. «Juegas como entrenas», era el mantra de Mangini. Su meta era someter a los jugadores a la cantidad justa de estrés para recrear el día del partido, pero no tanto como para perjudicar su rendimiento. «Quería que se acostumbraran a la incomodidad», me contó. «Así es cómo creces. El ruido los forzaba a comunicarse de manera no verbal, una ventaja crítica en el juego. Y, si podía familiarizarlos con el ambiente que encontrarían el día del partido, eso le daría al equipo una ventaja real».

Mangini incluso convirtió el campo de entrenamiento de los Jets en un «campo de batalla mental» dirigido por un excoronel llamado Dr. Louis Csoka, quien había creado el primer centro de optimización del rendimiento del ejército de Estados Unidos. Era fascinante contar con el Dr. Csoka en nuestras instalaciones. Colocó electrodos conectados a pantallas de ordenador en los jugadores para que pudieran controlar e intentar modificar sus propias ondas cerebrales. La teoría detrás de ello estaba relacionada con la conciencia situacional y la autorregulación. Los jugadores se visualizaban realizando movimientos extraordinarios en el campo de fútbol y a la vez veían sus mentes en tiempo real. Con la práctica, podrían utilizar técnicas de respiración para entrar en un estado de mayor relajación incluso en momentos de estrés extremo.

¿Acaso funcionó? No lo sé. La idea nunca fue ganar gracias a ello. De hecho, perdimos contra los New England Patriots en un partido de eliminación directa de los *playoffs*, y luego nos desmoronamos en 2007 y volvimos a nuestro récord de cuatro victorias y doce derrotas. El trabajo que realizó Mangini no era mágico, o quizás simplemente no fue suficiente. Pero la idea —llevar a los jugadores al límite a través de mejorar su capacidad para gestionar el estrés— tenía sentido, en especial cuando observas la ansiedad desde un punto de vista científico En 1908, dos psicólogos de Harvard propusieron lo que se conoce como la ley de Yerkes-Dodson, una teoría probada sobre el miedo y la ansiedad[1]. Su investigación descubrió la relación entre la ansiedad y su impacto en nuestro rendimiento. Necesitas una dosis aceptable de estrés para rendir al máximo. El truco consiste en no eliminar por completo el estrés de nuestras vidas, sino más bien emplear la cantidad adecuada en la búsqueda de nuestros objetivos, y utilizarlo como catalizador.

Este capítulo habla de encontrar ese nivel óptimo de ansiedad; la cantidad suficiente para mantenernos hambrientos, motivados y eficaces, pero no tanta como para que nos paralice o nos lleve al agotamiento o la desesperación. Existen cuatro pasos para aprovechar la ansiedad al máximo: evalúate a ti mismo para para asegurarte de que te encuentras en el punto de equilibrio justo entre ansiedad y rendimiento y estás persiguiendo las metas correctas; utiliza la ansiedad para impulsar efectivamente dicho rendimiento; presta atención a las señales que indiquen que estás al borde del colapso; y cultiva un estilo de vida que mantenga tu ansiedad bajo control con las herramientas adecuadas para afrontarla.

Dedica el tiempo necesario a evaluar tu cuerpo y tu mente

Ne te quaesiveris extra. Es la primera frase del libro *Self-Reliance*, de Emerson, y en latín significa «No intentes buscarte fuera de ti». Consultamos con expertos, miramos videos de YouTube y exploramos las bibliotecas, sin llegar a preguntarnos si acaso no tenemos ya las respuestas que buscamos. El autoconocimiento es la mayor fuente de creación de valor con la que todos contamos. Solo debes mirar en tu interior y preguntarte: «¿Estás cómodo?».

Si la respuesta es sí, entonces algo va mal. Estar cómodo significa que cuentas con exceso de capacidad y que no estás maximizando tu potencial. A menos que estés intentando recuperarte y ahorrar energía para tú próximo proyecto, no deberías estar cómodo. La comodidad hace que las personas se estanquen.

Los profesores Kaitlin Wooley y Ayelet Fishbach han estudiado cómo la incomodidad impulsa el crecimiento. Descubrieron que los sujetos que se sentían más incómodos mientras realizaban una serie de actividades emocionalmente arriesgadas —una clase de improvisación, escribir acerca de experiencias difíciles o empatizar con personas que sostenían puntos de vista opuestos a los suyos— experimentaron mayor crecimiento. «En lugar de evitar la incomodidad inherente al crecimiento», escriben, «la gente debería considerarla señal de progreso. Crecer es incómodo; descubrimos que aceptar esa incomodidad puede ser motivador»[2]. Debes cambiar tu relación con la incomodidad para considerarla más bien como un bucle de retroalimentación en lugar de una llamada de auxilio.

Solo los helicópteros se mantienen en el aire; los seres humanos, o ascienden, o descienden. Las personas (y los negocios) caen si no hacen lo necesario para mantener su posición y seguir creciendo. Los negocios de mayor éxito implementan la estrategia dual de desechar sus propias ideas si estas están en declive a la vez que intentan reinventarse constantemente; y la reinvención constante es difícil. Sentirse incómodo duele, pero es que tiene que doler. El crecimiento duele. Si observas tu día y te das cuenta de que ocupas la mayor parte del tiempo en tareas que ya dominas, entonces estás demasiado cómodo. Si aquello en lo que estás trabajando no te obligará a actualizar tu currículum cuando lo logres, ¿para qué molestarse?

◉ ◉ ◉

Siempre he sentido que se me privó de algo en mi vida. Adoro la universidad Queens College, pero nunca tuve la posibilidad de descubrir si podía competir en las grandes ligas porque yo fui a la universidad después de dejar el instituto, y necesitaba vivir en mi casa para poder cuidar de mi madre. Eso significaba que mi única posibilidad era el programa nocturno de una universidad pública a pocos kilómetros de mi apartamento. Me pregunto cómo hubiera sido mi vida si hubiera crecido en una familia diferente, con una infancia común y corriente y solo me hubiera enfrentado a los problemas cotidianos de la mayoría de los niños: «¿He hecho los deberes? ¿Tengo una cita para el baile de graduación?» en lugar de estar preocupado por si tendríamos dinero para comprar comida, cómo bañar a mi madre cuando no se podía mover de la cama, o acostarme pensando si dejaría de respirar en el medio de la noche o si cumpliría con las amenazas que lanzaba en sus momentos más desesperados con frases del estilo de «voy a acabar con todo de una vez».

Nunca me faltó confianza en mis propias habilidades y siempre creí que podría haber estudiado en Harvard si hubiera tenido la oportunidad, pero también sabía que eso no era más que la voz de mi ego. Lo cierto es cualquiera podría afirmar tal cosa y yo nunca podría probarlo, y eso me carcomía. Había vivido con el deseo incumplido de demostrarme a mí mismo que en el ámbito académico yo era tan bueno como los demás. Anhelaba la oportunidad de probar si podía ganarme un lugar en la cima.

Nunca sería estudiante de Harvard, ya lo sabía. A mis cuarenta y cinco años, esa puerta se había cerrado hacía mucho tiempo. Pero ¿qué podía ser mejor que eso? Amaba enseñar y aconsejar a las personas y siempre había querido hacerlo en un entorno formal. ¿Y si podía enseñar en Harvard? En cuanto se me ocurrió esta idea lo deseé con desesperación y sentí la clase de mariposas en el estómago que tanto ansiaba sentir; ahora, solo me correspondía a mí hacerlo realidad.

Tras meses de negociaciones (un largo proceso para descartar a todas las celebridades que llaman a Harvard para «devolver lo recibido», pero que no tienen la intención de realizar el esfuerzo necesario para dar una buena clase), finalmente me permitieron proponer un curso para el semestre de invierno. Es decir, un curso intensivo que se imparte durante el semestre regular en el que los estudiantes investigan un tema específico en profundidad. El requisito era que yo encontrara un tema contemporáneo, inexplorado, y en el que fuera un experto. «Matt no tenía un bagaje al uso que le permitiera ocupar un cargo en la universidad», recuerda Len Schlesinger, miembro de la universidad a tiempo completo en la Escuela de Negocios de Harvard durante los últimos cuarenta años y la persona que terminó convirtiéndose en mi «coprofesor»* para el curso. «Una gran parte de cómo se desarrollan estas negociaciones se basa en que necesito que me expliquen por qué quieren enseñar y por qué debería interesarnos. Tengo una pregunta que comencé a hacer años atrás y que nunca falla: «¿De qué sabes más que nadie en este mundo?». Cuando le pregunté a Matt, él respondió al instante que del modelo de ventas directo al consumidor (DTC, por sus siglas en inglés). Me explicó que él conocía el modelo como inversor, después de trabajar estrechamente con otros inversores y empresarios, y que tenía una opinión sólida sobre qué funcionaba y qué no. Incluso mejor, me aseguró que, si le

---

* N. de la T.: En Inglaterra y Norteamérica se implementó una modalidad de docencia llamada coenseñanza (*co-teaching*) en la que al menos dos profesionales se involucran en la planificación, ejecución y evaluación de la enseñanza de un mismo grupo de estudiantes.

permitíamos colaborar con nosotros, podría aprovechar esas relaciones laborales».

Hablando con estudiantes, descubrí que el modelo de ventas directo al consumidor brillaba por su ausencia en los programas de estudio de Harvard. Había muy pocos profesionales de ese entorno en la universidad, y todavía menos oportunidades de exponerse a un mundo que crecía exponencialmente semana a semana. Algunos de estos negocios podían pasar de ser tan solo una presentación a convertirse en un «unicornio» en cuestión de pocos años, y eran mucho más contemporáneos que la mayoría de los casos de estudio presentes en Harvard. Conectar a los alumnos con el mundo empresarial real era algo que la universidad aún no ofrecía; y algo en lo que yo podía aportar sin ninguna duda, pues me había pasado años dando apoyo algunas de las marcas líderes en el modelo de ventas directo al consumidor del mundo. Finalmente, convencí a Len, y ahora debía cumplir mi palabra.

Sin una noción preconcebida sobre cuánto valor debía transmitirse en un entorno educativo de negocios, planificamos un curso y un calendario descabellados: cuatro días con casi dos decenas de fundadores de empresas DTC que nos visitarían para hablar con los estudiantes. Se trataba de una charla tras otra, una maratón de conversaciones valiosas entre empresarios y estudiantes, quienes de otra manera no tendrían la oportunidad de conocer a esos emprendedores y exponerse a ese mundo.

Pero, a medida que se acercaban las clases, la ansiedad se apoderaba de mí. ¿Cómo iba a hacerlo? Prepararme para tener conversaciones profundas con dos decenas de empresarios, e interrogarlos con tal de extraer conceptos únicos y poderosos, llevaría mucho trabajo. En ese momento Len me comentó que solo alguien que nunca hubiera enseñado en la escuela de negocios podía proponer algo tan audaz.

Cuando a día de hoy me preparo para las entrevistas de mi pódcast soy muy riguroso, y paso horas leyendo y estudiando con tal estar informado al máximo para poder conversar con alguien que no conozco. En el caso de Harvard, tuve que inventarme una metodología y llevarla a cabo durante veintidós clases. De alguna manera, mi ansiedad estaba justificada. Terminó suponiendo casi un año de preparación sumado a mi otro trabajo a tiempo completo. (Está claro que algunos de esos casos forman parte de estas páginas. Lo que yo no sabía era que el esfuerzo invertido en ese momento terminaría sentado las bases para la escritura de este libro).

Frente a cientos de estudiantes, mis invitados —Lori Greiner, Jesse Derris, Christina Tosi y Gary Vaynerchuk, entre otros— explicaron el modelo directo al consumidor desde cada uno de sus ángulos, y lo detallaron tanto como pudieron. Quería que los estudiantes tuvieran una experiencia inmersiva de sobreestimulación sensorial tan poderosa que no pudieran olvidar. Una mañana llevamos a los Gronkowski —cuatro hermanos que jugaron en la NFL (y al hermano mayor, que jugó al béisbol profesional), incluyendo al ala cerrada y futuro miembro del Salón de la Fama, Rob Gronkowski, afectuosamente conocido como Gronk— para que hicieran sudar a los estudiantes, lo que les valió como metáfora de la ardua tarea que tenían por delante como fundadores de empresas emergentes. Otro día conversamos con los Chainsmokers, mediante una transmisión en vivo desde Los Ángeles, con el objetivo de demostrar el poder de la fama a la hora de impulsar una inversión. Desayunamos con Magic Spoon y presentamos una nueva línea de galletas con Christina Tosi.

«Es muy fácil para un profesional que nos visita dar un curso de cuatro días y confiar en que como experto no necesita preparar sus sesiones a conciencia», explica Len. «Pero Matt trajo una perspectiva completamente nueva e hizo más trabajo que la gran mayoría de aquellos a quienes encargamos tareas similares».

Yo lo di todo. Convertí el tercer piso de mi casa en un aula improvisado y coloqué una pizarra con tizas y borradores. Compré libros de caligrafía para practicar mi escritura. Diseñé y rediseñé diapositivas de PowerPoint en la mitad de la noche. Harvard exigía mi mayor esfuerzo, y yo quería cumplir. Si simplemente hubiera brindado una experiencia aceptable, la vida habría continuado, incluso aunque Harvard nunca me hubiera invitado de nuevo, pero quería demostrarme a mí mismo que podía lograr algo verdaderamente grande.

«Matt estaba ansioso por recibir *feedback*», explica Len, «y realmente lo tenía en cuenta y podía cambiar de rumbo con rapidez. La ansiedad por dar clases en Harvard hace que muchas personas se vuelvan menos receptivas al *feedback*, y que los paralice, pero la de Matt lo hacía más y más entusiasta si cabe».

Cuando terminó el curso les pedí a cada uno de los estudiantes que se reunieran conmigo de manera individual. Quería ver cómo podía ayudarlos con sus vidas y carreras. El último día, al despedirme, un estudiante me entregó una nota escrita a mano que decía que mi curso había sido el más impactante de todos los que había hecho en Harvard. Aún conservo la nota enmarcada en mi escritorio como prueba de lo que puede suceder cuando aceptas tu ansiedad y te comprometes al máximo a pesar de tus temores.

El curso ha terminado convirtiéndose en uno de los intensivos más populares de la universidad, y ahora lo imparto cada año como miembro ejecutivo de Harvard. «Muchos estudiantes aseguraron que este era un curso al que les interesaba asistir», dice Len, «en especial porque dos tercios de los invitados eran mujeres y el sesenta por ciento de nuestros estudiantes también lo son. Escuchar a mujeres empresarias era algo que no tenían la oportunidad de hacer en ninguna otra asignatura de la escuela de negocios».

◉ ◉ ◉

Trabajé duro para que mis clases fueran un éxito porque esa meta me importaba de verdad, y esa es la segunda pregunta que debemos hacernos a nosotros mismos: «*¿Es nuestra meta la correcta?*».

Sentirnos incómodo o ansiosos porque sí no es la idea que quiero transmitir. Debemos sentirnos así cuando valga la pena. Lo verdaderamente importante es comprender qué está en juego. Si te imaginas a ti mismo habiendo logrado eso que te provoca ansiedad, habiéndolo hecho bien; si visualizas a la persona que serás después de hacerlo, cómo te sentirás y en las oportunidades que se te presentarán, y eso te hace sentir motivado, dispuesto a sacrificar casi todo en pos de tu búsqueda, entonces vale la pena. Realizo este ejercicio todo el tiempo. Me transporto hacia el futuro, me imagino en lo bien que sentiría al verme saliendo de un salón de clases de Harvard después de haber enriquecido las vidas de cientos de estudiantes; luego me pregunto qué estaría dispuesto a hacer para lograr eso.

Si la respuesta es que haría casi cualquier cosa, ya sea cancelar unas vacaciones planificadas con antelación, aplazar la compra de una casa, o dejar de hacer lo que sea por dedicarme a ello por completo durante semanas o meses de arduo trabajo, noches largas y escasos placeres, si creo que toleraría tuits burlones de desconocidos, dudas de amigos y el escepticismo de los expertos, entonces vale la pena.

En el piloto que hice para mi programa de televisión aparece una pareja que encarna perfectamente esta idea. La historia de Samantha y Edwin tenía todos los ingredientes propios de un cuento de hadas. Ed proveniente de una familia que se dedica al negocio de las joyas, así que habían movido los hilos necesarios para ayudarlo a encontrar un anillo de compromiso personalizado para que le propusiera matrimonio a Samantha. El precio era alto, pero estaban dispuestos a invertir en eso. Samantha, al enterarse le dijo a Ed: «Al diablo con el anillo». Y con la boda. Cogieron el dinero del anillo y lo utilizaron como anticipo del pago de una casa para convertirla en un alojamiento de Airbnb y así generar un ingreso adicional. Luego llegó el COVID-19, así que descartaron el plan del Airbnb y se mudaron a la casa y, después de que el mercado inmobiliario se acelerara, la vendieron y obtuvieron una ganancia de cien mil dólares. Combinaron ese dinero con los ahorros que habían decidido no gastar en la boda y llegaron a contar con el capital suficiente para arriesgarse y, comprar un negocio. «Estábamos comenzando a planificar la boda, y simplemente, no estaba muy ilusionada», explica Samantha. «Sentía que se trataba más de contentar a todos los demás. Me interesaba más invertir ese dinero para impulsar nuestras vidas y carreras, para progresar. En lugar de celebrar una boda, nos parecía mucho más interesante crear un negocio».

Si no realizas sacrificios para lograr tu meta, es probable que no sea la correcta. Debes desearla y debes hacerlo por las razones correctas. Hubo momentos en los que me encontré persiguiendo un sueño completamente equivocado y esos son los momentos en los que mi motivación fue impura —como la vanidad o el deseo de aprobación, la adulación o el resentimiento— o cuando, por haber estado tan obsesionado con el resultado, no había sido capaz de ver la realidad. Todos nos autoengañamos en algún momento, todos perseguimos un objetivo sin una base que lo sustente, ya sea porque no poseemos las habilidades para lograrlo o porque es algo que simplemente no se puede lograr.

Pienso en los primeros días de RSE, cuando me sentía demasiado ansioso por probarme como emprendedor novato. Uno de los primeros negocios que decidí crear fue Leap Seats y estaba tan convencido de que era una idea revolucionaria que no quería considerar la posibilidad de que el negocio no estuviera destinado al éxito. Asistía a partidos de los Jets y de los Dolphins y veía todos esos asientos vacíos en el estadio. La mayoría de las personas que poseen asientos para abonados no asisten. En un estadio de setenta y cinco mil aficionados, quizás cincuenta mil en realidad no son socios sino personas que compran los asientos en una página de reventa.

Yo había estado pensando en esto y tenía la idea de que se podían ofrecer esos asientos del sector inferior —los más cercanos al campo de juego—, que al acabar el primer cuarto solían estar vacíos. El asunto era cómo hacerlo, ya que era la época previa a las entradas digitales, de modo que no contábamos con acceso a esos consumidores potenciales y no podíamos venderles productos.

Se me ocurrió que podíamos desarrollar una aplicación en la cual los clientes se registraran y pagaran diez dólares para cambiarse a un asiento mejor desde donde ver el resto del partido o quizás cincuenta dólares para disfrutar de un momento especial tras del espectáculo, pisando el campo y haciéndose una fotografía. Recluté a una directora ejecutiva maravillosa, Andrea Pagnanelli, quien comprendía a la perfección el negocio de las entradas y juntos construimos una aplicación entera desde cero. Nunca me detuve a plantearme si quizás estaba tan obsesionado con la idea que estaba pasando algo por alto.

Y así fue.

Estaba ignorando la realidad: el negocio perdería sentido al aparecer la venta de entradas digital, al menos no como un servicio independiente. Lo que yo estaba haciendo era crear una funcionalidad, no un negocio *per se*. Si hubiera estado trabajando para Ticketmaster la idea me hubiera valido un ascenso... pero no era el caso. Si mi objetivo no era utilizar la aplicación como puente para convertirme en vendedor de entradas —y, definitivamente, no era el caso—, entonces no valía la pena invertir en esa idea.

Existe una delgada línea entre la confianza y el delirio, y los emprendedores debemos vivir justo sobre ella. Es cierto que si no te engañas a ti mismo tan solo un poco —como la idea de que yo podía impartir mis clases en Harvard sin problemas—, entonces nunca serás capaz de embarcarte en algo que se encuentre en la periferia de tus habilidades, pero no puedes engañarte a ti mismo para siempre. Necesitas el autoconocimiento para saber quién eres, cómo funciona el mundo, y si tu idea es realmente factible o no. Terminé cancelando el proyecto de Leap Seats. Sabía que Andrea sería la persona indicada para cubrir una necesidad en otro negocio y no quería perder la oportunidad de contar con ella en mi equipo. Tuve un momento de claridad, y no dejé que el miedo de admitir que me había equivocado me impidiera tomar la decisión correcta.

Deja que el miedo te lleve al siguiente nivel

Estaba muerto de miedo cuando entré en la oficina del congresista Gary Ackerman a los dieciséis años para empezar mi nuevo trabajo a nueve dólares la hora. Sabía que tenía que demostrar mi valor. Día tras día sentía miedo de quedar como un niño que no sabía nada sobre... bueno, casi todo. Ese temor me condujo a hacer lo que fuera posible para hacerme indispensable.

Una tarde, el gerente de campaña de Ackerman —un cincuentón de la vieja escuela de voz ronca y fumador empedernido de cigarrillos Camel— necesitaba ayuda con la correspondencia. Necesitaba imprimir (en una antigua impresora matricial*) miles de cartas personalizadas a simpatizantes. Era el año 1991, y los ordenadores aún eran un misterio para cualquiera que tuviera más de doce años.

Yo no había tenido un ordenador en mi vida —ni siquiera tenía lavavajillas—, pero quería ser el héroe y estaba tan asustado que no me podía permitir fallar. Le aseguré que me encargaría de ello. «Sé algo de ordenadores», le dije tras decidir que era capaz de resolver el problema. La gente se fue yendo a su casa y yo me quedé toda la noche probando, aprendiendo y conteniendo las lágrimas cuando las cartas no quedaban alineadas con el cuadrado de plástico transparente donde debía ir la dirección. Al amanecer, lo había conseguido. El gerente de campaña llegó y se encontró el trabajo hecho, y a mí, completamente dormido sobre unas cajas.

«Él afirmó tener un vasto conocimiento sobre ordenadores, algo que yo necesitaba en esos momentos», declaró el gerente de campaña de Ackerman

* N. del T.: Una impresora matricial o impresora de matriz de puntos es un tipo de impresora que imprime sobre las páginas por impacto de forma similar al funcionamiento mecánico de una máquina de escribir.

a la revista *PR Week* años más tarde, en una de mis primeras apariciones en la prensa. «[Él sobreestimó sus capacidades,] pero acabó aprendiendo. Aprendió por sí mismo, lo cual me impresionó»[3].

Al final de la temporada de primarias, y en la antesala de las elecciones generales, ya no había más trabajo. Despidieron a todo el mundo, menos a mí.

Yo era joven, pero el temor me llevó a aprender una lección importante cuando se trata de lograr el éxito profesional: conviértete en indispensable en cualquier tarea que te sea asignada, aunque parezca insignificante. Si alguien cree que un trabajo es lo suficientemente importante como para encargártelo, significa que hacerlo bien es importante. Incluso a los trece años, cuando trabajaba en el equipo de limpieza del salón de fiestas para niños en el McDonald's, sabía que necesitaba encontrar una manera de volverme irremplazable. Ponerme de rodillas para inspeccionar debajo de esas mesas con forma de seta en busca de chicle seco (¡que no solo los niños dejaban allí!) rápidamente me valió un ascenso a gerente de mantenimiento del salón; pasé a controlar que, al final del día, todos los restos de McNugget hubieran sido retirados de cada rincón del restaurante. (En ese momento, los restos de pollo me parecían una mejora respecto al chicle).

El miedo puede convertirse en un aliado inesperado. Marc Lore habla sobre cómo el miedo lo lleva al siguiente nivel. «Cuando te encuentras en alguna clase de situación de vida o muerte en la que, si algo falla, quizás no puedas alimentar a tu familia, encuentras esa sexta marcha y terminas haciendo cosas de las que nunca te creíste capaz», me contó Marc. «Incluso cuando tenía dinero, me seguía poniendo en esa clase de situación. Cuando estaba construyendo Jet, el negocio electrónico que finalmente vendí a Walmart, involucré en el acuerdo a todos mis amigos y miembros de la familia para obligarme a luchar por él. No podía perder el dinero de mi padre y mi madre, o el dinero de otros parientes y amigos. Había mucho en juego, y sentía que no existía el plan B».

Para ganar a lo grande, necesitarás ser capaz de convertir tus miedos en acción, utilizar tu ansiedad como herramienta y dejar que esta te conduzca cada vez más alto.

Pero no puedes dejar que el miedo te tire por la borda

El humorista Gary Gulman* se había pasado más de veinte años de su vida haciendo monólogos, con lo que llegaba a ganarse la vida, pero sin llegar a destacar. Lo que nadie a su alrededor sabía era que había estado luchando con la ansiedad y la depresión desde la infancia, y que estaba a punto de perder la batalla. En 2015, mientras filmaba un especial de Netflix en el salón de eventos Highline Ballroom de Nueva York, creyó que ese era finalmente el momento en el que su carrera daría un gran paso adelante. «Pensé que era mi mejor trabajo», dijo Gulman, «pero la acogida fue mediocre. Simplemente no funcionó. Me llevó un año entero conseguir vender el especial a Netflix, y tampoco ahí tuvo una gran acogida»[4].

El padre de Gulman falleció poco después, y esas dos situaciones lo sumieron en una depresión que lo tuvo más de dos años fuera de combate. Apenas podía trabajar. Se vio obligado a mudarse fuera de Nueva York y regresar a su habitación de la infancia en Peabody, Massachusetts. Después de una actuación, estuvo al borde del suicidio. «Los humoristas suelen hacernos morir de la risa, ¿qué pensará la pobre mujer de la limpieza cuando llegue el lunes por la mañana y se encuentre con esto?»[5].

Finalmente, con el paso del tiempo y el tratamiento —tras ingresar en un hospital psiquiátrico y recibir terapia electroconvulsiva además de un régimen de medicación—, logró superar la depresión. Ahora debía volver al ruedo y, en lugar de regresar a las rutinas de comedia que tenía ya aprendidas, decidió dar un giro en su trabajo y utilizar lo que le había sucedido a su favor. Escribió un nuevo espectáculo, *The Great Depresh*, en el que hablaría, por primera vez, de sus problemas en público. Terminó vendiéndolo a HBO con el respaldo del productor de comedia y superestrella de la industria, Judd Apatow.

El espectáculo recibió unas críticas fantásticas. «Para una temática tan oscura, parece imposible que sea tan divertido. Gulman es así de bueno», escribió un crítico[6]. La carrera de Gulman no había resurgido sin más; el espectáculo lo había conducido hacia nuevos horizontes. Todo eso gracias a que aceptó sus debilidades y aprovechó

---

* N. del T.: Gary Lewis Weston Gulman es un comediante estadounidense finalista del *reality show* de talentos de la NBC *Last Comic Standing*.

su depresión para finalmente ponerla a trabajar para él en lugar de en su contra.

◉ ◉ ◉

El lanzador de béisbol Zack Greinke era el jugador más joven de las grandes ligas; tenía tan solo veinte años cuando hizo su debut con los Kansas City Royals en mayo de 2004. Mostró destellos de genialidad durante una temporada de novato con altibajos, pero parecía ser una futura estrella con un potencial ilimitado. «Desde un principio podía hacer magia con el bate», escribió Joe Posnanski en la revista *Sports Illustrated.* «Se convirtió en el lanzador del año de los Royals como novato, el más joven de la historia de la franquicia, y eso ya es lo suficientemente extraño; una mirada rápida a la historia demuestra el reducido número de veinteañeros que han retirado a los mejores lanzadores de la liga» [7].

Pero, en su interior, Greinke estaba luchando con un caso terrible de ansiedad social. Sus compañeros de equipo consideraban que era tímido y retraído, tanto es así que, después de que Greinke experimentara dificultades en 2005, los Royals lo enviaron a vivir con el gregario miembro del Salón de la Fama, George Brett, durante el invierno para que trabajara en sus habilidades sociales [8].

Eso no ayudó. Greinke regresó al equipo para el entrenamiento de primavera en 2006, pero terminó alejándose del campo de entrenamiento debido a su estado mental, que casi le hizo abandonar el béisbol por completo.

«Hubo una ocasión en que estaba tan enfadado que no podía ni lanzar un *strike*», escribió el periódico *Los Angeles Times*, «y realizaba cada lanzamiento con imprudencia y velocidad. A continuación, mientras los espectadores lo miraban con tristeza y confusión, se alejó del montículo y —según él— del juego, para siempre. "¿Por qué estoy sufriendo esta tortura cuando en realidad no quiero hacerlo?", recordó haber pensado. "Disfrutaba del juego, pero odiaba el resto. Haré algo que realmente quiera hacer"» [9].

Durante dos meses, en 2006, Greinke estuvo alejado del equipo antes de regresar a mitad de temporada y ser el lanzador principal de las ligas menores durante el resto de la temporada. Le atribuye el mérito a la medicación Zoloft por paliar su ansiedad social, que le permitió volver a lanzar en un partido. Ahora, más de quince años después, Greinke continúa lanzando (de regreso con los Royals en 2022 después de pasar por los Brewers, Angeles, Dodgers, Diamondbacks y Astros) y ha tenido una carrera de superestrella. Probablemente no tarde en entrar en el Salón de la Fama del béisbol, con más de doscientas veinte victorias en su haber —la segunda mayor cantidad que ningún jugador en activo ha logrado, al menos al momento de escribir este libro—, y se encuentra empatado en el puesto setenta y tres de la historia del béisbol habiendo ganado más de trescientos treinta millones de dólares.

◉ ◉ ◉

Gulman y Greinke tocaron fondo, pero —incluso sin llegar al punto de terminar en un hospital psiquiátrico o alejándote de una carrera deportiva multimillonaria— puedes sufrir los efectos sustanciales de la ansiedad cuando deja de ayudarte a avanzar y pasa a perjudicar tu capacidad de actuación. Cuando deja de ser una ansiedad óptima para convertirse en lo que yo denomino una ansiedad disruptiva, puede muy fácilmente hacer trizas tus sueños.

Durante toda mi vida he luchado contra la ansiedad, el insomnio y las preocupaciones obsesivas sobre cuestiones que puedo y no puedo controlar. Mis amigos bromean y me llaman el temerario más paranoico que conocen. En algunas ocasiones eso me ayuda, pero en otras definitivamente no. Cuando me encuentro a punto de tomar una gran decisión, me paralizo y me vuelvo totalmente improductivo. Mi cuerpo se rebela, y pongo en riesgo lo que estoy haciendo simplemente porque mi cerebro no se apaga ni me permite descansar. Es una respuesta de lucha o huida, una necesidad constante de estar en un estado de alerta máxima, de buscar el peligro. Esto se convirtió en un problema grave cuando estaba a punto de dar un gran paso profesional y aparecer por primera vez en televisión en el programa *Shark Tank*.

Ya os he comentado algo sobre este tema. El asunto es que me encontraba en una habitación de hotel en Los Ángeles y, por segunda noche consecutiva, era absolutamente incapaz de dormir. A las ocho de la mañana me esperaban en el estudio de Sony para compartir programa con Mark Cuban, Lori Greiner, Daymond John y Kevin O'Leary. Era mi primera aparición en el programa, quizás la única según cómo saliera todo. Yo no tenía dudas sobre mi capacidad de cumplir con el trabajo habitual de inversionista, pero no tenía idea de si esta capacidad se traduciría en poder interrogar a emprendedores en televisión. Temía humillarme delante de algunos millones de extraños o, incluso peor, delante de las personas con las que realmente hacía negocios todos los días.

Ninguna de esas preocupaciones eran racionales. No era temor a no estar preparado, por supuesto, ya que estaba sobrecalificado, tal como lo estaba para mis clases de Harvard. Mi hijo y yo habíamos mirado cada uno de los episodios del programa con antelación; casi doscientos episodios, que en total eran casi ochocientas presentaciones de ventas. Había escrito un sinfín de notas para sintetizar en frases ingeniosas todo lo que sabía sobre negocios. También me había preparado físicamente. Tenía veintidós kilos de sobrepeso cuando me reuní por primera vez con los productores de *Shark Tank* casi un año antes de mi primer día en el estudio; y me comprometí a perder cada uno de ellos durante los meses previos a mi aparición para no sentirme incómodo cuando me viera en las reposiciones de la CNBC durante los siguientes diez años.

Y no me detuve allí (aunque quizás debería haberlo hecho). Para combatir mi tendencia a encorvarme al estar sentado, compré un corrector de postura, por noventa y nueve dólares, que llevé puesto en la espalda durante un mes, y que me daba una pequeña descarga cada vez que me inclinaba demasiado en la silla. (Y, por ridículo que suene, realmente funcionó).

Había hecho todo esto y, sin embargo, me sentía aterrado. ¿Acaso había sido en vano? Quizás, pero, si preocuparme por mi apariencia era algo que me iba a limitar, valía la pena ocuparme de ello. Compréndete a ti mismo y a tus motivaciones; luchar en contra de quien eres nunca es la respuesta correcta. Acéptate a ti mismo, y haz lo que necesites hacer para sentirte preparado y ofrecer tu mejor versión.

Pero, como os digo, aun así, en esa habitación de hotel, seguía en vela y preguntándome ¿Por qué? Esto era una elección. ¿Por qué me había ofrecido voluntariamente a estar en esta posición y poner mi carrera y mi negocio en peligro? Esa mañana, tras una noche sin dormir, acabé tirado sobre el suelo de baldosas, con la cabeza entre las manos y con problemas para respirar. En mi mente había regresado a los días posteriores al once de septiembre, cuando trabajaba sin parar y pasaba tres o cuatro noches seguidas sin dormir.

Me coloqué mis auriculares y escuché la canción «*Lose Yourself*» de Eminem en bucle durante dos horas en un intento de entrar en la mentalidad de aquel joven tenaz y hambriento de Queens que era (y que aún soy). Cuando llegué a la sala de espera del estudio era incapaz de disimular que estaba hecho un desastre.

Arrastré a Daymond John (otro nativo de Queens) a mi camerino y le pedí un consejo, el que fuera. Me dijo: «Mira, has llegado aquí. Mereces estar aquí porque estás aquí».

Kevin O'Leary agregó: «La cámara no miente. No intentes ser uno de nosotros, sé quién sea que seas». Ambos grandes consejos. Luego salí al estudio y… me paralicé.

El programa no está guionizado, no hay preparación previa, ni asistentes, ni nadie a quien recurrir en busca de ayuda. Los empresarios que entran por esas puertas son tan nuevos para los que estamos allí como lo son para la audiencia, y las preguntas vuelan sin cesar. Solía preguntarme qué era los que los *sharks* escribían en los cuadernos que sostenían en sus regazos; son las cifras, porque realizan las cuentas en tiempo real.

Sonó la sinfonía del programa y el primer empresario entró al estudio. Escuché «Hola, *sharks…*» y luego durante un minuto y medio me perdí en el fragor de la batalla. Todo se sumió en un caos cuando mis compañeros comenzaron a hablar—más bien gritar— todos a la vez, interrumpiéndose unos a otros y, por supuesto, no hicieron ningún esfuerzo por incluir al novato. No, no era una cuestión de vida o muerte, lo sabía, pero eso no impidió que se activaran mis instintos de lucha o huida. Necesitaba deshacerme del miedo y confiar en mí mismo, confiar en que podía brillar. Respiré hondo y pensé: «Puedo hacerlo».

◉ ◉ ◉

¿Recuerdas ese diálogo interno del capítulo dos? Funcionó. En esa primera presentación del día me encontré compitiendo contra Kevin por un acuerdo de un negocio que conocía bien y por un fundador que parecía saber lo que estaba haciendo. Lo miré a los ojos y simplemente le presenté una imagen de lo que sería su vida conmigo: lo ayudaría a llevar su negocio al siguiente nivel, puliría sus debilidades y estaría allí para ayudarle a hacer frente a las dificultades y convertirme en el héroe que yo no había tenido.

Kevin intentó captar la atención del emprendedor, pero yo ya lo había atrapado. Me miró a los ojos y exclamó «¡Trato hecho!». Yo extendí el puño en el aire y mientras corría para abrazarlo escuché que Kevin gruñía «Bueno, supongo que estoy fuera».

Entre presentaciones, una vez que todos volvieron de nuevo a sus asientos, Lori Greiner, la más afectuosa de los *sharks*, se volvió hacia mí, colocó una mano en mi antebrazo y susurró: «Matt, en la escala del uno al cien has estado en un noventa y cinco; y nadie consigue un cien. En diez años nadie ha entrado en el estudio como lo has hecho tú y actuado como si hubieras estado aquí desde el primer día». Había quemado mis naves… y ahora me encontraba «nadando entre tiburones».

Más tarde me sentí extasiado, pero no quería vivir con ese nivel de ansiedad. Te aconsejo que no te permitas llegar a ese nivel. En lugar de eso, quiero ofrecerte una caja de herramientas para evitar que termines en los mismos lugares oscuros en los que he terminado yo, o en los que han terminado Gary Gulman y Zack Greinke.

Ahí van cuatro herramientas para superar la ansiedad.

Encuentra una investigación o estudio sobre la ansiedad que te sirva

Existe una razón por la que menciono estudios como la ley de Yerkes-Dodson en este libro, la teoría probada sobre la ansiedad que he mencionado al comienzo de este capítulo. La verdad es que estoy obsesionado con los estudios científicos sobre la mente y la información es poder. Si puedo encontrar una investigación que demuestre que realmente estoy haciendo lo correcto en lo que sea que esté intentando conseguir, entonces ese conocimiento puede servirme para superar mis dudas.

No tengo un ejemplo mejor para ello que mi experiencia en la maratón de París. Llevaba toda la noche despierto, en realidad fueron cuarenta y ocho horas, debido al *jet lag*. ¿Qué es lo que haces cuando no puedes dormir en París, te paras a contemplar el Arco del Triunfo y esperas a que comience una maratón? Llamé al doctor de los Jets, el Dr. Damion Martins, y le pedí algunos consejos sobre cómo superar una prueba de resistencia extrema. Lo desperté en el medio de la noche de Nueva Jersey. «¿Me estás llamando para esto?», me preguntó. Me dijo que bebiera zumo de naranja durante toda la carrera. «Tu cerebro te amará y tu vejiga te odiará, pero superarás la carrera con la energía que necesitas». (En el kilómetro treinta y dos me di cuenta de cuánta razón tenía).

Queriendo saber más, comencé a buscar en Google. Esperaba encontrar consejos sobre cómo solucionar mi falta de sueño o, mejor aún, evidencia científica que probara que la falta de sueño no era un problema y que otros en mi misma situación, que se veían abocados al desastre, habían salido adelante.

Encontré una investigación interesante que afirmaba que, si bien el rendimiento mental se ve absolutamente impactado por la falta de sueño, el rendimiento físico puede tolerar desde treinta a setenta y dos horas en estado de vigilia[10]. Bingo: me sentía reconfortado, y mi cabeza empezaba a recuperar la calma. Corrí la maratón y mejoré mi tiempo en diez minutos respecto a la maratón que había hecho en Nueva York.

¿Va a haber siempre datos que te reconforten en cualquier situación? Por supuesto que no. Pero, con ocho mil millones de personas en el mundo, alguien, en algún lugar, ha pasado por lo que tú estás pasando justo ahora. Encuentra el estudio, o a la persona, y ahórrate el trabajo de repetir sus errores. Nutre tus decisiones y supera tus preocupaciones con hechos.

Medita a diario

He descubierto que la mayoría de los directores ejecutivos de éxito que conozco practican la meditación trascendental. Desde Ray Dalio hasta Bill Gates y Ariana Huffington, la lista de triunfadores que recurren a esta herramienta para relajar la mente no es corta, en absoluto[11]. Se ha demostrado que la meditación impulsa la resiliencia, la inteligencia emocional, la creatividad, las relaciones y la concentración; y yo me sumo a todo ello para decir que debería ser una herramienta fundamental en tu caja de herramientas para combatir la ansiedad[12]. Creo fervientemente en la meditación y pienso que es uno de los regalos más extraordinarios que puedes hacerte a ti mismo.

Te mentiría si te dijera que medito todos los días a rajatabla, pero hago el esfuerzo de hacerlo tanto como puedo, y me hago responsable, porque el autocuidado es sumamente importante. Siempre les digo a mis empleados y a los empresarios que trabajan conmigo que cuidarse bien a uno mismo es crucial para mantener un rendimiento óptimo. En mi caso personal, se trata de un área en la que suelo fallar porque no me cuido mucho cuando estoy muy ocupado. Mi presión arterial es demasiado elevada, tengo problemas de peso, y no duermo bien. Pero, si bien algunas personas consideran este tipo de cuestiones como algo de lo que enorgullecerse, pruebas de que están trabajando duro, la verdad es que están equivocados. Negarnos el regalo del autocuidado no nos ayuda a llegar a nuestras metas profesionales, sino que nos perjudica, y nos complica enormemente la vida. Cuanto antes empieces a cuidar de ti mismo, más probable será que mantengas dicho hábito a la larga. Comienza poco a poco, pero sé constante.

Alguna gente a la que admiro habla sobre reducir el número de decisiones tanto como puedan con tal de maximizar su eficiencia y creatividad. Steve Jobs y Albert Einstein llevaban puesto el mismo atuendo día tras día para no tener que pensar en su vestimenta en absoluto. Están quienes se duchan a la misma hora todas las mañanas, beben su café, meditan diariamente como regla general y reservan las primeras horas del día para las tareas más exigentes de su agenda.

En cierto modo admiro a esas personas; pero, al mismo tiempo, sé que todos abordamos la vida de una manera distinta y tomamos caminos diferentes hacia la excelencia. Nada en mi vida es rutina. A mi esposa le sorprende el hecho de que yo no tenga una ritual para la ducha o el desayuno. Reviso el correos electrónicos a todas horas. Salto de emergencia en emergencia. Detesto depender de una rutina, ya que temo no contar con el espacio mental para la espontaneidad, que suele ser mi fuente más fiable a la hora de buscar resultados.

Pienso que todos deberíamos meditar, pero al mismo tiempo quiero asegurarte que no hacerlo no te impedirá *quemar tus naves*. Prueba cosas distintas, descubre qué funciona mejor para ti y sé fiel a ello. Haz lo que puedas, perdónate cuando no logres la perfección, y sigue intentándolo.

Escoge la persona correcta para ir a la guerra

Mi esposa, Sarah, es mi superpoder secreto en todos los aspectos, la persona más tranquila y racional que conozco, la clave de que yo controle mi ansiedad y mi única y absoluta compañera en todo lo que hago. Juntos nos ayudamos a desplegar nuestro máximo potencial. Ella es una de esas personas extrañas que parece que se haya tragado todos los manuales de instrucciones del universo. Es tan probable que llegue a casa y la encuentre debajo del coche cambiando el tubo de escape como que me salude desde el techo mientras coloca unas tejas. Los videos que subo a Instagram elogiando las habilidades inesperadas de Sarah generan cientos de miles de visitas; tiene un truco para todo. Lo que quiero decir es que una pareja es o una fuerza multiplicadora o un vampiro de energía. No existe un término medio.

Creo que es una cuestión que solemos subestimar. No hablamos lo suficiente sobre las relaciones y sobre la importancia de tener la pareja adecuada si quieres lograr el éxito. Ninguno de nosotros puede hacerlo solo. Pero la creencia popular de que deberías escoger una pareja que te baje a la tierra, que atenúe tus debilidades —ya sea en la vida o en los negocios— es un mito que conduce a relaciones *combustibles* en lugar de compatibles. Hablamos sobre cómo los opuestos se atraen, o cómo los cofundadores deben aportar habilidades diferentes y complementarias, pero a menudo la similitud es mucho más duradera y poderosa que la diferencia.

En mis clases de Harvard, una de las preguntas que le hice a cada empresario invitado a el ciclo fue cómo y por qué habían escogido a sus socios, personales y profesionales, y qué hacía que esas asociaciones fueran exitosas. De manera casi unánime respondían que se trataba de la alineación de valores, y de cómo una asociación exitosa iba menos de dividir el trabajo con personas que tuvieran habilidades complementarias y más sobre superposición de valores, lo que permitía avanzar sin problemas en una misma dirección. Las habilidades no importan si no tienes la misma visión de futuro y las mismas ideas sobre qué es lo verdaderamente importante.

Considero que es fundamental conocer a la pareja de alguien en el curso de mi análisis respecto a una inversión, ya que a menudo ello te permite darte cuenta inmediatamente de muchos aspectos. ¿Cómo es la relación? ¿Es una fuente de fortaleza o de conflicto? Si observo señales de desdén, como comentarios negativos u ojos en blanco, sé que habrá conflicto. Lo que necesitamos buscar es una sensibilidad, una sola voz, una pasión unificada. Y si alguien ha escogido al compañero de vida correcto, francamente, eso también dice mucho sobre cómo escogen sus compañeros de negocios y empleados. Las personas extraordinarias pueden identificar esa misma cualidad en otras. Por otro lado, cuando escucho que alguien comenta sobre su pareja: «Me mantiene con los pies en la tierra», pienso en aviones atascados en la pista y me pregunto: «¿Acaso eso es algo bueno?» Se supone que los aviones vuelan, y tú también deberías hacerlo.

Muestra tu talón de Aquiles y pide ayuda para curarlo

Es la estrategia más simple, pero una que no siempre pensamos en utilizar ya que nos preocupa que los demás nos juzguen o penalicen por admitir nuestras debilidades. Mi amigo Mike Tannenbaum, un conocido comentarista de fútbol de ESPN, era el gerente general de los Jets antes de que lo contratáramos como vicepresidente ejecutivo de los Dolphins. Respeto muchísimo a Mike, es un ser humano maravilloso, hijo de un trabajador del transporte de Boston, que se hizo a sí mismo tras empezar como pasante de los New Orleans Saints en 1994.

Mike tenía un sueño de lo más osado: trabajar en la élite del mundo de los deportes y dio cada paso necesario para lograrlo. Fue a la Escuela de Derecho Tulane como un medio para su fin, se graduó con matrícula y luego consiguió un empleo para trabajar con el entrenador Bill Belichick y los Cleveland Browns, haciendo de todo: desde perfilar contratos a llevar a gente al aeropuerto. De allí pasó, junto con Belichick, a los Jets y en cuatro años pasó de negociar contratos a convertirse en asistente del gerente general; cinco años después, fue nombrado gerente genera, el más joven de la NFL con tan solo treinta y cinco años.

Trabajaba tan duro —y le fue tan bien— que era imposible no respetarlo mientras él seguía ascendiendo. En sus dieciséis años con los Jets el equipo se clasificó para los *playoffs* en siete temporadas y jugó en tres ocasiones el partido por el campeonato AFC.

Pero no fue fácil. La ansiedad de Mike le ayudó crear y mantener ese éxito, pero también se manifestó con una intensidad extrema. Los ojos de Mike se llenaban de furia asesina en cuanto la presión aumentaba y terminaba atacando a cualquier persona o cosa que lo fastidiara. Si en algún momento detectaba que un jugador se reía durante un partido que iban perdiendo, se lo echaba en cara al día siguiente. «¿Acaso piensas que perder es gracioso?».

A veces, cuando hablaba con él tras una derrota, Mike parecía sujetar su bolígrafo con tanta fuerza que yo me alejaba medio metro por si se le ocurría clavármelo en el ojo. Realmente le fastidiaba que otras personas no se tomaran las victorias con tanta pasión como él. Lo comprendo, pues yo también he tenido que controlar ese impulso más de una vez. Mike verbalizaba lo que tantos de nosotros sentimos cuando nos morimos por ganar y percibimos que aquellos que nos rodean no comparten nuestro entusiasmo.

«Aún me acuerdo de golpear la mampara de mi palco si te veía en el campo conversando con alguien del otro equipo», recuerda Mike sobre nuestra rutina previa al partido, cuando confraternizar con el enemigo representaba una ofensa capital. «Era el día del partido. No estábamos allí para hacer amigos. La cháchara previa me sacaba de mis casillas».

Yo admiraba la profundidad del compromiso de Mike, pero también sabía que su intensidad, su mejor activo, algún día podría echar a perder su carrera. Nuestro mejor activo también puede convertirse en nuestra cruz. Finalmente, me vi obligado a intervenir. Le comenté a Mike que su ansiedad se estaba manifestando de una manera que perjudicaba su éxito, y quizás incluso su trabajo. ¿Qué hizo él? No, no me clavó el bolígrafo en el ojo; le conseguimos ayuda (de mi psicóloga laboral de confianza, la Dra. Laura Finfer).

«Dijiste cosas como "esto será una bendición"», recuerda Mike, «y yo no sé si te creí en un principio, pero tenías toda la razón del mundo. Es realmente difícil escuchar cosas sobre uno mismo que sospechas que pueden ser ciertas, pero que no te das cuenta de que los otros también las ven. Conseguir ayuda me dio mucho más autoconocimiento, me hizo sentirme más cómodo conmigo mismo, y finalmente me dejó mostrarme vulnerable ante los demás».

Un par de meses después de nuestra charla, entré en la oficina de Mike y me encontré con una gigantesca pecera construida en la pared. Las luces estaban atenuadas y él escuchaba música de los ochenta tranquilamente. Había aprendido mecanismos de gestión de la ira y los estaba poniendo en práctica. Para Mike, un cambio en su ambiente de trabajo funcionó de maravilla y lo relajó lo suficiente para no ser consumido por su rabia.

«Cuando consigues este tipo de trabajos», explica Mike, «entra en juego el síndrome del impostor. Yo era el gerente general más joven de la NFL, estaba en Nueva York con todos los focos apuntándome y temía no ser digno. Siempre había estado contemplando dos ideas en mi cabeza: la primera: «¿Cómo puede ser que todavía no esté al mando?» y la segunda: «¿Alguna vez estaré listo?» Heredé la ambición de mi padre, que se partía el lomo en las agencias de transportes de Boston y Nueva York. Yo quería un camino más fácil para mis hijos y estaba dispuesto a luchar para lograrlo. Pero, cuando tú interviniste, supe que necesitaba encontrar una manera mejor de expresar todo lo que me sucedía».

Aún era el mismo Mike Tannenbaum, aún era intenso, pero era capaz de reservar esa intensidad para los momentos importantes, y su rendimiento mejoró radicalmente.

«Mi ambición y mi inseguridad han sido simultáneamente una bendición y una maldición», explica Mike. «Donde sea que me encuentre, quiero volar más alto. Sé, incluso ahora, que aún tengo millones de kilómetros por recorrer y estoy trabajando al máximo para llegar allí». «Todavía me cuesta calibrarlo», admite. «Pertenezco a la junta directiva de una empresa y, si alguien llega un minuto tarde a una llamada, me fastidia. Vengo del mundo del fútbol, arduo, despiadado y carente de empatía. Aquí hay unos estándares que cumplir y eso ha modelado mi visión del mundo. Pero intento recordarme a mí mismo que no todo es blanco o negro. Existen los grises. No me puedo enfadar por todo».

En la actualidad Mike destaca en múltiples plataformas. Después de periodos como agente y gerente general, cuando lo contratamos para los Dolphins, en 2019, se convirtió en analista principal para ESPN realizando la mayor parte de las coberturas de la NFL. Además de ESPN también lanzó The 33rd Team una plataforma *online* que ofrece análisis y comentarios de la mano de un equipo de expertos con muchos años de experiencia en entrenamiento y gestión deportiva a sus espaldas. Y, por si eso fuera poco, Mike ejerce de mentor para estudiantes e intenta conseguirles oportunidades de trabajo. Pero, lo que es más importante, es consciente de la importancia de pedir ayuda y continúa esforzándose por mejorar día a día en todo lo que hace.

◉ ◉ ◉

Estos consejos pueden serte útiles trabajes donde trabajes. Pueden ayudarte a no perder el rumbo una vez iniciado tu viaje. A todos nos cuesta reprimir las emociones negativas; sin embargo, si nos impulsan a trabajar más duro y de manera más inteligente que los que nos rodean, estaremos utilizando el miedo para colocarnos en la pista de salida del camino hacia el éxito. Y esto es solo la lucha interna, porque también luchamos contra un mundo que inevitablemente intenta colocar obstáculos en nuestra senda hacia el éxito.

Desearía que fuera fácil lidiar con nuestros demonios y vivir en un entorno aislado donde uno fuera completamente dueño de su destino, pero no es el caso. Los problemas llegarán, y, cuando lo hagan, no solo debes estar preparado para lidiar con ellos, sino también para utilizarlos, analizarlos y amarlos. Cuando vienen tiempos malos y siento mucha presión sobre mí, tomo prestada una frase del exalcalde de Chicago, Rahm Emanuel: «Nunca malgastes una crisis. Lo que quiero decir con esto es que se trata de una oportunidad de hacer cosas que antes creías que no podías hacer» [13].

5. Acepta cada crisis

La mañana del once de septiembre yo llevaba tan solo unos meses trabajando como secretario de prensa en la alcaldía de la ciudad de Nueva York. Me estaba preparando para una conferencia de prensa a pocas calles de distancia del *World Trade Center* cuando el segundo avión impactó contra la torre. No sabía dónde estaba el alcalde, y regresé al ayuntamiento buscando la manera de poder hablar con él. En cuanto hube cruzado las puertas se escuchó el sonido ensordecedor de una explosión, y todo el mundo empezó a gritar. Las torres se estaban desplomando; y, cuando regresé al lugar del impacto dos días más tarde con el presidente George W. Bush, en nuestra primera visita al área, recuperamos el equipamiento que yo había estado conectando algunos instantes previos al colapso. Estaba completamente aplastado. El área donde estábamos mis colegas y yo habíamos había sido arrasada.

Pasé los cien días posteriores gestionando la respuesta mediática al peor ataque terrorista de la historia y apenas tenía tiempo para dormir. Conduje a cada líder mundial a la zona cero, desde el emir de Catar hasta el primer ministro de Gran Bretaña, para que fueran testigos de la atrocidad y respaldaran la respuesta del ejército de los Estados Unidos. Construimos una plataforma de observación con vistas al sitio y un mural con las banderas de los noventa y un países que perdieron ciudadanos en los ataques. Necesitábamos aliados que nos permitieran utilizar sus bases y su espacio aéreo; y los viajes en barco para los líderes mundiales que rodeaban la punta de Manhattan me conducían casi a diario de regreso a ese infierno urbano. Coordinamos esfuerzos con la Casa Blanca con el objetivo implícito de generar impacto y cierta culpabilidad en todos los jefes de Estado. El humor negro nos ayudaba a mantener la cordura. La broma interna consistía en llamar a esos viajes con los líderes mundiales «Los *tours* de la libertad».

Todo era de una dificultad extrema. Era una tragedia inimaginable y en multitud de ocasiones tuve el impulso de esconderme bajo las sábanas y fingir que todo había sido una pesadilla horrorosa. Pero estar allí, ayudar a que Nueva York regresara a la vida y descubrir que podía sobrevivir a una situación como esa, terminó por cambiarlo todo para mí. Me di cuenta de que mi infancia traumática, y quizás incluso la muerte de mi madre, me habían otorgado la habilidad de sobrellevar casi cualquier situación.

Las lecciones de este capítulo van en dos direcciones. La primera parte trata sobre fomentar las habilidades que se necesitan no solo para lidiar con las crisis, sino para utilizarlas como oportunidades para alcanzar nuevas cimas. El trabajo de Barbara Fredrickson, psicóloga de la Universidad de Míchigan, lo corrobora. Su investigación ha demostrado que las emociones positivas durante las crisis hacen más que simplemente ayudar en el momento que suceden; de hecho, a la larga conducen a una resiliencia superior y al desarrollo de una habilidad creciente para lidiar con problemas y prosperar en el futuro[1]. Al estudiar las respuestas de estudiantes universitarios al once de septiembre, Fredrickson descubrió que aquellos que sentían emociones negativas sufrían efectos persistentes en comparación con aquellos que hacían el esfuerzo de concentrarse en los aspectos positivos. Pensar en positivo tenía un beneficio duradero y ayudaba a los sujetos a tolerar futuras crisis en sus vidas.

Podemos protegernos de la depresión y el estrés concentrándonos en lo positivo, buscando activamente momentos de esperanza, gratitud, sorpresa y alegría. Los individuos resilientes son capaces de prosperar a través de buscar la parte positiva de cada situación negativa. En otras palabras, considerar una crisis como una oportunidad realmente puede convertirla en algo positivo. Es posible redefinir una situación complicada si sustituimos dos pequeñas palabras: «tengo que» con «yo puedo». El ejemplo más poderoso es la rutina que define nuestra relación con el trabajo. Me recuerdo cada día que no «tengo que» ir a trabajar, sino que «puedo» ir a trabajar, un privilegio por el que millones de migrantes de todo el mundo arriesgan sus vidas.

La segunda parte tiene que ver con la gestión de las crisis incluso en ausencia de estas. ¿A qué me refiero con esto? Una verdadera mentalidad de *quemar las naves* utiliza la parte positiva de una crisis sin necesitar que todo se derrumbe a nuestro alrededor. Las crisis nos obligan a limitar las decisiones y a concentrarnos en lo que realmente importa. Pero eso es algo que podemos hacer en cualquier caso. Podemos iterar antes de vernos obligados a hacerlo, cambiar de dirección porque es lo más astuto y no solo porque es la única opción disponible. Podemos llevar a cabo todas esas acciones creativas, flexibles y finalmente maravillosas que estamos obligados a poner en práctica cuando luchamos por salvar nuestro negocio en el medio de un desastre… incluso cuando el peligro no sea real.

Aquí te dejo una guía para gestionar las crisis.

Enfréntate a todo; y luego retrocede y trabaja desde el escenario más adverso

Lo primero que debes hacer ante cualquier crisis es encontrar la manera de sobrevivir. Cuando nos encontramos sin respuestas tendemos a pasar por alto el paso más evidente: simplemente sobrevivir. Tu persistencia del pasado es un indicador muy certero de la viabilidad y longevidad del futuro.

Cuando me encuentro con una empresa que parece tener siete vidas, sé que no es algo accidental. Alguien tomó la decisión de que la empresa no iba a morir e iba a encontrar la manera de sobrevivir. Entonces, ¿cómo actúas cuando no sabes qué hacer? Simplemente te personas en el lugar de los hechos.

Aquellos noventa días posteriores al ataque a las torres gemelas iban sobre estar presente y demostrar al mundo que no nos retiraríamos presos del pánico. Nos lanzamos a organizar eventos de inmediato: una conferencia de prensa en cuanto pudimos conectar el equipo; visitas para líderes mundiales y eventos para el público en general; un servicio de oración en el Yankee Stadium. A menos de dos semanas de los ataques, Oprah Winfrey participó como presentadora; para el mes de aniversario se hizo una actuación de la Filarmónica de Nueva York en el bajo Manhattan, y muchos eventos más. Rudy Giuliani se ganó el apodo de «alcalde de Norteamérica» porque estaba de manera constante, temeraria e incansable, donde hiciera falta. Me resulta triste verlo ahora como una sombra de su antiguo yo. Prefiero recordarlo como lo vi aquellos días impactantes tras el once de septiembre, cuando su personalidad, llena de energía, se volvía una presencia tranquilizadora. Así aprendí la importancia simbólica de estar presente en el terreno cuando se desata el infierno.

◉ ◉ ◉

Cuando todo parece perdido y solo pienso en sobrevivir, en realidad mi mente piensa en pizza. La cadena de la Costa Este, &pizza, es una maravillosa inversión de RSE dirigida por Michael Lastoria. Lastoria siempre ha estado ahí para sus trabajadores, en especial durante la pandemia del COVID-19. Pocos días después de que el virus hiciera su aparición en marzo de 2020, él no actuó desde el miedo y cerró sus locales con la esperanza de que la amenaza simplemente se desvaneciera. Michael sabía que esa era una oportunidad única de vivir de acuerdo a los valores que la empresa resaltaba en su *marketing*, y de demostrar que luchar por un salario digno no era simplemente retórica vacía en publicaciones cursis de Instagram.

En lugar de congelar los salarios y recortar los puestos de trabajo, &pizza le brindó a su equipo un aumento salarial instantáneo de un dólar por hora; pizza ilimitada gratis para los empleados, sus familias y los trabajadores de la salud; reembolso de los costes de transporte cuando los servicios públicos dejaron de funcionar; una política de baja extendida por enfermedad para cuidar a los niños cuando cerraron las escuelas; una prima sanitaria y de seguridad para cualquier persona diagnosticada con COVID-19 o que hubiera estado en contacto con alguien a quien se lo hubieran diagnosticado; y, más adelante, cuando las protestas de *Black Lives Matter* se extendieron por todo el país, tiempo libre remunerado para que cada empleado pudiera dedicarse a su propio activismo personal. En noviembre de 2020, la empresa anunció que el salario mínimo sería de quince dólares la hora para cada empleado del país, y en junio de 2021 anunciaron una prima de quinientos dólares para cada empleado o personal contratado que estuviera completamente vacunado contra el COVID-19.

Todo esto tenía un coste, por supuesto. La empresa detuvo sus planes de expansión. Redujo los gastos donde pudo. Todo eso porque Michael sabía que la mejor manera de sobrevivir a la crisis era redoblar la apuesta por sus empleados y asegurarse de que se quedaran con él. «Mi filosofía», me contó Michael, «y la filosofía de nuestros accionistas es que la salud financiera de un negocio y las necesidades de sus empleados se encuentran inextricablemente conectadas. Nos centramos en ellos y al mismo tiempo convertimos nuestras tiendas de los centros urbanos en comedores sociales».

Para Michael, la pandemia había puesto el foco en cuestiones de la industria gastronómica que llevaban siendo problemáticas durante décadas: salarios bajos, falta de beneficios, condiciones laborales peligrosas y un ciclo vicioso de despidos y contrataciones según la conveniencia de los empleadores. Ahora él tenía la oportunidad de hacer algo al respecto. «Subir los salarios es la única forma de decirle claramente a nuestra fuerza laboral "os valoramos"», me contó. «Todo nuestro trabajo no sirve de nada si nuestros empleados no pueden vivir con lo que les pagamos. Si te aseguras de que las necesidades básicas de tu personal están cubiertas, entonces los empleados contribuirán más al negocio porque desean que tenga éxito. Hicimos todo lo que hicimos porque teníamos la convicción de ser valientes frente a la adversidad».

Lastoria era el líder adecuado para el momento adecuado; por supuesto, todos tenemos que esforzarnos por ser el líder correcto ante cualquier crisis a la que nos enfrentemos.

◉ ◉ ◉

Imagina que el peor desastre imaginable está sucediendo, y luego piensa en opciones prácticas. ¿Qué mecanismos necesitas activar para hacerle frente? ¿Te preocupa quedarte sin dinero? Si es así, piensa en los activos que podrías vender en caso de necesitarlo. ¿Te preocupa que tus empleados se rebelen? Considera estrategias inteligentes para mantener su lealtad. ¿Te asusta que tus socios te abandonen? No dejes que el temor te impida mantener una conversación honesta y sincera con ellos.

Pensar en tus opciones te brinda un plan, y libera a tu mente de centrarse únicamente en el miedo. Una vez que contemplas el peor escenario y te visualizas tambaleándote, pero de pie, el miedo se vuelve tolerable. Ya no te consume la incertidumbre, porque el peor escenario posible ya ha sido procesado. Puedes desbloquear un gran excedente de capacidad mental si te esfuerzas al máximo por liberar tu mente de preocupaciones.

Todo esto puede suceder sin que la pesadilla ni siquiera exista. Acepta que puede suceder, actúa de la manera adecuada y sigue adelante. Protégete contra la pérdida, toma esa energía que ibas a emplear en la prevención y redirígela hacia la búsqueda de algo más grande.

Pero ¿la búsqueda de qué?

Pregúntate: «Si hoy empezara de cero, ¿qué haría?»

La creadora de Milk Bar (y mi socia) Christina Tosi es un diez como persona, más radiante y entusiasta de lo que yo nunca seré. Conocerla equivale a amarla. Y, sin embargo, aun contando con una colección creciente de productos más que deliciosos, la pandemia del COVID-19 podría haber significado el fin de su negocio. Siempre habíamos visualizado migrar sus productos más allá de las tiendas físicas donde comenzó, pero nos preocupaba echar a perder lo que ya funcionaba.

Frente a los cierres obligatorios de sus tiendas causadas por la llegada del virus podríamos haber entrado en pánico intentando mitigar las pérdidas y esperar a poder abrir de nuevo. En cambio, Christina se hizo una simple pregunta: si hoy empezara de cero, ¿qué haría? Al verse obligada a cerrar sus tiendas la respuesta automática no fue «buscar la manera de abrir de nuevo». En lugar de eso, se preguntó: «¿Y si no necesitara tiendas?».

En cuestión de días —literalmente días— Christina dobló la apuesta y puso sus fichas en el comercio electrónico. Lanzó un programa de repostería en Instagram Live, que le permitió entrar en las cocinas de todo el mundo a las dos de la tarde y enseñarle a la gente a cocinar un sinfín de postres con una mezcla de ingredientes básicos. Cerró acuerdos para vender sus deliciosas galletas en supermercados, quienes a su vez cambiaron su estrategia de entrega a domicilio: en cada Whole Foods en Estados Unidos, en cada Target, y otros muchos. Comenzó a enviar productos de cuidado de la salud a los sanitarios de todo el país.

«Quería descubrir cómo ayudar los demás», describió Christina. «Mi negocio está construido sobre ese principio. Los postres pueden salvar al mundo, y mi deseo era acercarme lo más posible a la idea de hornear una galleta para todo el mundo. El programa Bake Club representó mi manera de poner mi granito de arena. Intentamos ofrecer contenido diferente, y no parecía auténtico, de modo que simplemente seguí mi instinto, abrí

Instagram y dije: "Esto es lo que vamos a hacer, comenzaremos un club de cocina mañana: ¿a qué hora os va bien?"».

Ahora parece evidente, pero la genialidad detrás del cambio de rumbo de Milk Bar es que fue evidente para Christina incluso cuando todo se desmoronaba a su alrededor. Dieciocho meses después del inicio de la pandemia, su programa de Instagram Live seguía recibiendo más de cincuenta mil visitas por episodio. A lo largo de ese periodo, ella podría haber centrado toda su energía en reabrir sus tiendas físicas, pero buscó reinventarse en lugar de simplemente tratar de recuperar lo perdido.

«Tú tienes todo lo que necesitas», asegura Christina. «Incluso durante una crisis, es posible que estés buscando respuestas, pero en tu interior ya posees todo lo necesario, y solo tienes que descubrir cómo aprovecharlo. Cuantas más voces te rodeen, más complicado se vuelve pensar, más te cuestionarás a ti mismo, pero no debes olvidar que ya cuentas con todas las respuestas».

Sí, una crisis genera destrucción, pero también el potencial para muchas oportunidades nuevas que de otro modo no se habrían presentado. Christina salió de la pandemia con un negocio mucho más grande y sólido del que tenía anteriormente y una comunidad de seguidores a nivel mundial. Además, se sacó de la manga una jugada maestra que le permitió pasar del mercado de la comida rápida (que cotiza a un múltiplo de tres veces los ingresos totales) a los bienes de consumo envasados (con un múltiplo de cinco a diez veces los ingresos). Christina aceptó la crisis y Milk Bar no ha dejado de prosperar desde entonces.

◉ ◉ ◉

La manera en la que atraviesas una crisis acaba por reflejar la calidad de tu proceso de toma de decisiones. En la cadena de cafeterías rápidas de RSE, Bluestone Lane, un negocio nacido de la mentalidad de *quemar las naves*, Nick Stone, armado con la visión de crear una cadena de cafeterías al estilo australiano (ya que creía que la cultura del café norteamericano se encontraba en declive en comparación con lo que él había experimentado en su Melbourne natal) dejó su trabajo en el sector financiero para dedicarse por completo a su nuevo proyecto. La pandemia supuso su pistoletazo de salida. Nick utilizó la crisis para ajustar sus gastos generales, trasladar sus operaciones al campo digital, renegociar cada contrato de alquiler y comprar suministros a empresas que se habían visto obligadas a reducir su tamaño y necesitaban su dinero. Se hizo las preguntas que tú deberías hacerte ante cualquier crisis, aquellas que siguen a la de qué harías si empezaras de cero:

- ¿Estás actuando con determinación para sobrevivir más tiempo? ¿O simplemente estás deseando que las cosas mejoren antes de tener que tomar decisiones difíciles?

- ¿Estás dando un giro para satisfacer las necesidades actuales de tus clientes? ¿O te encuentras aferrado a lo que ya es un modelo de negocios anticuado?

- ¿Estás liderando desde la vanguardia, hablando con tus clientes, apoyando a tu equipo, empuñando la bandera y atacando la colina? ¿O estás escondiendo la cabeza bajo el ala y compadeciéndote?

- ¿Te has concedido la libertad de actuar?

Para esa última pregunta, en la medida de lo posible y en tiempos de crisis en especial, debes evitar que tus decisiones se vean condicionadas por la necesidad de obtener la aprobación de los demás o de convencer a alguien de que tu intuición es acertada. Cuando innovas de verdad, la realidad es que los límites y contrapesos excesivos en tu toma de decisiones —como la aprobación de otros o cualquier cosa que limite tu capacidad de seguir tu instinto— a menudo te reportan muy pocos beneficios. En gran medida terminan inhibiendo el éxito y ponen el foco sobre el continente en lugar del contenido. Sé que esto va en contra de la creencia popular, pero es verdad: la colaboración por el simple hecho de hacerlo a menudo resulta en una regresión a la medianía y diluye la excepcionalidad en nombre de la construcción de un consenso que resulte satisfactorio.

Cuando intentamos que la gente nos crea desde un principio, que compartan nuestro sueño y comprendan nuestro flujo de datos, allí es donde todos fallamos. Cuando decides abandonar tus ideas porque todos los demás no ven lo que tú estás viendo, la innovación se apaga. Las crisis no son solo esos momentos de vida o muerte, de lucha o huida, que todos experimentamos. También son esos momentos tranquilos en los que las oportunidades pasan de largo porque no tienes la autonomía suficiente como para agarrarlas, o cuando el cambio no sucede porque no tienes la libertad de ejecutarlo.

◉ ◉ ◉

Bajo el estandarte de RSE, mis socios y yo cofundamos una empresa llamada Relevent Sports Group y hace más de una década empezamos a invertir una cifra de más de nueve ceros en la creación de un torneo de fútbol internacional. La historia del torneo de clubes International Champions Cup es una lección de reinvención en tiempos de crisis. Creamos un torneo que no generaba ingresos suficientes como para obtener beneficios y los equipos no paraban de exigir dinero. Por mucho que lo intentáramos, por más que viajábamos por el mundo forjando relaciones y aumentando el número de aficionados, no conseguíamos lograrlo. Y estábamos gastando dinero a marchas forzadas.

Incorporamos al equipo al negociador más eficiente que conozco, Danny Sillman, y cambiamos el negocio de forma radical. Danny también resultó ser uno de los mejores gestores con los que he trabajado. Decidimos dejar el torneo a un lado; en lugar de eso, Danny se dio cuenta de que podíamos valernos de las relaciones que habíamos establecido para convertirnos en socios de las principales ligas de fútbol y vender sus derechos mediáticos en los Estados Unidos.

Esta iniciativa de buscar un negocio rentable se convirtió en un caso de estudio en Harvard centrado en nuestra futura asociación con La Liga, la primera división del fútbol español, con la que acabamos cerrando un acuerdo récord de dos mil millones de dólares por la cesión de derechos a los Estados Unidos con ESPN. Posteriormente, Danny aprovechó el éxito conseguido con La Liga para idear una jugada maestra. Logramos asociarnos con la institución que gestiona todo el fútbol de Europa —la UEFA— para vender sus derechos mediáticos en los Estados Unidos. La idea de que una empresa situada en los Estados Unidos representara al fútbol europeo era algo inconcebible en el pasado. Pero Danny, Stephen Ross, nuestros otros cofundadores y yo mismo habíamos pasado años cruzando el Atlántico y viajando por toda Europa para comprender las costumbres e idiosincrasias del fútbol europeo. Volamos decenas de miles de kilómetros, organizamos interminables cenas en España y navegamos por las burocracias y terrenos de cada evento del fútbol europeo. Habíamos hecho los deberes. Nuestra tenacidad, junto a la tendencia norteamericana a la búsqueda constante de nuevos métodos, se ganaron el respeto del mayor agente del cambio en ese deporte, Aleksander Čeferin, el presidente de la UEFA. Čeferin, un hombre de principios a quien he llegado a admirar profundamente, no es amante de las formalidades anquilosadas. Lo que a él le importaba era maximizar la experiencia de los aficionados y generar más ingresos para respaldar el crecimiento del deporte más popular del mundo.

El *New York Times* escribió sobre el impacto de que hubiéramos ganado a algunas de las mejores agencias del mundo: «La [gran] sorpresa... los derechos lucrativos para los Estados Unidos. Los obtuvo la empresa Relevent Sports Group... el último capítulo de sus esfuerzos por virar hacia una nueva estrategia orientada a vender derechos de fútbol premium tras una década en la que su activo más destacado fue la International Champions Cup, que generaba pérdidas»[2].

En agosto de 2022, nuestro trabajo dio sus frutos. Relevent vendió los derechos de la UEFA a Paramount (propietaria de CBS y Paramount+) en un acuerdo récord de seis años por 1.5 mil millones de dólares. Igual que Danny, no podemos tener miedo de retirarnos y darle un giro radical a nuestro proyecto si en realidad estamos convencidos de que este está condenado al fracaso hagamos lo que hagamos. De eso trata el verdadero liderazgo.

◉ ◉ ◉

Cambiar de estrategia no solo aplica a los negocios. El COVID-19 me tocó de cerca desde muy temprano. Cuando me contagié del virus la mañana siguiente a hacer sonar la campana en la Bolsa de Nueva York, me sentí fatal y pasé casi un mes en aislamiento. Hubo momentos en los que no sabía si saldría de esa, pero una vez lo hice, me di cuenta de que no podía desperdiciar la oportunidad. Sí, la tragedia nos rodeaba, por supuesto, pero en la vida no todo es blanco o negro a menos que decidas verlo de esa manera. Puedes reconocer que la situación es desastrosa a la vez que intentas encontrar el modo de salir de esta. Me resulta difícil reconocerlo, pero este libro no hubiera existido de no ser por el COVID-19. Antes de la pandemia, me encontraba en lo que parecía una «semana de ocho días», saltando de reunión en reunión, volando a partidos de los Dolphins, hablando por teléfono con empresarios, lidiando con correo electrónico tras correo electrónico. Estaba demasiado ocupado apagando incendios sin detenerme un segundo para encontrar el tiempo de mirarar en mi interior.

Con el COVID-19 las reuniones presenciales dejaron de existir y, gracias a que me ahorraba el tiempo de desplazamiento hacia el trabajo, pude abrir la puerta a una nueva serie de posibilidades, este libro entre ellas. Una parte del impulso surgió del miedo. El día después de que mi oficina cerrara me senté en el sofá y cogí un trozo de papel. Me preocupaba que el estrés y la incertidumbre no me dejaran aprovechar el regalo del tiempo que la pandemia me estaba brindando.

Me inspiré en Isaac Newton, que realizó gran parte del mejor trabajo de su vida durante los dos años en que la gran peste azotó en Inglaterra a mediados de la década del 1600. Forzado a aislarse, Newton se vio libre de las exigencias de la enseñanza y con plena capacidad para dedicarse al estudio. Planteó las preguntas fundamentales acerca del funcionamiento del universo y encontró las respuestas. Desarrolló teorías sobre la gravedad, la luz y el cálculo que terminarían marcando el periodo más productivo de su carrera. A menudo se lo denomina su «año de las maravillas»; y, sin embargo, tuvo lugar en un entorno de enfermedad y peligro[3].

Yo no soy Isaac Newton, pero sabía que me arrepentiría para siempre si desperdiciaba ese tiempo libre. La verdad es que desperdiciar en general —ideas, presentimientos o cualquier instinto efímero— significa derrochar el recurso más escaso que poseemos. El universo nos brinda un número finito de oportunidades. Algunas de ellas son evidentes —una oferta de trabajo o una propuesta de negocios—, pero otras son tan solo pensamientos que flotan desde y hacia nuestra conciencia. Todos hemos leído un artículo o escuchado algo de pasada y hemos percibido una oportunidad potencial al acecho.

Nadie puede culparte si hace una década no invertiste todos tus ahorros en bitcoins la primera vez que leíste un artículo sobre ello, aun intuyendo que podía llegar a ser algo interesante. Y, sin embargo, imagina que lo hubieras hecho. Ahora mismo serías multimillonario, como lo son los pocos pioneros que decidieron apostaron por eso.

Yo comencé a minar bitcoin en 2013. Alquilé espacio de servidores para hacerlo. Llegué a acumular trescientos, pero perdí la paciencia. Los vendí para comprarme un apartamento. De haberlos conservado me podría haber comprado una manzana entera. A veces hago eso: tengo el conocimiento suficiente para actuar, pero abandono demasiado pronto y me voy a otra cosa. O, mucho peor, no hago absolutamente nada. (Dicho esto, cuando se trata de bitcoins específicamente, creo que, en algún momento, quizás dentro de unos años, serán arrojados a la basura de la historia, consideradas como el oro de los tontos. Supongo que más adelante veremos si esta predicción termina cumpliéndose).

Mi lista de fracasos en este frente es larga. La mente maestra del *marketing,* empresario y visionario de Internet, Gary Vaynerchuk, me advirtió a comienzos de 2021 que los NFT —los tokens no fungibles, activos digitales únicos, como audios originales, videos o archivos de imágenes que pueden comprarse y venderse en la *blockchain,* tal como se vende tradicionalmente cualquier objeto físico— serían lo próximo en tendencias. Me dijo que sería algo revolucionario, y que necesitaba comprar unas JPEG conocidas como CryptoPunks antes de que fuera demasiado tarde. Me reí de él. Nada de eso tenía sentido para mí y creí que era algo demasiado absurdo como para ni siquiera tenerlo en cuenta. Gary es un genio, un místico, y yo lo sabía, pero aun así no lo escuché.

Él decidió crear VeeFriends, una colección NFT y una comunidad en la que da consejos empresariales a sus fans. En cuestión de un año, esta se ha convertido en un éxito rotundo, valorada en más de mil millones de dólares, e incluso ha dado lugar a una colección que se vende en Macy's y Toys"R"Us. Lo que tan solo era una idea en la mente de Gary cuando hablamos unos meses atrás, lo ha convertido en multimillonario solo por seguir su instinto y conseguir hacer realidad su sueño.

Ocho meses después de que Gary me contara su idea, finalmente decidí entrar en la comunidad web3, y juntos lanzamos un fondo de inversión en el metaverso. Me preocupa haber llegado tarde, pero me imagino que en realidad llegué tarde comparado con Gary. Cuando alguien que ya ha predicho el futuro con anterioridad te ofrece un destello de lo que vendrá... escúchalo.

◉ ◉ ◉

No tenemos que asumir cada riesgo que se cruce en nuestro camino, pero debemos comprender que esas revelaciones no son infinitas. Si las desperdicias, desaparecerán para siempre. No dejes que el estado actual de las cosas te limite. Siempre puedes echarte atrás. Por otro lado, si dejas pasar una oportunidad debido a la indecisión, no pierdas el tiempo lamentándote. Aprende de ello, y comprométete a ser el doble de rápido la próxima vez.

¿Quién dice lo que es malo y lo que es bueno?

Existe una antigua parábola taoísta sobre un granjero cuyo caballo se escapa[4]. Los aldeanos expresan su tristeza, pero el granjero dice: «Bueno, malo, ¿quién puede saberlo?». Unos días más tarde, el caballo regresa junto a dos caballos más. Los aldeanos felicitan al granjero, pero una vez más, él responde: «Bueno, malo, ¿quién puede saberlo?». Su hijo intenta montar uno de los caballos, pero el animal se lo quita de encima, y el chico se rompe la pierna. Los aldeanos vuelven a entristecerse, pero no el granjero: «Bueno, malo, ¿quién puede saberlo?». Se desata una guerra, y el hijo del granjero es el único joven aldeano que no puede luchar. El resto muere en la batalla. «Bueno, malo, ¿quién puede saberlo?».

¿Quién puede saber qué sucesos de nuestras vidas resultarán buenos y cuáles resultarán malos? Lo que puede parecer una crisis intolerable quizás termine convirtiéndose en el catalizador que desbloquee nuestro máximo potencial. Mi infancia fue terrible... a menos que creas que precisamente fue la que me curtió para afrontar todo tipo de situaciones difíciles llevándome directamente al éxito profesional.

Estaba dando una charla en Clubhouse una noche cuando la historia de Taylor Lindsay-Noel me llamó la atención. En 2008, era una gimnasta canadiense de catorce años que apuntaba a representar a su país en los Juegos Olímpicos de 2012. Taylor se cayó de una barra alta y se rompió el cuello. Ahora es tetrapléjica, va en silla de ruedas, y es incapaz de mover el cuerpo del cuello para abajo.

Y es feliz.

Sus sueños como gimnasta se evaporaron, y asistió a la universidad con la esperanza de convertirse en periodista de entretenimiento. Pero el trabajo se volvió demasiado difícil debido a su discapacidad. Exploró diferentes opciones laborales, y finalmente comenzó un pódcast, en el que hablaba con *influencers* mientras bebían té. Incapaz de conseguir que una empresa de té la patrocinara terminó creando su propia marca. Lanzó un negocio, Cup of Té, y finalmente logró que Oprah Winfrey la incluyera en su lista de productos favoritos.

Su juego de té fue incluido en la caja de regalo de los Premios Grammy del año 2021 y en los Oscar, y Taylor va en camino de cerrar su primer año con más de un millón de dólares en ventas. Su carrera va viento en popa, ha encontrado el amor, y vive contenta en su día a día. Nada de eso hubiera sucedido si no hubiera sufrido ese terrible accidente. Si no lo escuchara directamente de su boca, no lo creería, pero Taylor insiste en que ahora es más feliz de lo que era antes. «Fue casi como volver a nacer», me dijo. «Me arrebataron por completo mi identidad como atleta y promesa olímpica y me vi obligada a reexaminar mi identidad y rediseñar mi vida. Volví a evaluar mis pasiones, mis deseos a largo plazo y las cosas que me hacían verdaderamente feliz. Doy gracias cada día por la oportunidad de hacer más, ser más y devolver lo ganado».

Bueno, malo, ¿quién puede saberlo?

La cantidad de personas que no solo hicieron frente una crisis, sino que eso les permitió brillar de maneras nuevas e inesperadas, es infinita. Y no me refiero solo a accidentes y circunstancias fuera de tu control. Esto también aplica a las personas que fueron los artífices de sus propias crisis mediante malas decisiones, errores catastróficos e incluso actos delictivos. Consideremos el caso de Martha Stewart. Pasó cinco meses en prisión tras un caso de fraude que obtuvo una gran cobertura mediática, ya que había vendido acciones con información privilegiada y luego había intentado encubrirlo. ¿Acaso se escondió tras salir de la cárcel, se ocultó del ojo público y se rindió? En absoluto. Volvió a construir su imperio y lo llevó un paso más allá. Ha lanzado innumerables programas televisivos, escrito libros y se ha asociado con todo el mundo, desde megacorporaciones hasta Snoop Dogg para presentar nuevas líneas de productos en las industrias de la cocina y el diseño. Martha no permitió que su crisis la destruyera.

La historia de Michael Milken es incluso más dramática. Se encontraba en la cima del mundo financiero en la década de 1980, y se le adjudicaba el mérito de haber desarrollado la industria del «bono basura», que había crecido hasta valer miles de millones de dólares. Y luego pasó casi dos años en prisión, acusado de noventa y ocho cargos de fraude y asociación ilícita. Tuvo que devolver más de mil millones de dólares a inversores estafados y al Gobierno. Después de todo eso, tras salir de la cárcel, le diagnosticaron cáncer de próstata. ¿Qué es lo que hizo? Comenzó una organización benéfica para financiar la investigación del cáncer de próstata, la cual ha crecido hasta convertirse en el fondo filantrópico más grande del mundo en la investigación de ese cáncer. Posteriormente lanzó un laboratorio de ideas para financiar la investigación de curas de otras enfermedades, y en 2004 la revista *Fortune* lo catalogó como «el hombre que cambió la medicina»[5].

En 2014, la Universidad George Washington cambió el nombre de su Facultad de Medicina en honor a Milken, gracias a los ochenta millones de dólares en donaciones que hizo a la institución desde su fundación y en su nombre. Sin lugar a dudas, el mundo es un lugar mejor gracias a que Milken fue a prisión y se convirtió en mejor persona.

Bueno, malo, ¿quién puede saberlo?

No escogemos nuestros momentos de brillar

Mi amiga Lauren Book ha estado trabajando en el Senado del estado de Florida desde 2016 y ha sido elegida de manera unánime por sus compañeros demócratas para convertirse en líder de la oposición en abril de 2021. Se ha reunido con los presidentes Obama y Biden, y se la considera una posible futura candidata a gobernadora de Florida. Toda su vida ha sido una superación constante de adversidades, encontrando maneras de brillar a pesar de las circunstancias increíblemente difíciles a las que ha tenido que hacer frente. Desde los once años, Lauren sufrió abusos sexual, emocional y físicamente durante seis años por la niñera que vivía en su casa, quien contaba con la plena confianza de su familia y que obligó a Lauren a guardar el secreto. El precio que Lauren pagó fue trágico: un trastorno alimentario que redujo su peso a treinta y ocho kilos, insomnio y episodios de estrés postraumático. La niñera fue condenada a veinticinco años de prisión después de que el abuso saliera a la luz. Un trauma de ese calibre podría suponer el fin del futuro laboral de cualquiera.

Pero Lauren no sucumbió. De hecho, utilizó su experiencia para impulsar su carrera y ayudar a otros, cosa que ella nunca tuvo en mente. Lauren asistió a la universidad y se graduó con un título en Educación primaria con el objetivo de convertirse en maestra de escuela, y luego siguió estudiando para obtener un máster en Psicología comunitaria. Pero eso no era suficiente. Deseaba compartir su historia y utilizarla para inspirar al mundo, y ayudar a otros que estuvieran pasando por circunstancias similares.

Lauren lanzó una organización sin ánimo de lucro, Lauren's Kids, para educar a los niños y a sus familias sobre el abuso sexual. Durante más de una década, ha liderado una marcha de dos mil cuatrocientos kilómetros por el estado de Florida llamada *Walk In My Shoes* (ponte en mis zapatos), que consiste en más de cuarenta y dos días de caminata para honrar a los cuarenta y dos millones de supervivientes de abuso sexual infantil tan solo en los Estados Unidos. Lauren escribió una biografía, *It's OK to Tell* (Está bien contarlo), y un libro para niños, *Lauren's Kingdom* (El reino de Lauren), para ayudar a transmitir las lecciones de su experiencia y dar a los niños la oportunidad de hablar sobre aquello que les está haciendo daño. Y, sin embargo, ella quería hacer más. Se postuló para el Senado del estado de Florida en 2016 para intentar aprobar una ley que ayudara a proteger a los niños del abuso y de cualquier otra cuestión que pudiera estar hiriéndolos. En 2018, tras un tiroteo mortal en el instituto Marjory Stoneman Douglas High School en Parkland, Florida, Book impulsó un proyecto de ley que requería que las escuelas implementaran un sistema de alarma a través del móvil. Book fue de gran ayuda para los estudiantes involucrados en la tragedia, asistiendo a los funerales, reuniéndose con sus padres y contribuyendo a la lucha de los supervivientes por cambiar las cosas.

A comienzos de 2021, el pediatra de los gemelos de cuatro años de Lauren fue arrestado por posesión de pornografía infantil. Esta situación, por supuesto, la afectó profundamente y no entendía cómo era posible que, según la ley de Florida, pudiera continuar ejerciendo la medicina mientras el caso estaba pendiente de resolución. Lauren abogó por una ley que retirara de inmediato el carnet de colegiado a cualquier médico acusado de un delito grave relacionado con la violencia o el abuso sexual.

En estas cuestiones, y tantas otras, Lauren se convirtió en una heroína. No porque estuviera destinada a serlo, sino porque escuchó su voz interior cuando le dijo que utilizara su trauma para ayudar a otros en lugar de quedarse de brazos cruzados. Ahora, como líder de la oposición del Senado, está ayudando a establecer la agenda para el Gobierno de Florida, y su potencial es tan ilimitado que me tiene fascinado.

Quería incluir la historia de Lauren en este libro en parte porque no quería que todas las enseñanzas que propongo sean sobre ganar dinero. *Quemar las naves* no trata de eso. Nos comprometemos al máximo y nos esforzamos para marcar la diferencia, generar impacto y lograr nuestras metas, sean las que sean.

«Me honra hacer este trabajo cada día que pasa», comenta Lauren, «y me siento muy afortunada y orgullosa de poder utilizar mi voz y experiencia, que sé que muchas personas no querrían utilizar porque resulta difícil y doloroso. Pero descubrí que, en lugar de ser simplemente una víctima, podía valerme de mi historia para realmente intentar provocar un cambio en la cultura, y en la forma en que abordamos la protección de los niños y los supervivientes».

Su camino la ha convertido en una defensora inigualable de los derechos de los niños. El universo la eligió, a pesar de que ella nunca se hubiera elegido a sí misma.

◉ ◉ ◉

Cuando hablo con Lauren sobre nuestras respectivas infancias —duras de maneras muy diferentes— ambos terminamos dando vueltas a la misma idea:, esa tendencia a buscar a la incomodidad y el miedo en lugar de huir de estos, y cómo, al hacerlo, descubres un potencial que de otra manera no sabrías que existía. «Es un camino», afirma Lauren, «y debes comprender que lo que sea que te haya sucedido ya sucedió, y solo es cuestión de encontrar la manera de seguir adelante. Es un proceso que evoluciona de manera constante, no un destino, y debes ser paciente y benevolente contigo mismo. La vida es fluida, la vida es caótica, la vida es gris, pero siempre habrá oportunidades de generar impacto y ayudar al otro».

En definitiva, persigue la amenaza

¿Por qué Taylor Lindsay-Noel logró reinventarse tras la crisis que sufrió? ¿Por qué Michael Milken pudo dar un giro a su vida y convertirse en un filántropo en el ámbito de la salud? ¿Por qué Christina Tosi logró expandir su negocio de manera tan extraordinaria durante una pandemia mundial? Las crisis nos obligan a actuar. No nos dejan otra opción que sacar fuerzas de flaqueza porque sabemos que la alternativa es perder algo importante.

Suele ser mucho, mucho más difícil tomar este tipo de decisiones cuando las cosas van bien y no existe una necesidad inmediata de cambio. Cuando nada nos está empujando a movernos de manera urgente para sobrevivir cometemos un error fundamental: creemos que no hacer nada está bien. Pero hay otra manera de verlo. Durante las crisis, nuestras opciones son limitadas. Tenemos que sobrevivir y la lista de cosas que conducirán a nuestra supervivencia puede parecer corta y finita, pero, fuera de la crisis, nuestras elecciones pueden ser infinitas. Christina Tosi podría haber lanzado su negocio en el mundo de los supermercados en cualquier momento de la década anterior. También podría haber dejado atrás la repostería y lanzar su propia marca de ropa. O convertido un almacén en una fábrica de galletas para elaborar productos que otras marcas vendieran como propios. O idear un *show* interactivo de repostería en Broadway para entretener a miles de personas durante la temporada navideña. Su negocio era tan sólido que esas elecciones, tan inesperadas como suenan, habrían destruido lo que ya tenía.

Todos tenemos la opción de ser audaces constantemente, pero, en general, no lo hacemos porque el abanico de opciones es demasiado amplio. ¿Qué deberíamos escoger? No está nada claro, y mantener el *statu quo* resulta más fácil, de modo que no escogemos nada.

Es fácil autoconvencernos de que cuantas más opciones tengamos, mejor. Pero las investigaciones nos indican que las alternativas pueden paralizarnos y volvernos mucho menos efectivos. El profesor de psicología Barry Schwartz ha estudiado la paradoja de la elección: se ofreció a los clientes de una exclusiva tienda de alimentos un cupón de un dólar de rebaja sobre el precio de un tarro de mermelada. A algunos clientes se les presentó una mesa con veinticuatro variedades de esa mermelada. A otro grupo se les presentó una mesa con tan solo seis. «La muestra más grande generaba más interés que la pequeña», escribe Schwartz. «Pero, cuando llegaba el momento de comprar, las personas que veían la muestra más grande tenían una probabilidad de compra diez veces menor que las personas que veían la más pequeña»[6]. En otras palabras, contar con demasiadas opciones paralizaba a los compradores.

Existe un lado oscuro detrás de tener demasiadas opciones. La profesora Francesca Gino, de la Escuela de Negocios de Harvard, está realizando una investigación contraintuitiva sobre trabajadores de un *call center* en la India. Imaginemos dos grupos de empleados. Los miembros del primero contaban con otras opciones de trabajo, mientras que los integrantes del segundo nunca tuvieron otra alternativa («ninguna otra oportunidad de ingresos»). Uno pensaría que los que pudieron escoger tendrían más confianza y mejor rendimiento, pero eso no fue lo que sucedió. Si bien el nivel de base era el mismo en ambos grupos, los que no contaban con un plan alternativo terminaban mostrando un mejor rendimiento. Este hecho, según los investigadores, «desafía la creencia popular de que los empleados que tienen más opciones laborales son más proclives a rendir mejor».

«Además, las opciones siempre acarrean un posible arrepentimiento», agrega la profesora Gino. «Si tienes cinco opciones y solo puedes escoger una, gastas mucho tiempo preguntándote: "¿Tomé la decisión correcta?". Pero si no tuviste más opciones, lo más probable que te sientas agradecido por lo que posees».

◉ ◉ ◉

Entonces, ¿qué lección podemos extraer de este capítulo? Las cosas malas sucederán, en nuestros negocios, en nuestras vidas y en el mundo. Resulta demasiado fácil dejarse ir, olvidarnos de nuestras metas y no quemar nuestras naves. Pero las crisis también nos brindan oportunidades para brillar, prosperar y avanzar a pasos agigantados.

Si nos enfrentamos a esos desafíos en lugar de huir de ellos, en última instancia podremos no solamente mantener el rumbo, sino también encontrar caminos nuevos y mejores.

Asegúrate de preguntarte continuamente, tanto en los buenos como en los malos momentos, lo siguiente:

- ¿Qué es lo peor que puede pasar?
- ¿Qué es lo que haría hoy si comenzara de cero?
- ¿Cómo puedo aprovecharme de esta situación adversa?

Seguro que Christina Tosi preferiría que la pandemia no hubiera sucedido, pero ¿es más feliz con su negocio ahora de lo que era en febrero de 2020? Sin lugar a dudas.

Y yo, ¿me siento feliz por finalmente tener el tiempo necesario para escribir este libro?

Absolutamente; y espero que tú te sientas igual de feliz leyéndolo.

No debería haber sido necesaria una pandemia mundial para que pasara, pero así fue. No volverá a pasar, porque aprendemos, mejoramos y nos damos cuenta de que las cosas que alguna vez parecían imposibles en verdad pueden lograrse. Rompemos los patrones que se interponen en nuestro camino hacia la victoria y liberamos nuestro verdadero potencial.

6. Rompe con los patrones que se interponen en tu camino

Nada me preparó mejor para mi carrera profesional que mi experiencia temprana como reportero; ¿la razón?, el reconocimiento de patrones. Un reportero analiza información y observa cómo los patrones se repiten una y otra vez. Si pasas el tiempo suficiente observando a la gente, aprenderás a detectar tendencias y a predecir el futuro.

Son estos patrones los que nos ayudan a alcanzar el éxito y son estos mismos patrones los que se interponen en nuestro camino. He tomado grandes decisiones y cerrado acuerdos fantásticos en mi vida. Por otro lado, no hay nada peor que darse cuenta, siempre en retrospectiva, después de que todo haya salido mal, de que podrías haber detectado el problema a tiempo —ya sea en una empresa, en los problemas de pareja o contigo mismo— si tan solo hubieras estudiado los hechos un poco más. Resulta todavía más molesto cuando sabes que detectaste el problema, pero lo desestimaste porque fuiste tan arrogante como para creer que podías superarlo con nada más que determinación.

Debemos aprender no solo a identificar, sino a modificar patrones de comportamiento que terminan influyendo en el resultado de nuestros esfuerzos. Algunas veces son externos: obstáculos que tenemos que sortear. Y otras son internos: maneras de pensar que pueden forzarnos a tomar decisiones equivocadas, o creencias que, sin saberlo, juegan en nuestra contra. Este capítulo se centrará en enseñarte a detectar esos patrones y a aprender a superarlos.

Atravesar los obstáculos externos...

Compañeros equivocados

Como he mencionado antes, el socio correcto —tanto personal como profesional— es de suma importancia. Hay un patrón en particular que detecto con frecuencia: un empresario asume que, por ser nuevo en la industria, necesita a alguien a su lado con experiencia. De manera que se asocia con alguien arraigado en la industria que el empresario desea cambiar..., pero dicho socio está demasiado inmerso en el *statu quo* como para permitir que la empresa se salga del cauce. La asociación se estanca, una parte empuja con fuerza en una dirección y la otra parte la retiene. Esto también sucede dentro de empresas establecidas. Alguien desea innovar, pero en algún punto la innovación comienza a parecer demasiado disruptiva y aterradora, y resulta más fácil abandonar que seguir luchando.

Es por ello que es tan importante mantener el control si verdaderamente buscas innovar. En cualquier cosa que hagamos, debemos pensar detenidamente si necesitamos un socio o simplemente un empleado con ciertas habilidades concretas. A menudo veo cómo los emprendedores ceden demasiada participación y poder a alguien a quien podrían haber contratado como empleado en lugar de incorporarlo como cofundador. Sí, podrías tener problemas y podrías necesitar ayuda, pero ¿realmente necesitas formar una asociación con la que acabarás estancado, incluso después de que el motivo que te impulsó a buscar a esa persona se resuelva?

En mi opinión, Michelle Cordeiro Grant, de Lively, encontró la manera perfecta —y tuvo el coraje de llevarla a la práctica— respecto a formar asociaciones cuando no es necesario hacerlo.

«Lo primero que hice fue escribir una lista de todas las cosas que me daban miedo», me contó. «¿Cuáles son las partes del negocio sobre las que no sé nada? Proceso de satisfacción, atención al cliente, *marketing* digital, y todos esos elementos desconocidos para mí. Y luego estudié mi red de contactos y comencé a formar un equipo, pensando en la gente a la que podía recurrir en caso de problemas o dudas. Existen numerosos «minimomentos» que debes atravesar en la creación de una empresa emergente. Es entonces cuando puedes llamar a alguien y consultarle en calidad de director de marketing o director financiero. Puedes llamar a alguien para resolver un problema en particular, y aun así mantener el control de tu negocio. No debe ser algo permanente. Puedes probar cómo funciona y ver qué es lo que necesitas en esos momentos».

Me encanta esa actitud. De hecho, un estudio de 2018 llevado a cabo por dos estudiantes de la Universidad de Pensilvania que investigaron miles de proyectos Kickstarter descubrieron que los emprendedores individuales tenían más del doble de probabilidades de que su negocio sobreviviera que los equipos de dos o más personas[1]. Y, sin embargo, no quiero fomentar el individualismo. La realidad es que los datos indican que los negocios de dos o más fundadores son más proclives a convertirse en empresas multimillonarias que aquellos que cuentan con un solo dueño. El ochenta por ciento de esos «unicornios» multimillonarios han contado con equipos fundadores[2]. De manera que un socio puede ser algo genial; pero solo es genial cuando su incorporación nace de la necesidad y no de la inseguridad.

Cuando evalúas socios potenciales, también debes evaluarte a ti mismo: ¿serás alguien que verdaderamente valore la contribución de otros, o habrá una fricción constante? Por ejemplo, cuando busco invertir en un negocio que está construido sobre una asociación, intento detectar señales de alarma:

- **La tensión habla por sí sola.** Nadie es tan tonto como para revelarle a un inversor que una asociación está comenzando a desmoronarse, pero, si detecto una sutil fricción en sus interacciones conmigo como inversor potencial, cuando realmente deberían estar comportándose de la mejor manera posible, entonces lo que está sucediendo de puertas para adentro seguramente sea diez veces peor. Lo siento, pero por esa razón, prefiero quedarme fuera.

- **Teorías del cambio divergente.** En general, hay un socio que impulsó la idea, y luego está el experto con experiencia en el sector. Pero ese experto necesita creer en la misma teoría sobre el cambio o, de lo contrario, nunca funcionará. Si tu experto se encuentra atascado en el pensamiento tradicional de la industria, ya sea porque teme hacer algo diferente o porque no está verdaderamente convencido de que se necesite algo distinto, entonces no debería ser cofundador.

- **Falta de roles diferenciados.** ¿Quién está haciendo qué y por qué? Sí, las habilidades complementarias están subordinadas a una visión unificada, pero si ambos contáis con la misma experiencia, o no resulta claro por qué cada socio es dueño de un sector en particular, entonces habrá un fallo en lo más profundo de la asociación. Cada persona debe contar con una razón por la cual es propietaria de una parte del negocio.

- **Temperamentos incompatibles.** Las empresas pueden ser como familias, pero los socios no deben comportarse con sus empleados como padres disfuncionales, donde uno es el permisivo y el otro el estricto. Si los empleados saben que un socio es mucho más maleable que el otro, o que es posible crear división entre ellos, entonces la empresa se desestabiliza y se vuelve vulnerable. Los socios deben hablar con una sola voz y estar en sintonía, y no fomentar una situación en la que los empleados (y, por ende, los clientes e inversores) sepan qué socio cederá ante sus exigencias, y qué socio es mejor evitar.

- **Descoordinación de esfuerzos.** En ocasiones un socio trabaja muy duro y el otro... no tanto. Y eso es un problema para cualquier equipo. Tan solo hay que preguntarle al ex Navy SEAL Curt Cronin. Antes de convertirse en consejero de negocios y organizaciones de todo el mundo, Curt pasó veinte años como SEAL y es el exlíder del Grupo Naval de Actividades Bélicas Especiales. Es mi gurú cuando se trata de máximo rendimiento —físico, mental y emocional— y lo llamé para entrenar a los Miami Dolphins con el objetivo de que durante el partido fueran capaces de concentrarse al máximo durante el mayor tiempo posible. Curt explica que cada miembro de un equipo debe estar comprometido al cien por cien o el grupo se desmorona. «La única razón por la cual cualquiera de nosotros —seamos SEALs o no— puede hacer cosas extraordinarias es que todos sabemos que cada uno de los que nos rodea está comprometido al máximo. En el momento en el que uno flaquea, el compromiso desaparece y la rueda deja de girar». Todos deben comprometerse al máximo, o, de lo contrario, se genera resentimiento, y ahí es donde las cosas fallan. Detecto ese escenario en algunas ocasiones cuando las motivaciones de los socios son diferentes. Uno cuenta con el respaldo de la fortuna familiar, y el otro está más necesitado desde una perspectiva financiera y ve su negocio como su gran oportunidad. Nunca funciona. No resulta sostenible si todos no están comprometidos al máximo.

Malos inversores

Los socios no son los únicos que debes tener en cuenta. Los inversores importan, al menos en lo que se refiere a dinero externo, y un patrón que detecto una y otra vez es que los inversores dubitativos o exigentes pueden ser un problema. Cuando escojas inversores, tu primer mandamiento debería ser: «no harás daños».

Quizás hayas escuchado hablar de la empresa emergente y fallida Juicero. Se trataba de un negocio que vendía unas bolsas de zumos frescos que entregaban a domicilio, más un aparato donde se ponían las bolsas y este las «exprimía». Su caída la provocó un video de un reportero del canal *Bloomberg* que mostraba cómo los clientes eran capaces de exprimir las bolsas con las manos, lo que hacía que la máquina (que además valía 699 dólares) fuera, digamos, absolutamente innecesaria. La web de noticias CNET se refirió al caso como «el mayor ejemplo de la estupidez de Silicon Valley»[3].

Podemos debatir los beneficios de la máquina y si era o no lo mismo exprimir las bolsas con las manos… pero, honestamente, esta idea no difiere tanto de las cápsulas de café que se han vuelto tan populares durante los últimos veinte años. No necesitas nada más que algo de agua caliente y posos de café para preparar una taza. Imagino que los creadores pensaban que con el zumo no iba a ser diferente. Pero la caída de la empresa comenzó meses antes del video viral, cuando los inversores forzaron la salida de Doug Evans, fundador y director ejecutivo de Juicero, en favor de un director de operaciones de Coca-Cola.

Cuando conoces a Doug, resulta claro en cuestión de minutos quién es y qué te ofrecerá cuando firmas un cheque para uno de sus proyectos. Sus fortalezas, pero también sus limitaciones, quedan al descubierto con el primer apretón de manos. No esconde sus movimientos o motivaciones o qué es lo que desea construir. Es alguien que, después de lo que pasó con Juicero, vive en una cabaña y sostiene que los brotes son el futuro de la civilización. Corre de reunión en reunión y es una pieza fundamental del evento Burning Man. Cualquiera que invierta en Doug debería saber que está comprando visión y pasión por encima de todo. Rechazar a Doug solo por ser quien es significa que el acuerdo nunca debería haberse realizado en primer lugar.

Doug vio en Juicero el inicio de algo; no solo un exprimidor, sino una comunidad, y la máquina era tan solo el pistoletazo de salida de un estilo de vida conectado a través de Internet que predicaba la salud y el bienestar entre la gente. Doug cree que los inversores no lo comprendieron. Estos buscaban disciplina y seguridad y no iban a encontrar nada de eso en Doug. Eran pura y llanamente incompatibles. «Los buenos inversores apoyarán al fundador hasta el final», comenta Doug, «y, si miro atrás, en Juicero cometimos algunos errores fundamentales, además de ser unos adelantados a nuestro tiempo. Los inversores tomaron la decisión de que se había terminado, pero yo sentía que el negocio aún estaba vivo».

Las partes interesadas pueden suponer un obstáculo entre tu instinto y tu libertad de ejecutar. Si no cuentas con su apoyo, el gasto de energía al intentar satisfacer las necesidades de los demás condenará tus posibilidades de éxito. No entregues el poder a los demás a menos que realmente los necesites.

No hay dinero suficiente

Mi consejo sobre limitar la influencia de los inversores topa con un problema evidente para la mayoría de las empresas: necesitan inversores porque necesitan el dinero, y no se puede ignorar esa realidad. Cuando el dinero se termina, el negocio está muerto. Viví esa experiencia hace unos veinticinco años. El mejor trabajo que nunca tuve fue en Kozmo, una empresa emergente adelantada a su tiempo, durante la época previa a los móviles, que prometía entregar productos y provisiones en menos de una hora a clientes en nueve ciudades de los Estados Unidos. Recaudaron cientos de millones de dólares y lo perdieron todo. Pero en 1998 y 1999, parecían estar en un ascenso imbatible. En una ocasión, cuando yo aun trabajaba en la alcaldía, Kozmo me ofreció un irresistible aumento salarial para trabajar como director de comunicación en situaciones de crisis. Posteriormente regresaría a la alcaldía, pero, cuando Kozmo me llamó, decidí dar el salto.

Joe Park, el director ejecutivo que fundó la empresa cuando tenía tan solo veintiocho años, poseía una increíble comprensión del futuro. Sabía que en algún momento la entrega final del producto se convertiría en lo más importante del comercio electrónico, pero la realidad era que el mundo aún no estaba listo para ello. En el año 1997, la gente aún se mostraba reacia a introducir el número de sus tarjetas de crédito *online*; «un sesenta o setenta por ciento de nuestros clientes aún realizaban llamadas de teléfono», me comentó Joe recientemente. Para respaldar la inmensa infraestructura de depósitos y entregas que Kozmo necesitaba para expandirse, debía alcanzar lo más rápido posible una masa crítica de densidad de clientes en cada territorio, de lo contrario, cada pedido de helado que no generaba beneficios era un torpedo dirigido a su línea de flotación.

Para lograrlo, se apresuraron a construir el reconocimiento de marca, a invertir grandes sumas en publicidad y a expandir las zonas de entrega de manera mucho más rápida de lo que los números podían justificar, pero la aprobación no era lo mismo que la rentabilidad. «Lo que podríamos haber hecho diferente», cuenta ahora Joe en retrospectiva, «es reconocer que necesitábamos mucho más tiempo para que el mercado estuviera listo. Incluso Amazon atravesó su momento de crisis en sus inicios cuando recaudó 1.8 mil millones en deuda convertible en

1999 y 2000. Hace algunos años, Tesla también estaba en la cuerda floja. Kozmo era una de las tres o cuatro empresas emergentes más grandes de nuestros tiempos, pero no contábamos con el dinero suficiente para sobrevivir».

Joe hace hincapié en que el mercado no estaba listo, lo que se relaciona con el siguiente patrón que detecto una y otra vez.

No puedes predecir la cronología del éxito

Joe Park sabía, antes que nadie, hacia dónde iba el comercio, lo cual explica por qué Jeff Bezos lo terminó contratando algunos años después de que Kozmo cerrara sus puertas para dirigir el área de publicidad de la empresa y tras ello su unidad de juegos. Pero el mundo aún no había llegado a esa conclusión. Veo esa situación muy a menudo. Todos esperamos recompensas demasiado temprano. Somos seducidos por nuestros pensamientos, y por eso pensamos que los demás ven lo mismo que nosotros, incluso cuando es evidente que no es así. Pienso con frecuencia que he llegado demasiado tarde a una idea cuando en realidad es increíblemente temprano. Cuando busco invertir en un negocio o industria, leo obsesivamente todo lo que puedo sobre esta y me involucro completamente en el sector. Algunas veces eso me provoca la ilusión de que el resto del mundo está en el mismo punto cuando, claramente, no lo está.

Tuve la oportunidad de realizar una inversión temprana en lo que se convirtió en un negocio de gran éxito —una empresa de aviación de despegue y aterrizaje vertical (VTOL)—, pero la dejé pasar. En parte lo hice porque veía decenas de otras empresas en ese mismo nicho. Creí que quizás había llegado demasiado tarde y que el auge ya había tenido lugar. Pero, para ser honesto, no estaba seguro. Y la realidad es que cuando has pasado el punto de inflexión, ya no habrá duda: será demasiado evidente. Si no sabes si has llegado temprano o tarde, siempre será la primera opción y todavía estarás a tiempo. Y, si no me crees, pregúntale a quienes invirtieron en Facebook cuando estaba valorado en quince mil millones allá por 2008. (En este momento vale quince veces eso).

En la misma línea, cuando sientas la tentación de abandonar una idea, detente y pregúntate si estás reaccionando frente a tu propio aburrimiento o impaciencia, o si en realidad existe una razón para hacerlo.

La familiaridad genera rechazo. Nos cansamos de escuchar nuestras propias historias, incluso aunque la mayoría del mundo no haya estado ni cerca de escucharlas.

Cuando realices las grandes apuestas de tu vida debes concederte el tiempo necesario para acertar. Si tener razón ya es lo bastante difícil lo que resulta imposible es predecir exactamente cuándo. Quizás estés muy equivocado en términos micro, pero seas Nostradamus cuando se trata de aspectos macro. A las personas les digo que una empresa emergente requiere de al menos tres años para estabilizarse y cinco para cosechar ganancias; casi nunca es menos tiempo, sea cual sea el producto.

◉ ◉ ◉

Esta misma incertidumbre sobre el tiempo jugó un papel importante en mi inversión en RESY, un servicio de reservas en restaurantes que finalmente vendimos a American Express. Junto con Ben Leventhal, el fundador de la web gastronómica Eater, y Gary Vaynerchuk, quienes impulsaron la idea, comenzamos con la idea de que los restaurantes no estaban monetizando efectivamente su recurso más valioso. ¿Por qué la mesa de un restaurante selecto debería costar lo mismo un viernes a las nueve de la noche que un martes a las cinco y media? Creímos que debía existir una manera de obtener valor. Pero el mercado no lo veía de esa manera, y sigue sin hacerlo.

En cambio, Ben se dio cuenta de que los restaurantes de primera categoría realmente necesitaban una alternativa a OpenTable, la empresa líder del sector que utilizaba la publicidad para generar ingresos con cada reserva. Muchos dueños de restaurantes terminaron resentidos aunque seguían siendo dependientes del bucle que OpenTable creó mediante su rol como jugador dominante.

Los restaurantes de primera categoría no necesitaban los servicios de OpenTable —controlaban su propia demanda— y, de hecho, deseaban algo mejor que lo que OpenTable era capaz de proveer con su tecnología ya obsoleta. Tirando de ese hilo —y tras darse cuenta de que el mundo no estaba listo para el modelo inicial de RESY—, Ben cambió el rumbo de la empresa hacia un sistema *back-end* destinado a los restaurantes más selectos del mundo, en una jugada que buscaba destruir el monopolio de OpenTable en el sector.

La verdad es que no fue todo viento en popa a partir de allí. Cuando el equipo quiso recaudar fondos, fracasó por completo y casi se queda sin dinero. Trasladamos el equipo a nuestras oficinas en RSE para reagruparnos y finalmente vendimos la empresa a American Express por nueve cifras. Aún creo en nuestra propuesta de valor original, pero el mundo simplemente no estaba listo, y todavía no lo está.

◉ ◉ ◉

Hablar con Joe Park me hizo recordar otra parte de la historia de Kozmo. No era solamente una cuestión de que el mercado no estuviera listo, sino que también nos comparaban con empresas que estaban un paso por delante. Webvan era una empresa de reparto de comida que finalmente se convirtió en uno de los mayores fracasos de las puntocom de la historia tras perder casi mil millones de dólares[4]. El modelo de Kozmo era diferente (Webvan despilfarró gran parte de su dinero intentando abrir sus propios almacenes y comprando camiones), y su camino hacia la rentabilidad, mucho más corto, pero, una vez que Webvan colapsó, nadie estaba dispuesto a realizar una inversión adicional en Kozmo.

Reconocí el mismo patrón con Kin, la empresa de seguros que intenté lanzar. Sí, la caída general de la bolsa afectó, por supuesto, pero lo más relevante fue que el mayor competidor de la empresa, Hippo, vio cómo el precio de sus acciones colapsaba un noventa por ciento en menos de un año. A pesar de que Hippo estaba respaldado por el fundador de LinkedIn, Reid Hoffman, el mercado rechazó categóricamente su oferta pública de acciones. Existían diferencias claras entre Hippo y Kin (quienes creo que tenían un modelo de negocios muy superior y números para justificarlo), pero los inversores institucionales no podían superar esa comparación. Era demasiado pronto en la evolución del mercado de la tecnología de seguros para centrarse en las sutilezas. Todo esto conduce a una lección: si llegas temprano, debes asegurarte de crear el mercado tú mismo y que no te comparen con otros jugadores. Debes ser quien realice el primer movimiento, construir tu historia y vivir o morir por tus propios méritos, sin quedar atrapado en el fuego cruzado cuando una versión inferior de tu idea se desmorona.

Estos obstáculos externos —socios, inversores, dinero y el momento indicado— pueden ser fatales, por supuesto, pero los patrones que no siempre son tan evidentes son los que están más relacionados contigo que con el resto del mundo.

...Pero no olvides mirar hacia dentro

No puedes hacerlo todo

Muy a menudo detecto este patrón: eres director ejecutivo y alguien sumamente competente. Comprendes tu negocio excepcionalmente bien y, si tu capacidad no tuviera límites o hubiera más horas en un día, dirigirías cada parte de tu negocio con gusto. Decides contratar personal porque no te queda otra, no porque quieras hacerlo. De manera que terminas imponiendo un estándar imposible para tus empleados, los microgestionas e intervienes demasiado pronto cuando te preocupa que fallen. Terminas atascado en operaciones en lugar de hacer lo que un director ejecutivo debe hacer: mejorar tu posición, liderar con visión y llevar el rumbo de la empresa. Esto es la receta del fracaso, y la mayor trampa en la que los líderes inteligentes suelen caer.

No hay mejor ejemplo para este fenómeno que el de los entrenadores jefe de los equipos de fútbol. Los entrenadores casi siempre ascienden por la jerarquía como coordinadores ofensivos o defensivos, planean las jugadas y se vuelven verdaderos expertos en ello. Luego son ascendidos y ¿de pronto deben abandonar aquello que les hizo triunfar? Muchos no son capaces de hacerlo. Continúan queriendo planear las jugadas, lo que significa que no dan un paso atrás para ver el panorama completo. Y, sin embargo, la cultura de la NFL da tanta importancia a la figura del líder nato que no existe un periodo de formación para el entrenador recién nombrado. Se espera que cuentes con ese don. No resulta sorprendente que tantos entrenadores nuevos sean despedidos en cuestión de tres años.

Incluso los mejores estrategas deben dar un paso atrás y ocupar el rol de entrenador jefe del equipo. «Necesitan evolucionar en su trabajo», afirma Mike Tannenbaum.

«Necesitan confiar en la contratación de grandes empleados», añade Rex Ryan. «Una vez que conseguí el puesto de entrenador jefe, no temí contratar a los mejores para que trabajaran bajo mi mando. Mantuve a una persona que compitió conmigo para el puesto ya que sabía que yo iba a ser el elegido. ¿Por qué me iba a sentir amenazado? Contraté a jóvenes, a personas que conocía y a desconocidos con reputaciones impecables. Quería lo mejor de lo mejor».

Pero Rex es una *rara avis*. Muchos entrenadores jefe rechazan contratar a alguien que es mejor que ellos, ya que les preocupa que su trabajo se vea amenazado. Hay que evitar caer en esta trampa tan común impulsada por el ego.

◉ ◉ ◉

En el mundo de los negocios eso resulta todavía más difícil porque no se trata únicamente de ejecutar jugadas ofensivas y defensivas. Los roles son infinitos, y los buenos líderes necesitan delegar en prácticamente todos ellos.

Pregúntate a ti mismo: si estuvieras hospitalizado durante una semana, ¿ el negocio seguiría funcionando? Tiene que hacerlo. Y si temes que te hagan sombra, supéralo. Debes contratar a trabajadores que sean mejores que tú en cada tarea, y alegrarte en lugar de estar resentido al respecto. La gente no quiere trabajar para líderes que no sepan superar la microgestión. La gente quiere trabajar para líderes que los valoren, los aprecien y confíen en ellos. El trabajo principal de un líder es contratar grandes talentos y ayudarlos a brillar.

Para crecer, necesitas comprender tus propias fortalezas y debilidades. En el ámbito de la política, Lauren Book menciona la importancia de establecer alianzas estratégicas. Encuentras a alguien con quien aliarte, que aporta cualidades diferentes, y la combinación funciona. Utilizas tus contactos y habilidades para ayudarlos a alcanzar sus metas, y ellos utilizan las suyas para ayudarte a ti. Pero, ya sea en la política o en los negocios, siempre pasa lo mismo. Debes identificar qué puedes hacer tú, y en qué áreas necesitas que otros intervengan.

Nicholas Horbaczewski, de Drone Racing League (DRL), es el ejemplo perfecto de la audacia cuando se trata de otorgar a otros la oportunidad de brillar. «Desde luego que es más fácil intentar hacerlo todo por ti mismo», admite. «Yo lo hice durante mucho tiempo, demasiado. Pero en algún momento tuve que reconocer que estaba tomando las decisiones equivocadas. Sabía que debía contratar a un presidente, pero contratar líderes séniores para una empresa es probablemente lo más difícil. Una mala contratación para una posición de este tipo es una catástrofe».

Nicholas contrató a Rachel Jacobson como presidente de DRL tras su ronda de financiación de serie C. Dar un paso atrás fue una decisión muy difícil para él. Pero era necesario. «Ella era exactamente lo que necesitábamos para impulsar nuestra trayectoria», explica Nicholas. Rachel se involucró y ayudó a llevar a la empresa al siguiente nivel, cerró nuevas asociaciones y ayudó a legalizar las carreras de drones para las apuestas deportivas, llevó el videojuego de la empresa a las consolas líder, y mucho más. Sin ella, no sé si DRL hubiera durado otro año. Una persona no puede hacerlo todo sola.

No te conformes con poco

Una de las muchas características que admiro de mi socio en RSE, Stephen Ross, es que comprende que debes ir a por todas. Olvídate de la mitigación del riesgo. Cuando encuentras un ganador, debes recordar: los ganadores son muy poco comunes. Esa es la idea más importante que encontrarás en *Quemar las naves*. Apuesta todo a un ganador, porque «cuanto menos arriesgas», como dice Stephen todo el tiempo, «más pierdes cuando ganas».

Es realmente difícil doblar la apuesta cuando sientes que te encuentras solo y aislado. Todos tememos equivocarnos. Mi cerebro racional a menudo se interpone en el camino de mi cerebro emocional. Mi cerebro racional no puede comprender por qué el resto, ante lo mismo que veo yo, no se abalanza sobre una oportunidad. Mi cerebro emocional comprende que el entusiasmo es subjetivo, y que debemos seguir lo que nos dicta el instinto.

Cuando nuestra cabeza y corazón se encuentran en conflicto, resulta fácil «dividir nuestra mano» como en el *blackjack*. Es decir, realizar una apuesta pequeña para que, en caso de equivocarnos, no nos sintamos tan mal. Pero si vamos a arriesgarnos, ¿por qué no ir a por todo? Sé que hay inversores a quienes les agrada «repartir y rezar», que invierten un poco de dinero por todos lados y esperan que el beneficio obtenido les permita costear los gastos de sus malas apuestas. Lo he intentado y me he dado cuenta de que esa filosofía tiene otro nombre: dar vueltas en círculos. Los inversores que se conforman con poco no son los que impulsan los éxitos extraordinarios. Si quieres ser un líder, debes arriesgarte de verdad y liderar.

Si los *sharks* de *Shark Tank* siempre insisten en conseguir más capital en acciones es porque no quieren quedarse atascados con una apuesta pequeña. Sabemos que, tengamos un dos o un cuarenta y dos por ciento, involucrarnos requerirá una cantidad significativa de energía, y, si solo contamos con un dos por ciento de ganancia potencial, entonces no podemos justificar el tiempo invertido. Existe un coste de oportunidad para todo lo que haces, y emplear tu tiempo en un proyecto significa, inevitablemente, dejar pasar otros.

A menudo debes considerar cientos de negocios o acuerdos potenciales para encontrar un ganador; eso es absolutamente cierto. No te casarías con la primera persona con la que tienes una cita, y tampoco deberías firmar un cheque antes de explorar si hay mejores maneras de invertir tu dinero. Las mejores decisiones siempre son relativas. Nunca, bajo ningún concepto, deberías tomar una decisión de manera aislada, sin compararla con una alternativa viable. Pero, si te encuentras con un ganador —que destaca en todas las comparaciones y escrutinios—, no dudes y no lo deje escapar. Si te conformas con poco nunca lograrás cumplir tus sueños.

Evita la euforia desmedida

Resulta difícil arriesgarse cuando nadie más ve lo que tú ves. Pero no dejes que el temor te conduzca a seguir el rebaño y pensar que los demás saben más que tú. Los inversores caen en esta trampa cuando ven un mercado revuelto y no pueden evitar sumarse. Se lanzan ante una idea de negocios porque temen estar perdiéndose algo.

Consideremos el caso de Theranos, la empresa de tecnología de la salud que recaudó setecientos millones de dólares y fue valorada en diez mil millones antes de quedar expuesta como un fraude. Su fundadora, Elizabeth Holmes, decía haber desarrollado una tecnología que revolucionaría los análisis de sangre, ya que eliminaría las agujas y permitiría que un pinchazo en el dedo sirviera para llevar a cabo más de doscientas cuarenta pruebas con una sola gota de sangre (colesterol, clamidia, cocaína... y esa es tan solo una pequeña selección de las que comienzan con la letra C)[5]. Todo eso sería increíble de haber funcionado, pero no fue así. Holmes no se quedó ahí. Reunió a una junta directiva de lujo llena de de celebridades y octogenarios como Henry Kissinger, Bill Frist, James Mattis y David Boies, y se aprovechó de su fama para atraer inversores.

Honestamente, cuando vi el directorio de Theranos lleno de nombres tan reconocibles, supe que algo olía mal. No estaba seguro de que fuera un fraude, pero parecía evidente que Holmes estaba intentando hacer una finta: una jugada de fútbol que busca desviar la atención de lo que el *quarterback* quiere hacer con el balón. Me pregunté a mí mismo, si estuviera formando un directorio que me ayudara a revolucionar el mundo de los análisis de sangre, ¿ alguna de esas personas estaría en mi lista? Ella contaba con una persona del mundo de la ciencia: el Dr. William Foege, exdirector de los Centros para el Control y Prevención de Enfermedades (quien nunca dejó de apoyar a la empresa, ¡ni siquiera después de que se descubriera el fraude!), pero el resto de los miembros de la junta directiva eran ajenos a esa industria. Como explicaba la web TechCrunch durante el juicio a Elizabeth Holmes a finales de 2021: «Excepto por Foege, nadie sabía absolutamente nada de exámenes de diagnóstico, la tecnología que hay detrás de estos, los desafíos, la logística, o las nociones de economía o la biología que implicaban... [Los miembros de la junta, como James Mattis] creyeron a Holmes y a su equipo cuando les aseguraron que la tecnología funcionaba»[6].

Elizabeth Holmes contó una gran historia y obtuvo una enorme cobertura mediática. Según todos los informes, la empresa intentaba convertir una película de ciencia ficción en realidad... pero no lo lograron, mintieron al respecto, y nadie lo descubrió hasta que ya se había perdido demasiado dinero. En 2022, Holmes fue declarada culpable de cuatro cargos de fraude a inversores, y su juicio reveló hasta qué punto falsificó pruebas, informes y maquilló sus informes financieros.

La historia de Theranos supone una lección estupenda sobre no dejarse seducir por las razones equivocadas. Si algo desencadena una respuesta emocional en tu cerebro e intenta acallar miedos que ni siquiera sabías que tenías, debes preguntarte, antes de dejarte llevar por la complacencia: «¿estoy siendo manipulado?».

Esa es una trampa de existencia probada sobre nuestros débiles cerebros humanos. Por ejemplo la denominada cascada de disponibilidad: el círculo vicioso que alimenta las noticias falsas, en el que cuanto más crece una historia, más credibilidad gana. El protagonismo sustituye a la veracidad, y la gente se vuelve más propensa a creer algo porque simplemente no paran de repetírselo. Los profesores Timur Kuran y Cass Sunstein han escrito sobre este fenómeno, en el que la información falsa puede extenderse solo porque las personas piensan que, si les están hablando de ello en todos lados, entonces tiene que ser cierto[7].

Los empresarios poco fiables pueden utilizar ese sesgo en su beneficio, generar expectativas excesivas sobre su empresa en los medios, soltar algunos nombres famosos y hacer que parezca que cuentan con el apoyo de un sinfín de personalidades populares. No quieres quedarte fuera y asumes que los demás deben saber lo que hacen, de modo que te involucras. La investigación habla de «empresarios de disponibilidad», quienes comprenden esta dinámica y la utilizan para promocionar sus ideas. Ciertamente, se puede ganar dinero apostando por «la teoría del más tonto», el concepto de que cada día nace un nuevo ingenuo que respaldará la valoración de una empresa y le otorgará un retorno generoso. Pero te prometo que el karma es real, e, incluso si tal estrategia de inversión funciona durante un tiempo, avalar las decisiones no éticas de los demás te envenenará a largo plazo. Prefiero atenerme a empresarios que realmente aporten algo y no se limiten a tratar de convencerme de que son la mejor opción.

En ocasiones debemos dejarlo estar

Todos amamos nuestros negocios, y no queremos admitir que fallamos… ante nosotros mismos o ante el mundo. Existe la tentación de perseguir algo durante demasiado tiempo, incluso cuando toda indica que deberíamos hacer lo contrario. El empresario Danny Grossfeld decidió ir a *Shark Tank* para vender café en lata listo para consumir, acompañado de un recipiente llamado Hotbox que lo mantenía caliente. Al parecer, era una tendencia popular en Japón, pero no había logrado conquistar al público norteamericano. Grossfeld había intentado vender su producto a bodegas, cines, cualquier lugar en el que creyera que podía tener cabida; pero, en seis años, no solo no había logrado ni una sola venta, sino que tan solo había generado interrogantes. Danny había invertido más de dos millones de dólares provenientes de sus amigos y familia, más otro medio millón de su propio bolsillo.

No tuvo una buena acogida en el programa. Robert Herjavec señaló que Estados Unidos estaba lleno de tiendas de café, y que el producto no satisfaría la misma necesidad que en Japón. Mark Cuban agregó que le gustaba el concepto, pero odiaba el negocio. «Esa roca caerá y te aplastará», aseguró.

El evidente desinterés del mercado fue el factor determinante para todos. Lori Greiner dijo que Danny debía «detener la hemorragia» y Kevin O'Leary afirmó que, si un negocio pasaba más de treinta y seis meses sin generar ganancias, era momento de «llevarlo al granero y acabar con su sufrimiento». Creo que la regla general de Kevin puede ser un tanto simplista —a Facebook le llevó cinco años ser rentable, y a Amazon, nueve—, pero al menos contaban con usuarios, ingresos, tracción, evidencia de que a la gente le interesaba. Danny no tenía nada.

Nos aferramos a ciertas ideas durante demasiado tiempo en parte debido a la falacia de los costes hundidos, la noción de que lo que ya hemos invertido en un proyecto fallido justifica nuestra inversión continua. Eso se llama malgastar el dinero. No lo hagas. Necesitas señales de tracción. Debes saber escuchar lo que dice el mercado. Identifico un punto de inflexión en las rondas de financiamiento cuando se trata de este fenómeno. Si has llegado a una ronda de serie E y el negocio aún necesita recaudar dinero, estás llegando al punto de no retorno. Que haya demasiadas letras en esas rondas es una señal visible de que algo ha salido muy mal. Para el momento en el que llegas a la letra F, G, y más allá, el negocio debería volverse rentable o tendrás que abandonarlo, salvo en raras excepciones. Honestamente, esa es la realidad de cómo funcionan estas rondas de financiamiento: las participaciones de los directores y equipos ejecutivos se diluyen con cada ronda sucesiva, y los términos se vuelven potencialmente más exigentes con cada inversión. Cuando te encuentras tan avanzado en el camino, no estás quemando tus naves, sino que estás buscando una manera de capear el temporal.

En algún momento, simplemente debes prepararte para otra ronda de preguntas difíciles:

- ¿Es esta una solución que acarreará un problema?
- ¿Qué otra cosa podrías estar haciendo con tu tiempo y dinero? (¡Coste de oportunidad!)
- ¿Acaso el esfuerzo futuro realmente justifica el dinero y esfuerzo que ya has invertido hasta ahora o simplemente te estás engañando y piensas que estás progresando para poder justificar seguir adelante?
- Si estuvieras empezando de cero —tal como planteé en el capítulo cinco—, ¿es este el negocio que emprenderías hoy?

A la gente le preocupa que, si abandonan su sueño, nunca tendrán otra gran idea. Pero los ganadores no solo tienen una única gran idea en el curso de sus vidas. Las ideas son como casas en el mercado inmobiliario; siempre llega una nueva.

A veces no hace falta hacer algo tan drástico como abandonar una idea, y se trata más de encontrar el cambio de dirección justo, como cuando Emmett Shine y su equipo decidieron que Pattern compraría marcas existentes listas para crecer, en lugar de generar las propias desde cero. Los ganadores iteran. El universo es benevolente, y siempre te brinda una posibilidad más de corregir tu rumbo antes de que sea demasiado tarde. Lo que define a los verdaderos triunfadores es que no solo son capaces de realizar cambios de rumbo, sino que lo hacen antes de verse obligado a hacerlo. Utilizan con decisión lo que yo denomino sus pequeños reactores.

Me gusta pensar en la búsqueda de cualquier gran objetivo como el lanzamiento de una nave espacial. Sus inmensos reactores utilizan la potencia de más de tres millones de kilos de fuerza para enviar la nave en su trayectoria inicial a través de la atmósfera terrestre. Eso representa la gran decisión de ir tras un objetivo. Pero una nave también está equipada con reactores más pequeños, denominados sustentadores. En el momento del despegue, no son de gran utilidad. No obstante, a lo largo del viaje, estos sustentadores son lo que verdaderamente marca la diferencia. Aunque la nave solo se desvíe unos pocos grados, puede terminar convirtiéndose en una bola de fuego sobre el océano. Estos pequeños reactores redirigirán la nave a su rumbo original. Los grandes líderes utilizan sus reactores mucho antes de que todo explote.

Quizás no eres el indicado para este negocio, por muy increíble que sea

Ahora vienen los problemas de verdad, los patrones que te condenarán al fracaso incluso aunque todo lo demás vaya perfectamente bien. Me encuentro con muchas situaciones en que puede que los negocios sean maravillosos, e incluso los líderes también, pero estos no forman la combinación correcta. Uno de mis inversores favoritos, Ben Lerer, lo denomina el ajuste perfecto entre fundador y producto. A menudo el fundador sabe que no encaja, pero teme abandonar a su bebé. Debes recordar que solo porque «puedas» hacer algo no significa que «debas» hacerlo. ¿Es este el camino que deseas recorrer durante los próximos tres, cinco, diez años? No somos todos iguales. No todos tenemos las mismas pasiones, intereses y deseos.

Sé que no todo el mundo estará de acuerdo, pero no soy partidario de dar apoyo a quienes no están persiguiendo sus sueños. Prefiero ayudar a quien siente que está siguiendo a su destino, incluso aunque sea por razones que no pueda explicar. Dicho impulso místico le ayudará a sobrellevar ese arduo trabajo que la creación de un negocio requiere; y siempre va a haber arduo trabajo que hacer, incluso en el mejor de los casos. Puedes ser un gran ejecutivo, pero si no eres la única persona en el planeta destinada a hacer lo que estás haciendo, no estoy interesado. Quiero sentir como si Dios, o el universo o algún ser divino, llámalo como quieras, te hubiera traído a esta tierra en este preciso momento para ponerte en la posición de perseguir este sueño, sea el que sea. Quiero que irradies inevitabilidad.

Llámalo seguro a todo riesgo si quieres. Habrá tantos giros y vueltas en el camino, tantos desafíos, tantas crisis, tantas veces en las que lo más fácil sea tomar la decisión equivocada, que una empresa necesita a un líder con el grado de locura suficiente como para sacrificarse a él mismo a fin de lograr que el negocio funcione. Cuando oigo lo de: «Si me apoyáis, podemos hacerlo juntos», me alejo corriendo lleno de temor, porque, si tú no tienes la convicción de que puedes hacerlo sin mí, entonces no eres la persona indicada.

Los errores más grandes que he cometido han tenido lugar cuando he creído que el poder de una idea iba más allá del poder de un individuo. Deseo ver una alineación perfecta entre el negocio y el líder. Como Freddie Harrel de RadSwan o Christina Tosi. De manera que, cada vez que considero una oportunidad, me pregunto: ¿acaso a este emprendedor le apasiona suficientemente el campo en cuestión para conducir su negocio a través de los momentos más duros? Dicha pasión es necesaria. Hace poco una amiga vino a mí con una idea. Dijo que deseaba crear una red nacional de estaciones de carga para coches eléctricos, como estaciones de servicios a lo grande, con tiendas y negocios de alta gama. Es un negocio de capital intensivo, que requiere comprender la planificación de parcelas y zonificación, y la voluntad de pasar años construyendo ese proyecto.

Ella dijo que quería que yo lo dirigiera y que lo hiciera realidad. Me eché a reír. Una idea no es nada. ¿Acaso cambiaré el rumbo de mi vida para trabajar en esta idea solo porque podría funcionar? Como todo, lo más importante es la ejecución, y la ejecución solo será efectiva si estoy comprometido al cien por cien con las estaciones de carga eléctrica. No lo estoy. «Pero si tú lo estás», le dije, «entonces hazlo».

En la misma línea, descarto a mucha gente en cuanto percibo un atisbo de paranoia por que alguien pueda robarles su idea. A menos de que realmente estemos hablando de un invento que necesite permanecer en secreto hasta que esté protegido adecuadamente, no hay nada que temer. No puedes robar un negocio de éxito. Si te preocupa que te roben, significa que no has construido nada, que no tienes nada exclusivo, nada que valga un centavo. Hay una gran frase de la película *La red social* en la que el personaje de Mark Zuckerberg se dirige a los gemelos Winklevoss y les dice: «Si fuerais los inventores de Facebook, habríais inventado Facebook». La ejecución lo es todo, y, si no eres la única persona en el planeta capaz de ejecutar tu visión de la mejor manera, bueno, escoge otro negocio, porque este no es el adecuado.

O quizás aún no estás listo para liderar...

No todo el mundo está listo para convertirse en líder cuando se presenta la oportunidad. Las lecciones de este libro quizás te ayuden a llegar a ese punto, o al menos ese es el objetivo, pero la mayoría de nosotros no nacemos siendo capitanes perfectos. Necesitamos crecer para lograrlo. He respaldado a empresas sabiendo que su líder no era apto para la tarea, ya que creía que el poder de su idea era suficiente para compensar a un fundador débil. Pero no funciona así. Un gran emprendedor puede mejorar una idea frágil, pero una gran idea colapsará bajo el mando de un fundador débil. He cometido el gran error de creer que una idea es tan revolucionaria que se manifestará por sí sola. No es cierto.

En el caso contrario, sucede lo opuesto: un gran líder insistirá sin parar hasta lograr un negocio de primera categoría. ¿Qué es lo que se necesita? Es fácil de explicar y casi imposible de generar en las personas que no pueden verlo por sí solas. Necesitas el equilibrio justo entre confianza y humildad. Necesitas saber que puedes hacerlo, y no temer los cambios de rumbo si son necesarios. Necesitas ser capaz de admitir cuándo te equivocas y, al instante, actuar de acuerdo a esa información para avanzar en la dirección correcta. Puedo predecir el fracaso de un director ejecutivo en base a con cuánta rapidez toma una decisión después de que dicha decisión se vuelva inevitable. Si necesita ver el iceberg a babor antes de comenzar a virar para evitarlo, entonces es demasiado tarde y fracasará.

El equilibrio justo entre confianza y humildad te asegura no sentirte avergonzado ante la necesidad de cambiar. Cuando el líder carece de esa cualidad, concluyo (como dice el dicho italiano: *il pesce marcisce dalla testa*) que el pez se pudre de la cabeza hacia abajo; y yo me involucro en una empresa nueva para buscar a las personas adecuadas en el momento de inflexión justo, cuando están persiguiendo sus sueños. Una vez las encuentro, les doy mi apoyo incondicional.

◎ ◎ ◎

En mis clases de Harvard, pasé tres sesiones contando la historia de immi, una empresa de ramen saludable cuya historia aún se está escribiendo en estos momentos. La cuestión que les presenté a mis estudiantes era si debía extender un cheque de doscientos cincuenta mil dólares a la empresa y ser su primer inversor externo. Los estudiantes estaban entusiasmados… hasta que les informé que la versión beta del producto tenía un sabor horrible y que las reseñas eran devastadoras en su gran mayoría, hasta el punto que la empresa tuvo que frenar su estrategia de *marketing* y dejar de vender ramen, ya que la estaban destrozando en redes sociales. Por supuesto, al escuchar eso, nadie estuvo a favor de firmar el cheque. ¿Quién respaldaría a una empresa gastronómica que vende comida que nadie quiere comer?

Y luego les presenté a los dos cofundadores, Kevin Lee y Kevin Chanthasiriphan, y de inmediato resultó evidente que estas personas están destinadas a vender ramen saludable. Saben quienes son, saben qué es lo que ha ido mal, y han vuelto a la cocina, donde buscan crear la versión 2.0 contando con todos los datos necesarios y siguiendo su instinto de la forma adecuada.

Al final de la clase, tras escuchar a los Kevins hablar sobre cómo la comida asiática aún no se ha unido a la tendencia de comida saludable que tantos otros sectores de la comida rápida han explotado con éxito, seguido de una explicación sobre cómo llegar a ese punto, todos los alumnos les apoyaban de nuevo. Respaldarían la empresa, y yo también lo haría. (Y, quince meses después de esa clase, un nuevo y mejorado immi logró un acuerdo con Whole Foods, quienes ven cómo sus estanterías se vacían una y otra vez por muy rápido que repongan el producto). Los ganadores no solo iteran, sino que poseen un poder magnético para sumar a los demás a su causa. Conocerte a ti mismo comunica a quien te escucha que es seguro creer en ti. Cuando conoces a alguien con un gran conocimiento de sí mismo, incluso aunque presupongas que está equivocado, piensas de manera inconsciente: «Sabe lo que se hace». Confías de manera instintiva en que corregirá el rumbo antes de que el barco encalle.

◉ ◉ ◉

¿Qué es lo opuesto a conocerse a sí mismo? La ignorancia, quizás. O el autoengaño. Lo que más me aterra y me aleja de invertir en una persona en particular es sentir que esconde algo, o que no entiende que la verdad siempre sale a la luz. Los problemas siempre acaban apareciendo, y es por ello que debes adelantarte y encontrarlos antes de que ellos te encuentren a ti.

Curt Cronin habla de aquello que no se dice, y de cómo es necesario poner todas las cartas sobre la mesa, a pesar de lo difícil que sea o cuán incómodo nos haga sentir. «Las conversaciones más difíciles que mantuve durante mi etapa en los SEAL», me contó, «tenían lugar cuando yo decía en voz alta las razones por las que asumía que las cosas habían salido mal. No podemos confiar en las suposiciones. Realmente debemos dejarlo todo al descubierto.

»A la gente le da miedo tener conversaciones difíciles», explica Curt, «porque nos imaginamos lo peor. Pero no pensamos en el coste de no tener esas conversaciones, en lo poco eficiente que es tratar de adivinar lo que el otro está pensando, en sentir en lugar de saber».

Veo a malos líderes evitando conversaciones constantemente. Intentan pasar por alto asuntos que creen que no voy a detectar en sus negocios, en lugar de trabajar conmigo con tal de solucionar dichos problemas. La primera vez que descubrí la tendencia humana a ocultar toda clase de cuestiones fue durante mi época en McDonald's. Cuando nadie está mirando, la gente hace travesuras (mucho chicle debajo de las mesas) y esperan que otros limpien el desastre que dejan tras de sí. En ese mugriento salón de fiestas presencié cómo puedes hacer que cualquier cosa (o cualquier negocio) parezca pulcro, pero lo que se encuentra debajo de la superficie es lo que cuenta la verdad.

En las mejores circunstancias, los líderes estarán allí contigo y buscarán los defectos con entusiasmo. Los buenos líderes son intelectualmente curiosos, sobre ellos mismos y sobre sus negocios. Le digo a la gente que no se centre en encontrar problemas, sino en encontrar soluciones. A los grandes líderes les entusiasman las oportunidades de hallar soluciones, la posibilidad de exponerse a inversores astutos y descifrar cómo mejorar su negocio.

Si siento que alguien está ocultando la verdad o que no está siendo completamente sincero, ya no me importa qué están escondiendo, porque ya sé todo lo que quería saber. No puedo trabajar con alguien que se sentirá intimidado por la exploración, que no está plenamente implicado, es abierto y está listo para realizar el trabajo duro. Busco señales de transparencia, como ser capaz de admitir que no sabes hacer algo. Nadie cuenta con las respuestas para cada pregunta, y los inversores lo saben.

No quiero a alguien que solo intente tranquilizarme, porque entonces sabré que solo está haciendo todo lo posible para cerrar un trato y no se preocupa por averiguar si realmente encajamos.

◉ ◉ ◉

Mi modo de confirmar mi instinto sobre la gente con la que tengo que cerrar un acuerdo es algo que me sorprende que otros no hagan. Es un error común en el capital privado gastar grandes cantidades de dinero y energía para que expertos analicen las finanzas de un negocio, pero no gastar ni un céntimo para que psicólogos analicen al líder en profundidad. Cuando estaban a punto de ascenderme al nivel ejecutivo de los Jets, me pidieron que me sometiera a un interrogatorio de un día completo con un psicólogo laboral, una combinación de entrevistas y pruebas escritas para explorar mi mente y analizar mi estilo de liderazgo, mis debilidades y mis concepciones erróneas sobre el mundo. En un principio, me sentí profundamente ofendido, como veo que les pasa también a otros. ¿Por qué debía reunirme con un psicólogo antes de un ascenso? ¿Acaso no había demostrado ya mi valor? En realidad, temía que los estudios dieran la razón a esa voz de mi cabeza que me llamaba impostor.

Pero esa experiencia me cambió la vida.

Aprendí mucho sobre mí mismo y, al final, supe que esa era una herramienta para separar a los ganadores de los perdedores. Ahora acudo a mi psicóloga laboral favorita, la Dra. Laura Finfer, para ultimar acuerdos importantes cada vez que tengo la posibilidad de incluirla como condición antes de firmar un cheque. No me gusta cerrar un acuerdo importante sin ella. Si le das a un profesional capacitado tres horas para explorar los rincones oscuros de la mente de otro, lo plasmará todo por escrito de manera clara y directa. Casualmente, los que se resisten suelen ser los que peor rinden. No ven el *feedback* como el regalo que realmente es.

Los mayores errores de mi carrera han sido consecuencia de ignorar el informe o pasar por alto dos o tres frases críticas que revelaban una verdad oculta, que, tras más de treinta análisis, siempre ha estado allí. Por lo tanto, para cerrar este capítulo, decidí conversar con la Dra. Finfer, directora de la empresa Leadership Excellence Consulting, sobre los patrones que más a menudo detecta en su trabajo, y qué es lo que busca cuando evalúa líderes. Aquí presento cinco patrones que la Dra. Finfer identifica frecuentemente y que hacen descarrilar a las personas con las que trabaja, ya sea en empresas grandes o pequeñas:

- **Depender demasiado de la mera inteligencia.** Por un lado, es absolutamente cierto que la fuerza del intelecto es un prerrequisito para el éxito, la resolución de problemas, la visión estratégica y la identidad de una empresa. Pero el intelecto debe estar acompañado de inteligencia emocional: la capacidad de trabajar con otros y la capacidad de trabajar en ti mismo. Debes contar con la voluntad de adaptarte y cambiar. Debes ser capaz de recibir *feedback* y, para ser un gran líder, también debes ser capaz de dar *feedback*.

- **Ser demasiado deferente con la autoridad.** Por supuesto, siempre debes escuchar a todas las partes interesadas, sea cual sea tu rol en la empresa, y nunca deberías mostrarte como un abusón de instituto en tus interacciones interpersonales. Pero necesitas la confianza de defender aquello en lo que crees. Las grandes personalidades dicen lo que piensan y no temen causar conflictos. «A menudo me sorprende que la gente tenga tanto miedo a la discrepancia», me contó la Dra. Finfer. Debes saber con quién estás lidiando, advierte, pero si alguien —jefe, inversor, socio— no puede tolerar una opinión diferente a la suya, no resolverás ese problema limitándote a ceder una vez tras otra.

- **No lograr entender la política de tu entorno de trabajo.** «La falta de astucia política es un gran obstáculo cuando asciendes a través de la jerarquía de una organización», afirma la Dra. Finfer. «Necesitas cuidar muy bien tus palabras y escoger los momentos adecuados. Necesitas contar con consciencia interpersonal para saber cómo lidiar con cada individuo de una organización, porque cada persona responde de manera diferente». En otras palabras, debes pensar qué motivará a una persona en particular y qué la alejará.

- **No repartir el mérito.** La Dra. Finfer presta mucha atención al lenguaje cuando evalúa a alguien. Detecta cuándo la gente utiliza el «yo» en lugar del «nosotros» cuando habla sobre el éxito en el trabajo. «Por lo general no operan en solitario, de modo que evalúo cuánto valoran a la gente que los rodean», indica.

- **Esquivar preguntas.** La Dra. Finfer también detecta cuándo las personas intentan esquivar ciertas preguntas o intentan imponer sus propias ideas en lugar de realmente escuchar y responder a lo que se les está preguntando. «O no desean mostrar debilidad, o están ocultando algo». Se relaciona con el defecto fatídico que acabo de mencionar: no ser honesto ni sincero. No puedes engañar a la gente de forma constante. Resultará evidente, y jugará en tu contra.

La buena noticia es que es posible mejorar en todos estos frentes. Más que nada, supone reconocer tus debilidades y tener la voluntad de crecer y mejorar. Y lo que sucede cuando lo logras y rompes esos patrones es que finalmente llegas a la orilla opuesta. *Quemas tus naves* y sigues alcanzando tus sueños.

Pero ¿y luego qué?

La vida no está compuesta de un único camino.

Todos comprendemos cuán satisfactorio resulta completar algo, alcanzar un logro. Pero a menudo podemos olvidar cuánta alegría sentíamos en los comienzos, cuánta anticipación, entusiasmo y motivación. Disfruta de esos momentos en los que te centras en algo nuevo, cuando *deseas* algo con tanta desesperación que sientes que puedes conquistar el universo.

Cuando llegues a la línea de meta, antes siquiera de tomar un respiro, deberías mirar hacia adelante. Aprecia la victoria, pero, en ese mismo instante, hazte la pregunta que impulsa la vida: «¿Y ahora qué?».

PARTE III

CONSTRUYE MÁS NAVES

7. Consolida tus ganancias

Cuando pienso en pasar al siguiente nivel, pienso en Marc Lore y sus increíbles y numerosos éxitos empresariales. En 1999, Marc lanzó The Pit, un mercado *online* de objetos coleccionables que terminó vendiendo al gigante de cartas deportivas Topps por 5,7 millones de dólares tan solo dos años más tarde. Luego, en 2005, Diapers.com y su salida en gran escala en Amazon, y más adelante Jet, un negocio de compras *online* diseñado para competir con Amazon con una tarifa anual más baja que Amazon Prime y algoritmos de precios optimizados, que finalmente terminó comprando Walmart por incluso más dinero.

Lore abandonó Walmart en enero de 2021 y ha anunciado planes de construir «una ciudad del futuro» [1]. «Él cree que ningún trabajador debería pasar más de quince minutos yendo de casa al trabajo», escribe Jim Souhan en el periódico *Star Tribune*[2]. «Que la basura debería depositarse bajo tierra. Que todos los vehículos deberían ser autónomos... [La meta de Lore] es una ciudad que parezca una combinación de lo mejor de Nueva York, Estocolmo y Tokio». Pero su idea va más allá de la ciudad en sí misma. «Estoy intentando crear un nuevo modelo para la sociedad, donde la riqueza se genere de una manera justa», declaró Marc al *Fortune*. Denomina al nuevo modelo económico «equitismo», es decir, «retribuir a los ciudadanos y a las personas la riqueza que ellos han ayudado a recaudar» [3]. Para el año 2030, planea fundar esta nueva ciudad llamada Telosa («propósito supremo» en griego) —construida en terrenos económicos de algún sector poco poblado del país—, con cincuenta mil ciudadanos de procedencias diversas que busquen un nuevo modo de vida.

Por si fuera poco, Marc también fundó Wonder (en la que invertí), una empresa que lleva cenas exclusivas directamente a los hogares; el servicio incluye furgonetas equipadas con cocinas y chefs que finalizarán y emplatarán recetas de calidad Michelin de puerta a puerta. Es un servicio de cenas a domicilio bajo demanda, con un equipo de chefs de primera calidad, como Bobby Flay, Marcus Samuelson, Nancy Silverton y Jonathan Waxman, que ya han aceptado que Wonder recree sus menús y reparta sus platos. Flay declaró al *New York Post*: «Descubrieron cómo emular exactamente lo que hago»[4]. Wonder acaba de recaudar cuatrocientos millones de dólares y está valorada en cuatro mil millones.

Mientras tanto, por si no fuera suficiente, Marc acaba de convertirse en el copropietario del equipo de la NBA Minnesota Timberwolves y de los Minnesota Lynx de la WNBA, junto con mi compañero *shark* invitado del programa, Alex Rodríguez.

Lo que resulta fascinante sobre Marc es que él va y lo hace. Construye, construye y construye. ¿Acaso lo que aprendió con Diapers.com le ayudó en su trabajo con los Jets? Absolutamente. ¿Acaso su experiencia con los Jets le ayudará en lo que haga a continuación? Sin ninguna duda. Pero él interioriza el conocimiento, consolida sus ganancias y se lanza hacia su próxima aventura. ¿Qué es lo que haces cuando has alcanzado el final de un camino? Quemas tus naves y comienzas de nuevo.

Para adquirir esta mentalidad de crecimiento perpetuo, tengo cuatro principios que pueden guiarte.

Si cuentas con una ventaja, es el momento de aprovecharla

Doy charlas a jugadores de fútbol sobre cómo preparar sus carreras una vez que se retiren del deporte. Muchos de ellos tienen ambiciones —invertir en el mercado inmobiliario, producir películas, convertirse en comentaristas en ESPN, crecer financieramente—, pero no quieren pensar en ello hasta que no hayan terminado de jugar. Les digo que están desperdiciando la oportunidad de aprovechar su mejor activo: la relevancia. A todo el mundo le gusta decir que ha cerrado un negocio con un jugador de la NFL; un jugador de la NFL *en activo*. Una vez que se retiran, su poder de convocatoria (la capacidad para catalizar la acción) disminuye drásticamente. Ya no son tan interesantes o relevantes a ojos de los demás. ¿Es eso cruel? Sin duda. Pero mi trabajo es hacer que le vean las orejas al lobo y despierten antes de que sea demasiado tarde.

¿Cómo pueden estos jugadores aprovechar su estatus actual? Descubriendo cómo quieren que sean sus vidas después de su retirada y empezando a trabajar en ello ahora. Muchos de estos jugadores reciben llamadas de gente que quiere que inviertan en sus negocios o se involucren en alguna oportunidad empresarial, pero yo les aconsejo que desestimen esas llamadas y se centren en realizarlas ellos mismos. ¿Qué es lo que ellos quieren hacer? No existe casi nadie que no les vaya a contestar el teléfono, y no hay casi nada que esté fuera de su alcance.

Conozco estrellas de fútbol que tienen en cuenta este consejo y se ponen en contacto con personalidades tan destacadas como Warren Buffett para que los orienten y les ayuden a planificar el futuro. ¿Acaso un multimillonario respondería la llamada de cualquiera? Seguramente no. Pero las estrellas poseen un estatus, y lo pueden utilizar para su beneficio. Consideremos el ejemplo de Byron Jones. Fue seleccionado en la primera ronda del *draft* de 2015 y en 2020 firmó un contrato con los Dolphins que lo convirtió en el *corner* mejor pagado de la NFL en ese momento: ochenta y dos millones de dólares por cinco años y más de cincuenta millones de dólares garantizados. Byron vive según la filosofía de prepararse para el futuro y anticipar cada jugada con el objetivo de estar listo no solo ahora, sino para lo que ocurra en adelante. Sabe que ser una estrella de fútbol no es algo que dure toda la vida; es tan solo el primer paso. «Siempre supe que jugaría en la NFL», me contó. «Pero en realidad fui becario en dos ocasiones en la universidad, una en la capital estatal y la otra en el Congreso, para prepararme para la vida después del fútbol».

Byron ya planificaba su futuro mucho antes que la mayoría de los jugadores ni siquiera pensaran en ello. De hecho, poco después de firmar su contrato, me llamó para consultarme sobre inversiones, ya que quería saber cómo convertir sus cincuenta millones de dólares garantizados en cien millones, o incluso más. Me contó que vivía con diez mil dólares al mes antes de firmar su contrato, y que se había otorgado un aumento… de trece mil mensuales. Parece mucho, hasta que te das cuenta de que existen *millennials* en Nueva York que viven con mucho más, y que desde luego no son estrellas de la NFL ni poseen un acuerdo garantizado de ocho cifras. «Viví con el mismo presupuesto durante los cuatro años posteriores a ser seleccionado en el *draft*», explicó.

Incluso su camino hasta la NFL fue prácticamente el producto de un plan cuidadosamente diseñado. Antes de que le ficharan, ya prestaba especial atención a las habilidades que sabía que serían evaluadas en el evento NFL Scouting Combine, donde la liga prueba a los mejores jugadores universitarios. «En realidad estaba recuperándome de una lesión en el hombro en los meses previos al Combine, de modo que no podía entrenar. Pero eso no significaba que no pudiera prepararme de otras maneras. Me concentré en la alimentación, el control de mi peso y en ver videos. Quería saber cómo se desarrollaría todo en el Combine, qué se nos pediría que hiciéramos y en base a qué se nos evaluaría».

Un elemento del Combine es el salto de longitud sin impulso. Byron siempre había sido bueno en salto, había llegado a las competiciones de atletismo nacionales cuando tenía ocho años, y decidió que, si concentraba su energía en el salto de longitud en particular, podría especializarse en esa única habilidad y utilizarla para destacar por encima del resto. «El Combine consistía en tres días de máxima intensidad, la mejor época de mi vida», recuerda. «Había radiografías, resonancias magnéticas, y, después de todo eso, las pruebas finales de atletismo. Durante el entrenamiento, yo había saltado 3.45 metros, quizás 3.50. Mi primer salto fue de 3.55. Y el segundo de 3.75. Ni siquiera me había planteado saltar 3.75 metros, pero intenté parecer tranquilo y actuar como si eso fuera algo normal para mí».

Puede que Byron intentara que eso pareciera normal, pero ese salto superaba en veinte centímetros lo que cualquier otro jugador de la NFL haya saltado jamás. De hecho, superaba a cualquier otro salto de longitud sin impulso de la historia, y actualmente sigue ostentando el récord mundial no oficial.

Entonces, ¿cómo podía convertir sus cincuenta millones en cien? Este es el plan que le presenté cuando me consultó. Aquí tienes, le dije, un activo único y rentable. Ese récord de salto en longitud definitivamente podía convertirlo en una estrella. Imaginemos una campaña de TikTok donde él salta por encima de una serie de cosas extravagantes: ocho estrellas de TikTok tumbadas en el suelo, un hueco entre dos rascacielos, un par de cientos de galletas de Christina Tosi (que siempre busca maneras de publicitar mi negocio). Podía hacer explotar las redes, construir una base de seguidores y convertirse en una estrella de las redes sociales.

Byron me interrumpió. «Nada de redes sociales», advirtió. «Quiero ser un inversor serio». Mientras Byron sigue triunfando en el fútbol, tiene tiempo para pensar en su futuro, pero en el mundo actual, le dije, los límites son difusos. Te conviertes en un mejor inversor «serio», con acceso a los mejores flujos de negocios si la gente sabe quién eres y desea hacer negocios contigo. La ventaja de Byron es su plataforma, que puede volverlo relevante como una figura prominente de la actualidad capaz de ejercer su influencia en representación de las empresas que apoya. Eso es increíblemente valioso. Quizás todo esto parta de publicitar sus hazañas en salto de longitud, o quizás sea otra cosa, pero sé que Byron piensa en ello, y planeará su futuro de forma inteligente. Su vida será un éxito rotundo más allá del fútbol.

◉ ◉ ◉

Las ventajas de una estrella deportiva son evidentes, pero eso no hace que la idea que intento transmitir sea menos relevante para el resto de nosotros. Quizás no seamos estrellas de fútbol, pero estoy seguro de que las estrellas deportivas no cuentan con las cualidades únicas que tú puedes aportar. La realidad es que todos tenemos alguna cualidad única —una capacidad, una circunstancia, una historia— que puede conducirnos a cumplir nuestros sueños. Cuando trabajaba en McDonald's, mi ventaja era mi voluntad de ser el mejor retirando chicle de debajo de las mesas y hacerlo con una sonrisa. A la gente a la que despiden les digo: tu ventaja es que ya no estás atado a normas y protocolos. Eres libre. Resulta difícil contemplar el mundo con la mente clara cuando estás atrapado en un sistema. Con todas las opciones sobre la mesa, puedes comenzar desde cero y realmente descubrir cuál será tu próximo paso. ¿Cuáles son tus cualidades únicas que puedes aprovechar a tu favor?

Piénsalo:

- **¿Qué es lo que haces mejor que nadie?** Byron Jones salta. Christina Tosi cocina. ¿Y tú?

- **¿A quién o a qué tienes acceso preferente?** Quizás creas que no tienes la respuesta (en especial si no conoces a ningún multimillonario). Pero todo lo que hacemos nos brinda acceso a mundos particulares que pocas personas ven. Cuando estaba ayudando a construir el monumento a las víctimas del once de septiembre, mi conocimiento sobre zonificación y utilización del terreno me convirtieron en la persona indicada para que un equipo de fútbol que buscaba construir un nuevo estadio me contratara. ¿Acaso esa era una conexión evidente para todo el mundo? No, pero el conocimiento que yo poseía me hacía único. Debes estar atento a las oportunidades que se presentan en tu área de conocimiento, y no permitas que la falta de experiencia en un campo específico te detenga cuando tú sabes que cuentas con el conocimiento necesario.

- **¿Cómo puede tu realidad —pasada o presente— brindarte una perspectiva especial sobre el mundo?** Solo se me ocurrió abandonar el instituto, obtener mi GED y asistir directamente a la universidad porque mi madre había hecho exactamente lo mismo de adulta. Seguramente nunca se me hubiera pasado por la cabeza hacer todo eso si no hubiera observado ese patrón en un contexto diferente.

En realidad, la clave es el enfoque. Yo podía ver las dificultades a las que tuve que hacer frente en la infancia como algo que me perjudicaría para el resto de mi vida. Por otro lado, podía pensar en ellas como herramientas que me abrieron los ojos ante tantas otras dificultades que la gente sufre en todo el mundo. Eso me otorgó una cierta empatía hacia aquellos que superan obstáculos y perspectiva sobre lo que la gente necesita cuando se encuentra en sus momentos más bajos. Puedo utilizar ese conocimiento para ayudar a construir marcas que transformen las vidas de aquellos que más ayuda necesitan. Esa es tan solo una de mis cualidades, y tú también cuentas con muchas de ellas.

◉ ◉ ◉

Este mismo principio se aplica a los negocios: encuentras su cualidad única, y la tomas como punto de partida. Aunque no soy una persona golosa, mis años como inversor de Milk Bar le han otorgado a RSE una experiencia valiosa a la hora de expandir una marca de repostería. Cuando nos enteramos de que Magnolia Bakery se encontraba a la venta, supimos que podíamos valernos de nuestra experiencia con Milk Bar para devolverle a esa adorada institución norteamericana el prestigio que merecía. Magnolia Bakery, la tienda que alguna vez había sido la predilecta de la cultura popular en los buenos tiempos de la famosa serie *Sexo en Nueva York*, el lugar donde Carrie Bradshaw saciaba sus ansias de *cupcakes* en un banco del West Village, parecía haber caído en el olvido. Y, sin embargo, si caminas por Bleecker Street cualquier sábado por la mañana, verás a turistas de todo el mundo haciendo cola en la calle para comprar *pudding* de banana. El romance con Magnolia Bakery se ha mantenido durante más de dos décadas.

Mi equipo y yo compramos Magnolia Bakery en plena pandemia. Y sabíamos que nuestra experiencia con Milk Bar, donde habíamos convertido maravillas de pastelería en productos envasados y listos para el consumo en todo el país, era la cualidad única que necesitábamos para cambiar el rumbo del negocio.

La marca había estado estancada durante dos décadas porque contaba con escasos recursos, y ahora, finalmente, poseíamos la capacidad de darle el impulso que merecía. Terminamos contratando a un director de *marketing* y construimos nuestra propia infraestructura para vender *pudding* de banana a cualquier cliente del país, y expandimos las ventas del comercio electrónico de novecientos mil dólares a diez millones. ¿Y después de eso? Vender en tiendas minoristas de todo el país. ¿La ventaja? El reconocimiento de marca. La historia nos parecía simple porque ya conocíamos el guion: hacer llegar el producto a todos los clientes por medio de tantos canales como fuera posible y a la vez preservar la experiencia especial que atrae largas filas al West Village de la ciudad de Nueva York; y ahora también al proyecto de Stephen Ross en Hudson Yards.

Grandes saltos en lugar de progreso incremental

Todo lo que hacemos implica un coste de oportunidad. Veo a mucha gente que cree que debe ganarse su próximo movimiento, pagar el precio, esperar a que el mundo reconozca su potencial y lo arranque de su posición actual para depositarlo en algún futuro de ensueño que, te puedo asegurar, nunca se manifestará por sí solo.

Sacudo la cabeza cuando veo amigos que esperan un ascenso tras otro, cuando creen que se encuentran en una escalera hacia la cima, y luego un día la empresa decide contratar a alguien de fuera. Ese empleado leal deja de ser el preferido del jefe, su trayectoria profesional se detiene, y se queda estancado. Dejé en dos ocasiones mi puesto en la alcaldía en lugar de esperar a que ellos decidieran que merecía un ascenso. Al dimitir, tomé un atajo en mi camino, ya que, al no estar limitado por su jerarquía, podía regresar y ocupar otro puesto más elevado.

Renunciar al camino incremental puede sonar contraintuitivo, en especial cuando tenemos miedo. Imaginamos que tenemos que ir despacio, movernos poco a poco, y que ello acabará traduciéndose en un progreso significativo. Pero lo único que logramos es hacer nuestro camino más largo y vernos cada vez más expuestos a retroceder.

Jesse Derris y yo debatimos sobre este asunto constantemente. Él propone un fondo pequeño antes de recaudar uno grande, pero ¿por qué? ¿Acaso el hecho de recaudar diez millones le va a aportar más que recaudando cien? Las conversaciones más reveladoras vienen de eliminar la idea de que todo lo que uno cree necesario en realidad no lo es. Nadie me tomará en serio como emprendedor a menos que tenga diez años de experiencia. Nadie me contratará para dirigir un proyecto así de grande si no he dirigido antes tres proyectos más pequeños en la misma industria. Nadie me dará dinero a menos que ya tenga dinero. Estoy aquí para decirte que eso son todo mentiras que te están limitando. Puedes ir directamente hacia la meta, tal como yo entré directamente en la universidad. ¿Quién necesita acabar el instituto?

No niego que la experiencia sea fundamental a la hora de desarrollar una habilidad nueva. No todos podemos saltar directamente a la cúspide de nuestras carreras. Pero creo que todos somos capaces de saber si verdaderamente necesitamos adquirir más experiencia o si ya estamos listos y tan solo estamos esperando a que el mundo nos dé una oportunidad.

Esperar en fila india es para los niños; como adulto, debes generar tu turno. A menudo sucede que los motivos de aquellos que nos piden paciencia son cuestionables: El cónyuge celoso. El jefe inseguro. El «enemigo íntimo» de quien, al parecer, no podemos prescindir. Aborda esos consejos con un escepticismo sano. Hay mucho en juego. Un mal consejo en el momento adecuado podría quitarle años de crecimiento a tu trayectoria. Cuando sabes que estás listo, estás listo, y no deberías dejar que las opiniones de los demás te limiten o te indiquen lo lento que deberías avanzar.

◉ ◉ ◉

Alexander Harstrick es toda una estrella, trabajó en el Pentágono como oficial militar de inteligencia, combatió en Irak, y, cuando lo conocí, estaba sacándose un máster en Harvard. Tenía el sueño de lanzar su propio fondo de inversión en la industria de defensa, y poseía el conocimiento para hacerlo, pero asumió que no contaba con la experiencia necesaria.

Alex había escrito una tesis a prueba de balas sobre innovación militar, y tenía las conexiones y la experiencia para generar un extraordinario flujo de inversiones. Tendría que haber sido fácil. No obstante, cuando vino a verme a mi despacho, parecía nervioso. Alex había creído lo que la creencia popular decía y sentía que no tenía más opción que aceptar una oferta mediocre de una empresa de capital privado en Nueva York y «ganarse una reputación». Decidí cuestionar su mentalidad.

«Pero ¿quién me respaldará?», me preguntó. «¿Quién me firmará un cheque si acabo de salir de la universidad?».

«Nadie», respondí. «Hasta que alguien lo haga».

No supe nada de él durante algunos meses. Una tarde, me llamó para pedirme mi dirección. Quería enviarme algunos productos promocionales, una gorra, un bolígrafo. «¿Productos de qué?», pregunté.

«Ah», respondió. «Del fondo que creé al salir de tu oficina».

Yo había asumido que Alex se había conformado con una existencia mundana en esa gran empresa de capital privado en la ciudad de Nueva York. Al parecer, al día siguiente de nuestra conversación, rechazó la oferta de trabajo. En lugar de eso, salió a la calle a buscar a un inversionista principal para un nuevo fondo. Su fondo, J2 Ventures.

«No solo encontré uno, tras más rechazos de los que puedo recordar», me contó, «sino que cerré un acuerdo por un fondo de diez millones de dólares, y ahora ya llevo cincuenta millones».

Yo soy uno de esos inversores, y estoy orgulloso de serlo.

«Lo que más me ha sorprendido de comenzar algo nuevo», continuó Alex, «es lo poco que me asusta. No me malinterpretes, no fue fácil —para nada—, pero la relación entre lo que hemos ganado y el trabajo que mi equipo y yo hemos hecho no podría ser más justa. Desde que empezamos, lo único que me ha dado miedo es la perspectiva de tener que volver a trabajar para otros».

La simple decisión de adoptar un cambio de mentalidad cambió por completo la trayectoria de vida de Alex. Estamos programados para creer que nuestras vidas evolucionan como las capas de color de las rocas sedimentarias, cada logro depositado cuidadosamente sobre el último. Creemos que existe una secuencia preestablecida para el éxito, que debes abrir un puesto de limonadas antes de construir el negocio global, que necesitas recaudar diez mil dólares antes de poder recaudar diez millones, o que necesitas contar con experiencia como director ejecutivo antes de convertirte en líder. Nada de eso es cierto, si observas cómo funciona realmente el mundo. El concepto de progreso incremental representa tan solo nuestro intento de imponer orden sobre el caos de la vida y reducir el éxito a alguna clase de fórmula comprensible. Gánatelo y serás recompensado con un ascenso. En realidad, los tesoros más grandes no se encuentran siguiendo un mapa.

Asumimos el valor de los procesos incrementales lentos y deliberados cuando no hay necesidad de hacerlo. Sáltate los pasos que no necesites y salta con el fin de aterrizar tan alto como puedas para que el próximo brinco te lleve todavía más arriba.

«Las investigaciones realmente muestran que, si basas tus decisiones en la pasión en lugar de basarlas en la trayectoria profesional convencional, terminarás aprendiendo más rápido y teniendo más éxito», explica Francesca Gino, de Harvard. «Muchos de nuestros graduados terminan en empresas de consultoría. Creen que estarán allí dos años y luego saltarán a su propio negocio, pero el momento nunca es el adecuado. Nunca llega la oportunidad de hacerlo».

Antes de decidir que debes dar un paso pequeño para poder dar un gran salto, pregúntate a ti mismo: ¿Qué te hace pensar que esa es la secuencia correcta? ¿Realmente crees que estos pasos te están brindando las habilidades que necesitas para tener éxito, o simplemente estás intentando satisfacer a una audiencia externa imaginaria y retrasando innecesariamente lo inevitable?

◉ ◉ ◉

El enfoque incremental es la razón por la cual insto a todo el mundo a que escape de la jerarquía corporativa tan pronto como pueda. Los modelos de negocios tradicionales intentan organizar a sus trabajadores a gran escala, mantenerlos en franjas y moverlos lentamente por la cadena de montaje. Esta es la trampa de lugares como bufetes de abogados o empresas de consultoría. Eres parte de una clase de empleados que se encuentra en una situación similar y existen pocas formas de destacar y ascender hasta la cima más rápidamente que tus compañeros.

Beneficioso para la empresa. Desmoralizante para ti.

Para alguien que aspira a más, ese camino se convierte en una gran pérdida de tiempo. Debes resistirte a que te encierren en un lugar o limiten tu crecimiento. Le digo a la gente que no tema renunciar a su trabajo si sabe que merece más y no ve un camino para llegar allí; es mucho más rápido dar un salto en la jerarquía de otra empresa. Cuando entras en una nueva organización, es como si volvieras a nacer y empezaras de cero. Y, sí, por supuesto, conserva tu trabajo si lo amas, pero solo si lo amas. No estás obligado a dejarlo, pero nunca olvides que puedes, y debes, hacerlo si tu crecimiento se ve ralentizado. Nunca esperes que un trabajo satisfaga todas tus aspiraciones profesionales. Si eres ambicioso, eso no es realista, ya que con casi total seguridad evolucionarás mucho más rápido de lo que el mundo corporativo suele tolerar.

◉ ◉ ◉

Digo todo esto, y luego me paro a pensar si, por cómo lo presento, parece demasiado fácil. Es difícil salirse del camino tradicional, lo sé. Y resulta incluso más difícil por toda clase de cuestiones, que pueden depender de nosotros, o no hacerlo en absoluto. Me pregunto si yo hubiera podido dar los saltos que di en mi carrera si hubiera tenido que lidiar con el peso que muchas personas en nuestra sociedad se ven obligadas a cargar sobre sus hombros.

El último día de mis clases de Harvard, en enero de 2022, tuve una conversación increíblemente franca sobre el racismo —un tema igual de importante que todos los que habíamos abordado en el curso— con una estudiante extraordinaria, Tracey Thompson. Tras una clase con un empresario blanco que escogía utilizar un lenguaje verbal y un estilo casual como su tarjeta de presentación, Tracey, una mujer negra cuya madre había inmigrado a Nueva York desde Jamaica, confesó que ella nunca sería capaz de presentarse a sí misma de la misma manera delante de una audiencia.

«¿Por qué no?», pregunté.

Me respondió que no solo le preocupaba que otros no respetaran a una mujer negra que hablara de esa manera. Sentía que cargaba sobre los hombros con la reputación de su raza y su género donde sea que estuviera, y que ella tenía el deber de dejar a estos en buen lugar, ya que, de lo contrario, aquellas personas que siguieran su camino serían juzgadas en consecuencia. En su mente, no había margen de error.

Ese peso —esa carga— es algo que, honestamente, he tenido el privilegio de evitar durante toda mi vida. Nunca me preocupó estar representando a alguien más que a mí mismo, y sé que seguramente me han otorgado el beneficio de la duda en numerosas ocasiones debido a mi género y raza.

Me gustaría creer que como sociedad avanzamos en la dirección correcta en cuanto a estas cuestiones, pero también reconozco que las personas cuentan con cargas que yo no sufro, y que su capacidad a la hora de tomar decisiones arriesgadas se ve afectada por cómo son percibidas en el mundo y por las obligaciones con las que acarrean. Es por esa razón que la aspiración profesional de Tracey —derribar las barreras del racismo institucional y respaldar a empresarios y negocios de diversa procedencia como inversora de capital de riesgo— me resulta tan inspirador.

«Ni siquiera se trata de invertir en empresas de dueños negros», explica Tracey. «Quiero ayudar a que más personas de color integren directorios y tablas de capitalización, incluso en empresas que no estén lideradas por personas que pertenezcan a una minoría. Quiero respaldar a empresas que tengan cadenas de suministro diversas y empleen a un conjunto heterogéneo de personas. Quiero capacitar a más inversores de capital de riesgo de color y fomentar una nueva generación de empresas que sean más equitativas sin dejar de cosechar éxitos financieros. Quiero probar que las personas de color pueden dirigir grandes negocios y que la diversidad y el éxito pueden retroalimentarse».

Solo lo lograremos si reconocemos que las barreras que se interponen en el camino son diferentes para todos; y que la sociedad es injusta respecto a ciertas personas en lo que al reparto de oportunidades se refiere. Si el objetivo es que todo el mundo tenga la máxima autonomía sobre su vida y poder sobre su destino, entonces la meta final debería ser equilibrar el campo de juego, de manera que los resultados no estén distorsionados por factores que se encuentran fuera de nuestro control.

Cada aventura resulta más fácil que la anterior

Renunciar a un trabajo, o dejar un puesto seguro pero que te impide progresar, resultará intimidante de manera inevitable la primera vez que lo hagas. En especial si vas a establecerte por cuenta propia. No cuentas con experiencia previa que te asegure que puedes lograrlo y que todo saldrá bien. La segunda vez resulta más fácil. La tercera, más fácil que la segunda. Y, para cuando te conviertes en un maestro de quemar naves, ni siquiera piensas en ello. La investigación acerca del proceso de adaptación respalda la afirmación evidente de que las cosas son más fáciles cuando las has hecho antes. Arriesgarte resulta más simple cuando ya lo has hecho antes.

Pero la adaptación también puede dañarnos. Me preocupa que, aunque la capacidad de adaptación me haga más eficiente, el precio de esa eficiencia sea una pérdida de creatividad; la misma creatividad que alimenta las ideas necesarias para un crecimiento y éxito continuos. La capacidad de adaptación puede ser una herramienta extraordinaria, pero debemos tener cuidado para evitar convertirnos en robots.

Hay estudios que demuestran que nos acostumbramos a las distracciones de nuestro espacio de trabajo —llamadas telefónicas de fondo, el perfume intenso de un colega— y les prestamos cada vez menos atención[5]. Pero esos mismos estudios sostienen que también dejamos de darnos cuenta cuando el propio sistema de la empresa nos impide progresar, y cómo la estructura de una organización puede limitarnos. En 1974, Harry Braverman escribió un influyente trabajo sobre la psicología del espacio de trabajo. En su libro *Trabajo y capital monopolista*, Braverman le dedica un capítulo entero a la «adaptación del trabajador al modo capitalista de producción». Su argumento: la jerarquía organizacional nos entrena para aceptar condiciones de trabajo terribles[6]. No podemos permitirnos habituarnos al aburrimiento, a la monotonía y a la destrucción de nuestro espíritu emprendedor. (Ese podría haber sido el caso de Jesse Derris, de no haber dado el salto y fundado su propia empresa).

La primera vez que enseñé en Harvard me resultó abrumador. Pero la segunda vez fue mucho menos exigente. Cuantas más veces hagamos algo, más eficientes seremos. Esto nos permite hacer cada vez más y de manera simultánea. Por otro lado, lo complicado es cómo rendir al máximo cuando automatizas tu rendimiento.

Dwayne «La Roca» Johnson dio una gran charla sobre este tema a Los Angeles Lakers de la NBA. «Buscad estar entre la espada y [la pared]... Jugad enfadados»[7]. Personalmente, trato de forzarme para buscar la chispa que me hace avanzar cuando me empiezo a notar demasiado cómodo. Mi mente siempre está funcionando, y a menudo debo resistir la tentación de perseguir otra ambición antes de que la que me ocupa haya alcanzado un estado equilibrado y autosostenible. Olvido que el objetivo no es seguir moviéndome, sino subir de nivel.

Citando a mi contundente socio Stephen Ross: no te conviertas en un saltamontes. «Si tienes una gran idea, quédate con ella», afirma, «y no corras detrás de la gran idea de otro. Debes llevar una idea hasta su ejecución y asegurarte de que cuentas con el equipo adecuado para esta antes de permitirte saltar a otra cosa». Si te retiras demasiado pronto, no te permites recolectar el fruto de tus ideas y tu trabajo. Te escapas antes de recibir las ganancias, antes de que el mundo madure lo suficiente para ver lo que has creado. Sientes que necesitas perseguir la emoción, volver a encontrar la presión, pero pierdes la oportunidad de capitalizar de verdad. Finalmente, la rutina te desgastará. Una letanía de proyectos a medio terminar seguirán tu estela y socavarán tu autoestima.

Para seguir rindiendo a tu mejor nivel, incluso cuando la presión parezca disminuir, debes cambiar tus sistemas motivacionales, desde la ansiedad óptima del capítulo cuatro hasta la búsqueda de la grandeza. Te esfuerzas al máximo no solo para superar nuevos retos, sino para alcanzar la cima de tu propio potencial en constante crecimiento.

¿Qué puedes hacer hoy que no podías hacer ayer?

Cada vez que logro algo nuevo, inmediatamente busco construir sobre ese éxito; a menudo de maneras que no tienen por qué parecer evidentes de antemano. En cuanto comencé a invertir en empresas, empecé a labrar mi camino hacia *Shark Tank*. Una vez que conseguí el sello de aprobación de *Shark Tank*, eché abajo las puertas de Harvard. Una vez que logré enseñar en Harvard, me vi capacitado para escribir un libro. ¿Qué puedes hacer hoy que no podías hacer ayer y que te acerca a lo que deseas hacer mañana? Mientras sigas vivo, siempre habrá algo que quieras hacer en el futuro. Y cada nuevo logro de tu vida te coloca en una mejor posición para conseguir tu próxima hazaña.

Un experimento mental emocionante y liberador: si no hubiera límites y pudieras hacer lo que quisieras, ¿qué harías con tu vida?

◉ ◉ ◉

Jesse Palmer era un *quarterback* suplente en la NFL, pero veía algo en sí mismo que iba más allá del fútbol. «Hasta que no tuve la suerte de que me ficharan en un mercado tan mediático como el de Nueva York no fui consciente de mis posibilidades», me contó Jesse.

Jesse se convirtió en el primer atleta profesional en aparecer en *The Bachelor*, allí por el año 2004; y la audiencia vio en él algo especial. A partir de ese momento, Jesse continuó cosechando éxitos en televisión, utilizó su amor por la comida para convertirse en presentador de concursos de pastelería en el canal Food Network, trabajó como corresponsal del programa *Good Morning America* y presentó su propio programa llamado *DailyMailTV*. «No solía decir que no», recuerda ahora. «En un principio, decía que sí a muchas oportunidades para realmente darme la posibilidad de decidir si me gustaba hacer algo o no. Ni en un millón de años hubiera esperado encontrarme en el mundo de la gastronomía, un exjugador de la NFL que se dedica a hablar de *cupcakes* y pastelillos».

En realidad, Jesse no se vio obligado a alejarse de su profesión como *quarterback* suplente. Él seguía teniendo oportunidades. Pero veía su potencial en los medios y tomó la decisión de dar el salto. «Nunca es fácil alejarte de algo, de modo que, por más que salir en televisión para hablar sobre mi pasión me entusiasmara, me resultaba difícil reemplazar la adrenalina y la emoción del fútbol profesional…, pero tenía una oferta para trabajar en televisión, y ese es un tren que no pasa muchas veces en la vida, por lo que decidí que tenía que aprovechar la oportunidad», cuenta.

Jesse todavía no se ha bajado del tren. Actualmente es el presentador de los programas televisivos *The Bachelor* y *The Bachelorette*. Y ya no es el suplente de nadie.

◉ ◉ ◉

Visualiza tu ambición más grande; y luego da el primer paso. Haz la llamada, diseña la web, realiza el prototipo del producto, escribe el libro, da la charla, postúlate para el empleo, invita a esa persona especial a una cita, lo que sea; reúne tu fuerza, tu valentía y todo lo que has vivido hasta ahora y te ha conducido hasta este momento, y comienza a moverte.

Puedes pensar que es más fácil para los famosos que para el resto de nosotros; que alguien como la increíble actriz, mi amiga Scarlett Johansson, no debería tener problemas para empezar un negocio nuevo. Pero te equivocas. Hay una empresaria en su interior que llevaba años intentando salir, pero que, dada su prolífica carrera como actriz, nunca había tenido el tiempo ni la energía para propiciarlo.

Como muchos empresarios, la visión de Scarlett de su propia marca de cuidado facial, The Outset, había nacido de su propio dolor. Quizás la mayoría de la gente no lo sepa, pero Scarlett tuvo problemas de acné y otros problemas en la piel hasta bien entrada en la adultez. Encontró la solución en una rutina de belleza simple pero constante de limpieza, preparación e hidratación diaria de la piel. Mientras que la tendencia del mercado era ofrecer ingredientes agresivos y rutinas complejas, Scarlett creía que una piel extraordinaria comenzaba con productos básicos, y sabía que las personas podían beneficiarse de un enfoque similar, fácil y nutritivo.

«Como soy actriz», me contó, «he tenido que cuidar mi piel desde los ocho años. He probado prácticamente todos los productos del mercado y he trabajado con los expertos de mayor renombre en el campo de la belleza. A medida que fui madurando, también lo hicieron mis expectativas sobre los productos e ideales de belleza que estos representan. Identifiqué un vacío en el mercado para productos de cuidado facial sencillos y efectivos que simplificaran y mejoraran la rutina cotidiana. Pero, más importante, sentí que finalmente tenía la confianza suficiente como para compartir mi punto de vista».

Había una oportunidad clara. Tenía todo el sentido del mundo. El gran salto de Scarlett fue aceptar que no podría hacerlo sola. No podría dedicar todo su tiempo al negocio, tal como nos sucede a muchos de nosotros, de manera que necesitaba encontrar a alguien que lo hiciera, alguien que compartiera su pasión y pudiera convertir su idea en una empresa.

Jesse Derris y yo trabajamos con Scarlett para reclutar a Kate Foster, una empresaria cuya primera empresa emergente fue adquirida por una gran empresa mediática y que contaba con un historial de éxito como ejecutiva de belleza y moda en marcas de primer nivel, como Victoria's Secret, Ann Taylor y Juicy Couture. Ese astuto y comprometido dúo que juntas formaban, recaudó millones con el fin de respaldar su proyecto de una colección de cuidado facial cotidiano que sería el equivalente a esa « camiseta interior blanca y perfecta» del cuidado de la piel.

Había nacido The Outset, y, mientras escribo estas palabras, acaban de lanzar su web y se han establecido en todas las tiendas Sephora de Estados Unidos. Me enorgullece mucho aconsejarlas a lo largo de su recorrido. El camino de Scarlett es diferente del mío y, sin duda, muy distinto al de la mayoría. Pero la manera de pensar es exactamente la misma:

- ¿Cómo puedes convertir tu sueño en realidad?
- ¿Qué ingredientes necesitas para salir de donde estás y llegar a donde quieres estar?

- ¿Cómo puedes consolidar las ganancias que ya has logrado para que te ayuden a obtener más éxito en tu próximo proyecto?

Por supuesto, tal como sucedió en la asociación de Scarlett con Kate, pocas veces damos el salto solos.

8. Ríndete ante la grandeza de los demás

Conocí a Gary Vaynerchuk cuando todavía trabajaba para los Jets, allá por el año 2009. En ese momento de su carrera, Gary era un empresario de vinos en los suburbios de Nueva Jersey; o, para ser más precisos, un crítico de vinos de YouTube cuya audiencia no dejaba de crecer, una estrella en una plataforma naciente que intentaba expandir el negocio de vinos de su familia por medio del espacio *online*. Yo me iba a reunir con Gary —un fan acérrimo de los Jets— para intentar sacarle algo de su flamante fortuna con el fin de beneficiar al equipo y venderle un palco en el estadio.

No conocía a Gary, y, mientras me preparaba para nuestra reunión en una tienda de *bagels* de Springfield, Nueva Jersey, asumí que tendríamos una conversación amena sobre nuestros tintos y blancos favoritos, y que quizás aprendería algo sobre el negocio del vino. No podría haber estado más equivocado. De lo que no me di cuenta hasta que nos sentamos es que quizás Gary trabajaba en el negocio de los vinos, pero ese no era su destino. Era tan solo su puerta de entrada al mundo de Internet, y a un espacio *online* que él veía desarrollarse de maneras que sonaban disparatadas en ese momento, pero que serían absolutamente correctas en el futuro.

Pasó los diez primeros minutos de la reunión explicándome los movimientos sísmicos que se desatarían por los Mark Zuckerbergs y Jack Dorseys de turno, predicciones sobre hacia dónde se dirigiría ese mundo, patrones que identificaba y cambios que veía en los próximos años. Insistía en que Twitter era la prueba de que todos podíamos ser creadores de contenido, lo que dejaba a las empresas indefensas ya que la gente podía conectar sin necesidad de intermediarios y moverse a un ritmo que las organizaciones no podían seguir.

Presentó su idea de una agencia que podría conducir a otras empresas hacia el mundo de las redes sociales y podría demostrarles cómo derrotar al sistema antes que sus competidores siquiera identificaran que existía un sistema que derrotar... y todo tenía sentido. Su bravuconería frenética, intercalada con obscenidades constantes, lo habrían convertido en alguien fácil de ignorar. De hecho, eso es lo que la mayoría de las personas «serias» hacían cuando Gary hablaba más de la cuenta: lo minusvaloraban. En lugar de eso, deberían haber escuchado con más atención.

Sabía que, si le proporcionábamos los recursos adecuados, Gary sería capaz de cambiar la manera en la que los Jets se relacionaban con la afición. No le vendí un palco, pero cerramos un trato para convertir a los Jets en el primer cliente de VaynerMedia, la empresa de *marketing* que se disponía a lanzar, y le entregamos cuatro entradas para los Jets en la línea de cincuenta yardas (que aún conserva a día de hoy) a cambio de que desarrollara nuestra visión en las redes sociales.

Gary y yo hemos trabajado juntos desde entonces. Cuando me trasladé a RSE, Stephen Ross también detectó la astucia de Gary, y supo que podía convertirse en un factor diferencial en la construcción de nuestra cartera de clientes. Nos convertimos en sus únicos socios y adquirimos una porción significativa de su empresa. VaynerMedia ahora genera un cuarto de billón en ingresos anuales; entre sus clientes se encuentran TikTok, Unilever y PepsiCo; posee oficinas alrededor del mundo, y sus premios son demasiados como para contarlos. Esa agencia valiente que empezó gestionando cuentas de Twitter al mejor postor ahora produce anuncios de la SuperBowl para empresas de la lista Fortune 100. Gary también ha escrito cinco libros que han sido éxitos de ventas, y yo he estado a su lado a lo largo de todo el camino. Aquella persona a la que había escuchado desvariar en una tienda de *bagels* en Nueva Jersey no ha cambiado sus métodos; excepto que ahora, cuando habla, llega a veinte millones de personas con tan solo un comentario.

Yo lo vi, y otros también deberían haberlo hecho, si hubieran ignorado lo improbable que podía parecer que un vendedor de vinos parlanchín comprendiera el mundo *online* mejor que nadie en el planeta y hubieran cerrado un acuerdo con él.

◎ ◎ ◎

Hace poco, un amigo me preguntó cuál ha sido la clave fundamental de mi éxito profesional en la última década. «No es que hayas inventado un gran producto o construido un gran negocio», puntualizó. Y tiene razón. Pero lo que he hecho es una transición increíblemente importante de pasar de creer que tenía todas las respuestas y podía llegar a la cima por mí mismo a darme cuenta de que la clave del éxito a gran escala consiste en encontrar a aquellos que son mejores que tú en todo lo que vas a necesitar hacer, y rendirte ante su grandeza.

Es inspirador recibir una cura de humildad todos los días. Es fácil aburrirte contigo mismo, y resulta mucho más interesante disfrutar de la gloria de los demás, refrescarte a la sombra de las personas maravillosas que te rodean. Esa ha sido la mejor estrategia de mi vida, darme cuenta de que no podía con todo y que en cambio podía dedicarme a hacer crecer a otros y luego recolectar las recompensas de nuestro beneficio mutuo.

Este capítulo trata de servir y empoderar a otros. Para hacerlo de manera efectiva, existe una fórmula bastante simple: identifica sus talentos, no los límites y luego haz lo que puedas para liberar su potencial. Sigue ese plan de acción y aprenderás la misma lección que yo he aprendido en infinidad de ocasiones: la clave no son las ideas, sino las personas.

Identifica la grandeza

Ya hemos hablado de muchas de las cualidades que busco en los demás. En primer lugar, están los optimistas pragmáticos de los que hablé en el capítulo dos, quienes te ayudarán a nutrir y fortalecer tus ideas en lugar de desanimarte. Nunca he conocido a un pesimista que haya tenido un éxito apabullante. Y luego están aquellos que combinan confianza y humildad, la fórmula perfecta para convertirse en un empresario en el que valga la pena invertir.

Aquí presento cuatro características más que suelen ser indicadores de éxito:

- **Empatía.** Debes comprender a los demás, comprender sus necesidades y tener en cuenta su dolor. Debes salir de tu marco preconcebido y ponerte en el lugar de los que te rodean para poder ver una situación desde fuera, conseguir una perspectiva de trescientos sesenta grados y resolver los problemas con los que te encuentres.

- **Rebeldía.** No me refiero a ser terco o a estar siempre enfadado; con «rebeldía» quiero decir insistir en hacer realidad el futuro que has imaginado y no dejarte doblegar. Como Jeff Bezos dijo sobre Amazon: «Somos tercos en la visión. Somos flexibles en los detalles»[1]. No puedes ser una presa fácil. Tal como dijo la Dra. Laura Finfer en el capítulo seis, no puedes ser demasiado deferente con la autoridad. Si sabes que tienes razón, debes defender tu posición, y no callar si alguien se está equivocando o está llevando tu organización en la dirección incorrecta. Al fin y al cabo, todos tenemos poder de elección, incluso aunque el ejercicio de ese poder signifique darnos la vuelta e irnos.

- **Atención al detalle.** No son muchos los que creen que el esfuerzo incremental, por pequeño que sea, supone una diferencia desproporcionada, pero tienen toda la razón del mundo. No me refiero a la concepción negativa que a veces le damos al perfeccionismo, a perder el tiempo de forma obsesiva solo para evitar el error. Pero sí que creo que cuidar los detalles es más importante de lo que pueda parecer. «Cómo haces cualquier cosa es cómo lo haces todo», solía ser un reproche habitual de Mike Tannenbaum durante nuestra época en los Jets y los Dolphins. Es un antiguo cliché, pero es cierto. Admito que soy más detallista que mucha gente, pero es que los detalles importan. Yo los llamo indicadores de competencia. Si cometes pequeños errores, apuesto a que también cometerás errores garrafales.

- **Rematar la faena.** Entendí este concepto por primera vez trabajando con Eric Mangini y su intento de maximizar los esfuerzos de los jugadores en el campo de fútbol. Mangini les inculcó la noción de que tenían que esforzarse al máximo en todo momento, jugar hasta el silbato final y nunca bajar la guardia. Pero el concepto va mucho más allá del fútbol. En todas las personas que poseen un talento revelador, sea cual sea su ámbito, identifico ese deseo de ir un poco más allá de la recta final, ese anhelo de rematar la faena. Mi recuerdo favorito de todos mis logros profesionales y personales es un video en el que aparezco terminando la maratón de París. Nunca he sido un gran deportista; correr maratones era un ejercicio destinado a aprender a dosificar mi esfuerzo. Necesitaba utilizar una clase diferente de músculos mentales de los que utilizaba normalmente, encontrar la paciencia para desplegar mi energía durante un periodo de larga duración en lugar de en un solo estallido. Me había propuesto un objetivo singular para esa mañana en Francia: no terminar la maratón sin más, sino terminarla sintiéndome fuerte y correr los últimos kilómetros con más rapidez que el primero. Eso significaba que debía reservar energía suficiente como para correr a buen ritmo cuando empezara a vislumbrar la marca de los cuarenta y un kilómetros en el horizonte. «Nunca olvidaré la sensación de mi cuerpo regordete desplazándose a toda velocidad junto a la multitud de corredores que me acompañaban durante esos minutos finales. Existe una tendencia a cansarse o bajar el ritmo cuando vemos que la meta aparece a la vista. Lo complicado es luchar contra ese instinto, y darlo todo justo cuando pisas —y cruzas— la línea de meta.

◉ ◉ ◉

De manera que, si esas son las características que inclinan la balanza a favor de alguien, la siguiente pregunta es cómo aplicarlas. ¿Cómo traducir esas características en un éxito? Lo que he descubierto es que, en cualquier organización, debes cubrir cuatro áreas distintas, cuatro arquetipos que hacen que esta sea estructuralmente sólida: el Visionario, el Catalizador, el Ejecutor y el Comunicador. No es necesario que una sola persona ocupe cada uno de estos roles, pero tiene que haber un individuo con talento al mando de cada uno de ellos, y el fundador no puede estar a cargo de los cuatro. Debemos reconocer qué rol encaja mejor con nuestras habilidades y temperamento, y luego contratar y asociarnos con otros genios para que cubran resto.

El Visionario

El Visionario es la persona que puede ver más allá y predecir cómo se desarrollará el mundo en el futuro. Gary Vaynerchuk y su cerebro mágico son el ejemplo perfecto de esta categoría. «La manera que tenemos de ver el futuro es prestarle atención al presente», me explicó. «Yo escucho a las estadísticas, esté analizando las aplicaciones más descargadas, leyendo Reddit, 4chan, Discord, revisando Twitter, o evaluando a quien destaca en TikTok. De alguna manera, me considero como un cazatalentos en un sello discográfico de la década de 1970, la persona responsable de encontrar al próximo gran artista. Por aquel entonces, habría tenido que ir a bares y ver cómo reaccionaba el público, identificar cómo respondían a un grupo u a otro y luego asistir a un concierto tras otro para confirmar mi percepción. Nadie creería la cantidad de trabajo que hay detrás de cada una de mis predicciones. Las personas creen que estoy perdiendo el tiempo, pero, en realidad, lo estoy empleando para comprender el mundo, detectar patrones y predecir el futuro».

◉ ◉ ◉

Kelsey Falter fue la receptora del primer cheque que firmamos en RSE. Era una ingeniera y diseñadora de veintitrés años que se había graduado recientemente en la Universidad de Notre Dame, y había fundado una empresa, Poptip, que utilizaba el procesamiento de lenguaje en Twitter para sondear la opinión sobre empresas o ideas en cuestión de nanosegundos. Al recopilar y analizar texto no estructurado de tuits y realizar encuestas, podía ver qué le gustaba a la gente, qué no, qué la entusiasmaba, enfadaba, entristecía o emocionaba; y luego utilizaba esos datos para definir estrategias para marcas e individuos. No tardó en encontrar sus primeros usuarios entusiastas, que compartían su visión de que su software tenía aplicaciones tan diversas como vender calzado o detectar instintos suicidas en individuos incluso antes de que estos fueran conscientes de ello, y ayudarles. Ella imaginaba que los datos podrían identificar señales de alarma tempranas para que permitieran ayudar quienes lo necesitaran.

Kelsey lo tenía casi todo pensado, pero lo que resultaba más complicado era convencer a gente suficiente como para apuntalar su empresa a largo plazo. La imaginación de Kelsey podría haber llevado a Poptip a convirtirse en un negocio de mil millones de dólares, pero el mundo aún no estaba preparado para eso; de hecho, a Twitter y Facebook les llevó casi siete años lanzar la función que Poptip proponía. La idea, incluso con un comienzo prometedor, no es suficiente.

Lo que hace que la historia de Kelsey sea tan sorprendente es que, a pesar de su juventud, ella entendió de inmediato cómo funcionaba su mundo. Kelsey sabía que necesitaba más de lo que tenía en ese momento, y sabía que eso significaba que su empresa era vulnerable. «Teníamos un producto por el que las grandes empresas pagaban, amaban y utilizaban con regularidad», recuerda. «Pero estaba basado en asociaciones arriesgadas».

Kelsey poseía la confianza para darse cuenta de que el mundo quizás no iba a reaccionar exactamente como ella esperaba y deseaba. «Estábamos integrados con Twitter y Facebook, y teníamos acceso a sus datos», explica Kelsey, «pero era un panorama en constante cambio, y era difícil contar con la confianza de una asociación. No sabíamos si restringirían el acceso a los datos al día siguiente, y esa falta de control me preocupaba. Necesitábamos encontrar otra forma de avanzar, y yo sabía que me enfrentaba a la incertidumbre. Los cambios que Poptip necesitaba hacer para convertirse en un servicio de software exclusivo implicaban demasiado riesgo como para continuar».

Mientras Kelsey pensaba en cómo reducir riesgos, la empresa de análisis de datos Palantir Technologies, impresionada por el motor de datos de Kelsey, le ofreció comprar la empresa entera. «Vender no entraba en mis planes», dice, «pero quería cumplir mi palabra respecto a mis empleados y partes interesadas. Quería retornar capital a mis inversores. Sabía que podíamos haber logrado algo genial, pero no era el momento».

Kelsey conocía su producto lo suficiente como para tomar una decisión que resulta imposible para muchos emprendedores: vendió su empresa antes de que fuera necesario para evitar un destino potencialmente peor. «Conversaba con inversores mientras me reunía con posibles compradores», comenta Kelsey. «Asistí a presentaciones de ventas el día anterior de cerrar el acuerdo con Palantir, ya que deseaba conocer esas opciones para poder tomar la mejor decisión. Me centré en conseguir lo mejor para la empresa, aun sin saber qué es lo que eso iba a significar».

Kelsey pasó unos años en Palantir después de la venta para ayudar a modelar su visión. Ella tenía un talento descomunal, y poco después de llegar a Palantir, ganó la *hackathon* de la empresa, donde compitió contra algunos de sus ingenieros más experimentados. Palantir cotizó en bolsa, y Kelsey no tendrá que trabajar nunca más; pero, por supuesto, estará metida en alguna otra cosa antes de que leas esto, y yo estaré allí con ella, porque no solo creo en sus habilidades como Visionaria, sino en su confianza para analizar el futuro y actuar del modo más beneficioso. Nuestra inversión en Poptip multiplicó por siete la cantidad que figuraba en el cheque que firmamos inicialmente. Ahí aprendí la lección de respaldar al jinete y no solo al caballo. La moraleja es que, si encuentras a un verdadero Visionario y unes tu destino al suyo, acabarás teniendo éxito.

El Catalizador

Si el Visionario escribe el guion, este guionista necesita a un productor que coordine el rodaje de la película. El Visionario necesita al Catalizador para que reúna las piezas y construya la visión. En general, se trata de un individuo diferente. Los Visionarios rara vez cuentan con las herramientas necesarias para reunir al equipo que ejecutará su idea. Los Catalizadores necesitan ser motivadores y organizadores capaces de fichar a los jugadores necesarios, de motivarlos y comprometerlos con el proyecto. Si el Visionario plantea la idea, el Catalizador diseña el plan, lo divide en partes y dirige la acción en el día a día.

Sean Harper es uno de los mejores Catalizadores que conozco. Lo he mencionado unas páginas atrás como el fundador y director ejecutivo de Kin Insurance. Kin compite en una industria dominada por gigantes de más de cien años y ha demostrado que los mejores datos pueden cambiarlo todo. Sean pasó cinco años «reingeniando» cómo las aseguradoras evalúan las viviendas, reduciendo los cálculos a las variables que más importan y luego reinventando la experiencia del cliente para el siglo XXI, donde lo importante es acercarse directamente al consumidor y eliminar a los intermediarios. Todo conduce a una increíble historia de reinvención de la industria; y Sean es la persona perfecta para llevar el timón.

Sean combina pasión y temple de un modo que parece imposible para el resto del mundo. Su superpoder consiste en rebajar la tensión, otorgar a los demás el beneficio de la duda, hacer evaporar la ira y ver el bosque en lugar de los árboles. La industria de los seguros está extremadamente regulada. Existen muchos requerimientos complejos y, al mismo tiempo, sufre cambios y transformaciones constantes. Organizar y gestionar un equipo que destaque entre tanta complejidad supone un reto considerable.

«Mi equilibrio emocional es mi gran ventaja en este negocio», me contó. «Hace que a la gente le guste tratar contigo. Tener que gestionar las emociones de los demás y mantenerlos motivados cuesta. Si eres capaz de controlar tus emociones sin depender de que otros lo hagan por ti, entonces te conviertes en alguien con quien es mucho más fácil trabajar. Si otras personas confían en que no tendrás una respuesta emocional irracional a las cosas que suceden a tu alrededor, confiarán en ti, y estarán dispuestos a trabajar contigo y para ti».

Es un argumento extraordinario. Sean habla sobre los momentos en los que le ha visto las orejas al lobo y sus inversores le han preguntado: «¿Por qué no estás preocupado?». «En parte se debe a que yo poseo más información que ellos», explica, «como si tuviéramos que pagar las nóminas y no tuviéramos dinero, pero yo supiera que estamos trabajando en conseguirlo. Pero por otro lado no tiene nada que ver con la información, sino con controlar mi respuesta emocional. "¿Quieren que corra en círculos presa del pánico o prefieren que esté tranquilo y concentrado?", les preguntaba. Frente a esa pregunta, la respuesta es evidente. Por supuesto que es mejor estar tranquilo y concentrado. Es mejor para el negocio y para todos los que deben relacionarse conmigo».

Si esto te recuerda a alguien que conoces, mantenlo cerca, porque un Visionario no puede hacer realidad los sueños sin un Catalizador que lo levante de la cama.

El Ejecutor

Mientras que un Catalizador debe ver el bosque en lugar de los árboles, un buen Ejecutor puede ver los árboles e ignorar el bosque, centrarse en su rol específico y rendir a gran nivel. Un abogado es el Ejecutor de un sector particular de tu negocio. El director financiero (CFO, por sus siglas en inglés) es un Ejecutor. El director de tecnología (CTO, por sus siglas en inglés) también suele serlo. A veces estos se sienten infelices con esa tarea y desean alternar entre ser Visionarios y Catalizadores, en lugar de contentarse con utilizar su experiencia para encontrar la ventaja competitiva. En estos casos los Ejecutores sufren lo que yo denomino envidia de visión. Esto genera caos en las organizaciones, ya que terminan con visiones contrapuestas, discusiones en lugar de división de responsabilidades y un vacío en términos de ejecución.

Parte del problema puede venir de una ejecución débil de los roles de Visionario y Catalizador. Alguien debe cumplir con esos roles, y, si las personas en cuestión están fallando, entonces los Ejecutores sentirán la presión y obligación de intervenir, incluso aunque no sea su puesto natural. O, si se elogia únicamente la visión y se ignora al Ejecutor o se le considera una mercancía intercambiable, eso abre la puerta a la envidia y los problemas. Los grandes Visionarios y Catalizadores colmarán a los buenos Ejecutores de elogios, ya que saben que es un rol fundamental a la hora de optimizar resultados. Después de todo, ¡alguien tiene que hacer el trabajo!

Cuando pienso en grandes Ejecutores, siempre me viene Rachel O'Connell a la cabeza. Antes de asistir a la Escuela de Negocios de Harvard, trabajaba un banco de día y pasaba las noches realizando trabajos voluntarios en el mundo de la moda. «Era un chute de energía de lo más satisfactorio ayudar a esas personas creativas a cumplir sus sueños», me contó más adelante. Cuando asistía a mis clases en Harvard, Rachel no se consideraba una creativa visionaria, pero la idea de apoyar los sueños de otros creadores y aportar su granito de arena le entusiasmaba. Su plan era encontrar un contrato de prácticas en un minorista o fabricante tradicional, y ascender puesto a puesto, pero mis clases la inspiraron a acelerar ese proceso.

«Escuchar cómo otros empresarios compartían su pasión me recordó que lo que me motivaba no era trabajar en la industria de la moda o de la belleza. Lo que me apasionaba era ayudar y conectar de verdad con personas creativas. Buscaba encontrar de inmediato esa conexión en una asociación de negocios creativa desde un principio». Se trata del punto de inflexión del capítulo seis: no temas pensar a lo grande en lugar de arrastrarte por el camino incremental.

Tras conversar con ella después de clase, supe que Rachel tenía tanto talento como los empresarios que yo había llevado a Harvard, ya que la voluntad de ayudar a los visionarios es un talento en sí mismo. En lugar de envidiarlos y desear su éxito, se inclinó por un rol de apoyo igualmente importante. De hecho, en un destello de lucidez, supe cuál sería el trabajo adecuado para ella. De casualidad conocía a la leyenda de la cosmética Bobbi Brown, una mente creativa brillante que afirma no sentir interés por los números y que estaba buscando a un cerebro analítico que la ayudara con su nueva línea de productos. Rachel dijo que adoraba a Bobbi Brown, y no pude evitar pensar que esa asociación era obra del destino. Tomé mi móvil, lo apoyé sobre la mesa de la cafetería de Harvard y le dije a Rachel: «Si Bobbi contesta, es que el destino quiere que pase». Lo hizo, y, para cuando nuestra conversación hubo acabado, Rachel había conseguido una entrevista.

«Fue una oportunidad increíble de trabajar codo con codo con un líder creativo y ayudarlo a compartir su sueño con el mundo», comenta Rachel. Ayudó a Bobbi Brown a lanzar una nueva línea de cosméticos —la creadora y la analista, ambas alcanzaron nuevas alturas— y ahora trabaja en Estée Lauder, y tiene una carrera sin límites por delante porque sabe cómo ayudar y cómo ejecutar.

En todos los aspectos del mundo de los negocios, asegúrate de ser honesto contigo mismo sobre tus fortalezas y debilidades, y nunca intentes hacer encajar una pieza cuadrada en un hueco redondo. Si siempre has soñado con ser emprendedor, pero en cambio brillas en puestos de apoyo, no dejes que tu ego sabotee tu éxito. Conviértete en un Ejecutor de primera clase.

El Comunicador

Incluso aunque todo lo demás funcione, no hay que subestimar la importancia de ser capaz de explicar cuál es la misión de nuestra organización, y cómo la vamos a llevar a cabo. Saber contar una historia a un abanico de audiencias resulta crucial (desde inversores hasta empleados, pasando por clientes o medios) y no se trata de una habilidad extra que cualquiera puede aprender. He trabajado con empresas en las que sus ejecutivos intentan ser los narradores de su historia, pero, como no son buenos comunicadores, su proyecto nunca llega a arrancar.

Mi amigo Tom Carroll es mi arma secreta a la hora de contar historias. Lo llevo a empresas con dificultades para descubrir y articular sus propias historias. Tom era el director ejecutivo de TBWA\Chiat\Day, la agencia publicitaria global que lanzó a Apple en la década de 1980, y luego relanzó al gigante tecnológico con la revolucionaria campaña de «Piensa diferente» y el regreso de Steve Jobs como director ejecutivo en 1997. Tom trabaja con algunos de los comunicadores más talentosos del mundo, y le apasiona pensar en cómo crear marcas gigantescas e icónicas. Sin embargo, sus habilidades no son importantes solamente para captar la atención de los consumidores, sino que son cruciales para todos los implicados.

De manera intuitiva, todos comprendemos la importancia de la comunicación en el mundo B2C (de empresa a consumidor), pero sigue siendo igual de importante respecto al *marketing* B2B (de empresa a empresa). La frase «de empresa a empresa» es incorrecta, ya que los que están detrás de las decisiones de compra de las empresas también son consumidores, a fin de cuentas. Todo aquel a a quien le vendes algo es, en esencia, un consumidor. Cada venta es un intento de trasmitir una creencia de un individuo a otro. Fíjate que no he dicho «transmitir una necesidad». Las ventas involucran sentimientos. Detrás de toda creencia se esconde un imperativo emocional. Si parafraseamos al humorista Finley Peter Dunne, la verdadera comunicación consolará a los afligidos y afligirá a los cómodos[2].

No puedes olvidarte de la comunicación, incluso en aquellas industrias en las que esta no parece encajar. La estrategia de Kin para su empresa Insurance era imbatible: su gestión de datos era mejor que la de sus competidores y se adaptó a la «nueva normalidad» del cambio climático.

Al mismo tiempo empleaba una estrategia directa al consumidor, lo que facilitaba el autoservicio y la comunicación a través de mensajes de texto y redes sociales dentro de esa «nueva normalidad» imprescindible en cualquier industria en la actualidad. Pero su equipo no lo estaba comunicando bien.

Convoqué a Tom Carroll para darle una vuelta a la imagen de Kin —él acuñó la frase «nueva normalidad» —, y ayudamos a comunicar de una manera más efectiva que antes. La capacidad de sintetizar y difundir un mensaje puede reducir significativamente el tiempo de comprensión y aceptación del mismo. Si vas por delante del resto, la comunicación es la mejor herramienta para ayudarlos a ponerse al día.

Hace poco hablaba con Cathie Wood, una leyenda de la inversión, sobre cómo suele llevar más tiempo del que crees que los otros vean lo que tú ves. Ella quemó sus naves cuando dejó su trabajo como directora de inversiones de Alliance-Bernstein en 2014 para pasar a trabajar de manera independiente y fundar Ark Invest, donde realizó grandes apuestas en innovación a través de varios fondos cotizados, gestionados activamente; en su momento de mayor éxito llegó a contar con casi cincuenta mil millones de dólares de activos bajo su gestión.

Cathie me recordó que había promocionado Tesla mucho antes de que el potencial de la empresa se volviera evidente para el mercado. Efectivamente, en agosto de 2018 declaró en Twitter que la empresa poseía un precio objetivo de cuatrocientos dólares para sus acciones, lo que en ese momento hubiera significado una improbable capitalización de mercado de seiscientos setenta mil millones de dólares. Esa predicción tan audaz solo generó burlas. El mercado aún no estaba listo.

«No nos podíamos creer que nadie quisiera escucharnos», declaró Cathie al canal de noticias Bloomberg en 2020[3]. «Se burlaron. Lo que me hizo confiar todavía más en Tesla, porque lo que sucedía a medida que pasaba el tiempo era que los detractores aumentaban, a la vez que lo hacían las dificultades para entrar en la empresa».

Finalmente, resultó que Cathie se había equivocado, para bien: Tesla alcanzó el billón de capitalización bursátil en 2021. «El mercado es ineficiente y muchos de los que realizan las evaluaciones de innovación no cuentan con experiencia directa en esta», me explicó. Su oficina es el antídoto frente a esa problemática, ya que se encuentra poblada de jóvenes analistas atentos a cualquier nueva aparición. Esa cultura de curiosidad intelectual la ha colocado en el olimpo de los inversores, e incluso ha lanzado su propia línea de productos comerciales.

En algún momento, la gente se acaba poniendo al día y entiende lo que sucede a su alrededor. Pero un Comunicador adecuado es la ayuda perfecta para transmitir tu idea y hacerla realidad.

◉ ◉ ◉

Juntas, estas cuatro categorías constituyen las competencias fundamentales de una gran organización. Y, por supuesto, los responsables de cada una de esas competencias tienen que ser auténticos fuera de serie, ya sea como empleados o fundadores.

Como dije al inicio de esta sección, tú no te puedes encargar de todo, y yo soy un ejemplo de ello. Siempre me preguntan cómo logro dirigir empresas, cerrar tratos, enseñar en Harvard y estar en televisión; y la respuesta, sencillamente, es que no podría hacerlo si no contara con un equipo sobresaliente que trabaja conmigo en igualdad de condiciones para hacer que todo funcione.

Uday Ahuja, director de inversiones de RSE, ha estado a mi lado desde prácticamente el primer día. Graduado de la Escuela de Negocios Ross de la Universidad de Míchigan, Uday obtuvo distintos puestos de gran prestigio en Goldman Sachs en el sector de la banca de inversiones y luego en capital privado antes de finalmente llegar a RSE. Uday está en primera línea cuando decidimos llevar a cabo una inversión, estructura los acuerdos creativos, negocia los términos y gestiona nuestro equipo entero a través de todo el proceso de *due dilligence*. Algunos días, parece que todo el trabajo de Uday consista en lidiar con las necesidades caprichosas de personalidades difíciles y, a pesar de todo, se muestra imperturbable y ajeno a los problemas que aparecen en su camino. Él es la personificación de la firmeza necesaria para sofocar mi entusiasmo. En el aspecto legal, Corrine Glass es mi asesora general, una abogada graduada de Harvard que estudia con lupa cada palabra de cada acuerdo. A ella le fascina la estructura tanto como a mí, cuenta con una memoria infalible y siempre encuentra maneras ingeniosas para solucionar problemas que nunca se me habrían ocurrido. No se le escapa ni un detalle. Y, si bien Corrine es una abogada firme, siempre actúa teniendo en cuenta el panorama general —como solo saben hacer los mejores— y nunca deja que la parcialidad haga peligrar un acuerdo.

Juntos, logran ejecutar los procesos de gestión de inversiones de principio a fin, lo que me da la libertad de hacer lo que mejor se me da.

No hay nada más importante que comprender nuestros talentos e identificar nuestro rol en el panorama general. Pero reconocer nuestro talento y el de los que están a nuestro alrededor no es suficiente. También debemos reconocer lo contrario, es decir, cuándo alguien está causando la destrucción de una organización o limitando su potencial de éxito. Por lo general, los problemas se reducen a un simple patrón: alguien en la cima está dañando la organización debido a un comportamiento problemático y poco colaborativo que limita el potencial de todos los demás. Las personas difíciles —los Controladores, Tramposos, Víctimas, Mártires y Manipuladores— son palos en la rueda del potencial de otros y se convierten en escollos en la senda de la victoria.

No reprimas a los que te rodean

Tarde o temprano, a todos nos toca lidiar con personas complicadas, en especial si estamos atrapados en jerarquías controladas por otros y sujetas a sus caprichos. Esa es una de las razones por las que insisto en escapar de las jerarquías y labrar un camino propio. Uno de mis principios fundamentales es que, siempre que sea posible, no trato con personalidades difíciles. Si presencias que alguien es grosero, despectivo con las opiniones de los demás, hostil o irrespetuoso, incluso aunque no se dirija directamente a ti, evítalo. Pues el comportamiento que ves dirigido hacia otros en algún momento irá dirigido hacia ti. La excepción que me permito, siempre con mucho cuidado, es para situaciones en las que el arte es la base de la actividad. Yo defino al arte en términos muy amplios: artes visuales, actuación, arte culinario, escritura. El arte atrae a las almas atormentadas, de modo que en ese caso soy más tolerante ante las personalidades problemáticas. Eso no significa que tolere la maldad o la crueldad, pero a veces, en los momentos adecuados, no queda más remedio que tolerar cierto carácter, incluso cuando roza la altanería,.

Lo que debes recordar es que, cuando negocias por primera vez con otra parte —ya sea un inversor, un socio o un empleado—, estás contemplando su mejor versión. Nadie se presenta mostrando su peor cara.

De manera que si su mejor versión es difícil, o exhibe un comportamiento que no puedes explicar, predecir o tolerar, debes apartarte rápidamente. Por favor créeme cuando digo que no va a mejorar; solo irá a peor.

Existen cinco patrones de comportamiento que percibo constantemente y que perjudican a personas y organizaciones. Debes evitar ser uno de ellos, o interactuar con ellos. Si te encuentras con una de estas personalidades tóxicas, corre en dirección opuesta.

Controladores

Los Controladores son incapaces de valorar o alegrarse del mérito ajeno y de su contribución al éxito general. Estas personas están marcadas por la inseguridad o la necesidad de control. Se muestran resentidos frente a quienes poseen las habilidades de las que ellos carecen, o a cualquiera que no muestre el odio hacía sí mismos del que ellos hacen gala. Si te está yendo bien, entonces consideran que su misión es hacerte caer.

Si dependes demasiado de la orientación de otros, puede que te acabes topando con Controladores y te verás inmerso en el círculo de aprobación por parte de quien nunca te la ofrecerá. La mayoría de nosotros partimos de un planteamiento racional cuando lidiamos con los demás. Asumimos que un trabajo bien hecho será reconocido y recompensado. Los Controladores juegan con eso y acaban siendo una tortura para quienes les rodean.

Si trabajas con un Controlador, no esperes acabar sobreponiéndote. Debes alejarte. Tengo que admitir que sostengo dos perspectivas aparentemente contradictorias sobre la paciencia y el avance profesional. Por un lado, he visto cómo una mayor responsabilidad significa que estás progresando, incluso aunque no vaya acompañado de un aumento en tu salario. Quienes rinden a buen nivel serán recompensados con oportunidades de crecimiento, y en algún momento recibirán dicho aumento salarial. Así debería funcionar. Pero no es así cuando se inmiscuyen los Controladores. Se aprovecharán de ti durante tanto tiempo como tú lo permitas. Si tienes la mínima sospecha de que podrías ser un Controlador, antes de seguir aprendiendo las lecciones que propone este libro, debes dejar de reprimir a los que te rodean. Felicítalos. Reconoce sus talentos, cualesquiera que sean, y ayúdales a maximizarlos. Permite que la gratitud entre en tu corazón y lo que sea que te aqueje finalmente comenzará a sanar. Solo pueden salir cosas buenas cuando apoyas a los que te rodean.

Tramposos

Recibo decenas de mensajes en Instagram y LinkedIn, y siento culpa por no poder responder a la mayoría de ellos. Los leo, de verdad que lo hago, y rápidamente busco señales de problemas graves o depresión, ahí donde una palabra amable podría ejercer un impacto positivo. Estar rodeado de Tramposos tiende a generar esa clase de emociones. Les hace sentirse desesperados y no saben a quién acudir.

Hace poco recibí un mensaje en Instagram de una joven emprendedora a quien no conocía y que me llamó la atención por su gracia excepcional. Era la dueña de un pequeño negocio que creaba diseños llamativos para convertir coches en piezas únicas: chasis artísticos que dotaban de identidad a la vez que cumplían su función protectora.

Se puso en contacto conmigo para ofrecerme decorar mi coche con un tiburón tras mi aparición en *Shark Tank*, pero también para pedirme consejo. Me explicó que sabía que el trabajo que hacía tenía valor, pero, de alguna manera, no dejaba de encontrarse en situaciones en las que las personas simplemente decidían no pagar por su producto. Alguien le había encargado un diseño, y ella había trabajado en el pedido meticulosamente, día y noche, durante semanas. El cliente quedaba satisfecho con el trabajo. Pero no lo suficientemente satisfecho como para pagarle. Ese era un patrón recurrente. Las personas le encargaban un pedido, y luego encontraban defectos menores que magnificaban, se negaban a pagar… o simplemente desaparecían.

Ella tenía tanta aversión al conflicto que no se enfrentaba a esos ladrones, y había sido incapaz de reunir la confianza suficiente para modificar su negocio y exigir pagos por adelantado, ya que temía no recibir ningún pedido. Carecía de la autoestima para evitar a los Tramposos del mundo que deseaban robarle.

Yo le aseguré que su trabajo tenía valor, y que esas personas la estaban maltratando. Le dije que no tuviera miedo de exigir lo que le debían y que solicitara pagos por adelantado. Era una lección que debía aprender por sí sola y, con el tiempo, la aprendió. Ahora está prosperando, llena de confianza, y si te encuentras en la búsqueda de un diseño para tu coche, contacta a Christina McKay de Curvaceous Wraps y dile que vienes de mi parte. (¡Y paga por el trabajo!).

No siempre es algo tan descarado y extremo, pero, en esencia, los Tramposos son Controladores con el extra de la agresión. Buscan tomar tus cualidades y quedárselas, valiéndose de tu vulnerabilidad. Si deseas extraer valor de un genio creativo de forma honesta, necesitas ser empático con las limitaciones de los que te rodean, sin buscar explotarlos. Un gran líder le pagará a alguien un salario justo, aunque sepa que esa persona no se atreverá a pedírselo. Esto me recuerda a Michael Lastoria, de &pizza, y el trabajo que ha hecho a favor del aumento del salario mínimo: «la única forma verdaderamente clara de decirle a nuestra fuerza laboral: "Os valoramos"», asegura Michael. De hecho, un gran líder hará lo posible para compensar a sus trabajadores más vulnerables, porque es consciente del beneficio inconmensurable de que estos se sientan seguros; lo que eventualmente llevará sus dones a su máximo potencial.

Víctimas

En general, los buenos profesionales practican el agradecimiento. No dan el éxito por sentado, por lo que se entusiasman y lo agradecen cuando llega. En cambio, las Víctimas consideran que viven en un mundo de injusticia constante. Son aquellos que nunca superan sus traumas o las injurias de sus enemigos. Las Víctimas verán cada obstáculo del camino como la confirmación de que están siendo tratados de manera injusta. Esto impide el crecimiento y el éxito. Si sucede algo malo, puedes reconocerlo y aprender de ello, pero no deberías construir tu identidad alrededor de ello.

Cuando enfermé de cáncer a los treinta y dos años, asistí a un grupo de apoyo, en el que todos sus miembros estaban muy enfadados por formar parte de los siete mil hombres en los Estados Unidos que cada año tienen la mala suerte de ser diagnosticados con cáncer testicular. Hay que destacar que en realidad tuvimos buena suerte, ya que nos enfrentábamos a un cáncer con una tasa de supervivencia del noventa y cinco por ciento. Lo más probable era que después del tratamiento gozáramos de buena salud y una vida larga por delante. Cada persona es un mundo, pero yo no me identificaba con mis compañeros del grupo de supervivientes que lamentaban la consecuencia estética y desafortunada de tener solo un testículo. (En cualquier caso, nunca he pensado que esa fuera la parte más favorecedora de la anatomía masculina).

Tras mi cirugía, mientras recibía un tratamiento de radiación diario durante casi un mes en el centro Memorial Sloan Kettering, tuve una revelación en un momento de *«¿por qué yo?». »¿Por qué yo?»* es lo contrario a *«¿por qué* yo no?». No veía por qué tenía que ser otro quien ocupara mi lugar, pero tenía muchas razones para creer que me encontraba mejor equipado para gestionarlo que la mayoría de mis compañeros. Una gran cantidad de dinero. Un historial de traumas relativamente peores. Cierta afición al humor negro. Sí, ¿por qué yo no? Quizás le dé demasiadas vueltas, pero llevo con orgullo mi trabajo, mis logros, y también mis cicatrices. Estoy muy agradecido de ser diferente: de ser algo más, de nunca ser menos. El cáncer testicular era simplemente otra forma de excepcionalidad. De pronto, me había convertido en posiblemente la única persona en los Estados Unidos que después de presentarse al GED se había graduado de la escuela de derecho y tenía solo un testículo. (Y si me equivoco y hay uno más de nosotros ahí fuera, por favor contáctame por Instagram; ¡Compartamos una cerveza, amigo!). No perdí el tiempo quejándome por mi situación, y tú tampoco deberías hacerlo, sea la que sea. Tu destino no es ser una víctima. Siempre tendrás la última palabra, hasta que exhales tu último aliento.

Realmente creo que la gente no cambia ante las crisis. Estas solo amplifican sus fortalezas o debilidades. Durante una crisis, la victimización sale a relucir. Las Víctimas consideran que las crisis validan su visión del mundo. Todos están en su contra y es imposible triunfar. Y entonces, la predicción se vuelve realidad, y fracasan.

No caigas en esa trampa.

Mártires

Los Mártires son como víctimas que trabajan, pero no lo suficientemente bien como para justificar el desgaste psicológico que generan en una organización. Tienden a sobrecargarse y nunca alcanzan un rendimiento óptimo. Los Mártires abarcan todo lo que pueden —y más—, pero no lo hacen para ayudar al equipo. De hecho, lo hacen para confirmar su propia narrativa de tienen que asumir el trabajo de los demás.

La buena noticia es que los Mártires pueden moldearse y no son necesariamente malintencionados. Exactamente como Nick Stone de Bluestone Lane, que pasó de intentar hacerlo todo él a aprender a delegar, lo que permitió que su negocio alcanzara cotas más altas. Si puedes convencer a alguien de que lo mejor que puede hacer para una causa es delegar en personas más capacitadas para ciertas tareas, entonces esa persona puede redirigir su energía a guiar a otros en lugar de intentar hacerlo todo solo. Los directores ejecutivos a menudo se convierten en Mártires debido a la falta de madurez o experiencia, o a un deseo de evitar el conflicto. Si la empresa ha estado operando con recursos limitados durante un tiempo, es difícil cambiar una vez se poseen los recursos disponibles para contratar ayuda. En esos casos, el director ejecutivo no logra adaptarse y se aferra al estatus del héroe con el peso del mundo sobre sus hombros.

Los malos líderes pueden terminar recompensando a los Mártires como personas que trabajan duro y están dispuestas a hacer cualquier cosa, pero estos líderes fallan en reconocer que hacer no es lo mismo que lograr. El martirio y la victimización son dos caras de la misma moneda; para los Mártires, el universo los fuerza a llevar una carga injusta, y para las Víctimas, el universo hace que su éxito sea imposible. En ambos casos, la culpa es del universo, y ellos se niegan a tomar las riendas de su propio destino.

Manipuladores

En general pensamos en los manipuladores en el entorno de las relaciones personales, pero también existen en el mundo corporativo. Los Manipuladores corporativos son el último ejemplo de la influencia negativa con la que suelo toparme. Emplean su energía intentando reescribir la realidad en detrimento de los que los rodean, y a menudo poseen características narcisistas. Combinan rasgos de los Controladores, Tramposos, Víctimas y Mártires en una sola categoría, e intentan convencer a los demás de que lo que están viendo no es lo que realmente está sucediendo.

Volvamos a Elizabeth Holmes y Theranos. Ella es una Manipuladora corporativa clásica que hizo lo posible para evitar cargar con la culpa frente a las acusaciones que recibía e insistió en que todos veían algo que realmente no estaba pasando. Finalmente, por supuesto, su ficción se derrumbó. No es tan diferente a la historia de Enron, en la que su director ejecutivo Jeffrey Skilling solía atacar a miembros de la prensa y hacerles creer que eran estúpidos porque no comprendían su negocio, hasta que un periodista intrépido del *Wall Street Journal* se negó a ser intimidado.

◉ ◉ ◉

Estos cinco arquetipos indican qué es lo que no hay que hacer como líder y describen la clase de gente que deberíamos evitar en la medida de lo posible. Pero ¿cómo podemos verlo desde otra perspectiva? En lugar de limitar a los demás, ¿qué puedes hacer para aprovechar su potencial y, finalmente, aportar orden el universo?

Aprovechar al máximo el potencial de los demás te permite llegar más lejos.

Los mejores líderes alcanzan cotas más altas porque se rodean de personas que son mejores que ellos en todos los aspectos, y luego los empoderan para maximizar su potencial. Lo mejor de lograr grandes cosas es encontrar a la gente adecuada y conseguir que se unan a tu camino. Todos podemos ser cazadores de talentos, así como facilitadores y fans, y ayudar a los que nos rodean a aprovechar sus dones al máximo.

Puedes hacerlo de manera generosa y desinteresada al mismo tiempo. Puedes apoyar a otros para que alcancen la gloria, pero también puedes asegurarte una porción de su éxito. Me fascina cuando los empresarios en los que invierto se vuelven más ricos de lo que nunca soñaron y me fascina mucho más cuando obtengo una participación del veinte por ciento y veo una recompensa tangible por mi trabajo al hacerlos crecer. La pura verdad es que puedes volverte muy rico apoyando a personas con talento.

En mi opinión, uno de los mayores indicadores de éxito es que en cada nivel de una organización haya gente extraordinaria; a pesar de las cualidades de los fundadores de la misma. Prefiero ver emprendedores del montón rodeados de personas extraordinarias que fundadores increíblemente talentosos que no están dispuestos a rodearse de quienes podrían opacarlos.

Me gusta decir que jugadores de categoría B contratan jugadores de categoría C para hacerlos parecer jugadores de categoría A. Pero si un jugador B contrata a jugadores A, entonces ya deja de ser de categoría B. También se convierte en jugador de categoría A. Nunca serás opacado por gente extraordinaria que lucha por ti. La genialidad no es un juego de suma cero. Dentro de una industria en particular, podemos quedar atrapados en competir por la participación en el mercado y olvidarnos de que hay una estrategia incluso más efectiva que es expandir el mercado en general. No necesito que tu negocio de alimentos de venta directa al consumidor falle para que el mío tenga éxito. De hecho, tu éxito hará que más consumidores busquen encontrar mejores productos, ahora que saben que existen, y ambos negocios podrán arrasar con las ventas.

◉ ◉ ◉

Quiero terminar este capítulo compartiendo la historia de uno de los éxitos más grandes que ayudé a hacer realidad, la prueba de que reconocer y fomentar el talento de otros puede generar un gran impacto en las vidas de la gente y en el mundo.

Aidan Kehoe es el fundador de SKOUT CyberSecurity, una empresa que ayuda a negocios de todo el mundo a resolver sus problemas de seguridad. Creció en circunstancias no tan diferentes de las mías, pero al otro lado del Atlántico, en Irlanda. Emigró a los Estados Unidos cuando tenía veintitrés años, conocía a una sola persona en Florida y no tenía dinero ni visado, por lo que comenzó lavando platos en un restaurante. El dueño vio algo en él y le permitió abrir un bar al aire libre a cambio de un visado de trabajo. Aidan hizo exactamente lo que yo había hecho en McDonald's, se volvió indispensable en un puesto que quizás no era el de sus sueños pero era una oportunidad. Aidan trató de sacarle el máximo partido a su carismático acento irlandés y a su habilidad de barman para contar grandes historias. Poco después, el visionario constructor y propietario de campos de golf, Michael Pascucci, lo sacó de ese puesto y lo contrató para trabajar en el club de golf de clase mundial, el Sebonack Golf Club (cuyo campo fue diseñado por el legendario Jack Nicklaus), en Southampton, un lugar de descanso para los neoyorquinos adinerados que queda a tan solo un par de horas del este de Manhattan.

Aidan, empresario por naturaleza, absorbió la sabiduría de los miembros del club que lo rodeaban, buscó orientación, construyó su red de contactos, y finalmente lanzó una agencia de seguros de manera independiente que finalmente llegaría hasta RSE. Observé durante años cómo Aidan identificaba una oportunidad más grande que la venta de seguros: la ciberseguridad. Llevó a cabo el mismo proceso por el que había pasado cuando comenzó su agencia y consultó con cualquiera que pudiera brindarle algunos minutos de su tiempo para identificar una necesidad no cubierta en la industria. Finalmente la encontró. Los *hackers* atacaban cada vez con mayor frecuencia a negocios pequeños y medianos: objetivos fáciles que no podían costearse la seguridad necesaria y a quienes las redes criminales más importantes ignoraban. Los incidentes de *ransomware* se dispararon en los años que condujeron al nacimiento de SKOUT, y Aidan se lanzó a la oportunidad de ayudar a estas pequeñas empresas.

Con la ayuda de la familia Pascucci, Aidan lanzó su negocio y se convirtió en un autodenominado experto en ciberseguridad y director ejecutivo de SKOUT. A pesar de su falta de formación formal, empatizaba con los dueños de los pequeños negocios y hablaba su mismo idioma. Cuando les robaban su información, los dueños de los pequeños negocios no querían hablar con *call center* de otro país. Confiaban en Aidan, y él se convirtió en un recurso valioso. Pero Aidan sabía que, para construir el negocio, tendría que invertir mucho dinero durante un buen puñado de años. Necesitaba formar parte de una empresa inversionista de bolsillos profundos con capacidad de tolerar pérdidas. Nos convenció a Stephen y a mí de comprar esa empresa naciente directamente de sus manos.

En retrospectiva, creo que Aidan me hubiera podido convencer de invertir en cualquier cosa, ya que su talento era incuestionable. Cuanto más lo conocía, más me encontraba acudiendo a él en busca de ayuda para resolver los escenarios más complejos. Su habilidad residía en su capacidad de ver con claridad en situaciones de caos y comprender lo que realmente estaba sucediendo. Él era y es auténtico, escrupulosamente honesto, humilde y sumamente consciente de sí mismo, pero le faltaban las habilidades necesarias para hacer crecer un negocio. Su profunda empatía era, en general, un activo, pero, cuando se trataba de decisiones personales difíciles, Aidan optaba por atajar los puntos débiles y cargar con cada vez más peso sobre sus hombros para compensar. Un mártir de manual. Pero, como ya he mencionado, a los Mártires se les puede enseñar y a menudo son bien intencionados. ¿Qué es lo que hice? Llamé a la Dra. Laura Finfer.

Quería que la Dra. Finfer ayudara a liberar el poder de Aidan. Para ella, lo que volvía especial a Aidan era su voluntad de crecer, aprender y mejorar. La Dra. Finfer conversó con quince empleados de Aidan para comprender qué estaba sucediendo en la empresa, y escribió un informe de diez páginas de una honestidad brutal. Había problemas de comunicación, una definición poco clara de las responsabilidades de los empleados, de la visión de la empresa y muchos problemas más. La Dra. Finfer creía que los retos que el informe planteaba podrían ser insalvables, y que Aidan no era el líder que llevaría a la organización al siguiente nivel.

Pero Aidan nos sorprendió a ambos con la intensidad de su respuesta. Después de la semana necesaria para digerir el informe, Aidan se sentó en una sala de conferencias con la Dra. Finfer y conmigo y expuso las conclusiones del informe con tal honestidad y transparencia que la situación se estaba volviendo embarazosa. Llegó un punto en el que yo estaba más incómodo que él cuando debería haber sido al revés. Cuando terminó la exposición, se excusó un instante para entrar en la sala de conferencias contigua, donde se había reunido el equipo directivo.

«Quizás deseen hacer circular esto y leerlo, ya que nada de lo que está escrito aquí les sorprenderá. Yo tengo mucho trabajo por hacer».

Arrojó el informe al centro de la mesa y salió de la sala. Nunca había visto una declaración tan contundente en toda mi carrera. La Dra. Finfer tampoco había presenciado un movimiento tan valiente como ese. Por un lado, creía que era políticamente poco sofisticado —¿quién se presenta de una manera tan vulnerable frente a su equipo?—, pero, por otro lado, era brillante. Al admitir su debilidad —de hecho, al enseñársela a su equipo en negro sobre blanco— estaba reconociendo que no era perfecto, y que ellos tampoco lo eran. Estaba responsabilizándose de sus errores en lugar de ocultarlos e informando a su equipo que iba a poner solución a todo los ítems de esa lista. Aidan admitió que necesitaba ayuda, y se comprometió a cambiar.

«El informe cambió mi vida drásticamente», recuerda Aidan. «Nunca había tenido un *feedback* tan profesional y certero sobre mí mismo; pero lo que era genial era que me permitió trazar un plan para mejorar. Literalmente lo tuve delante de mí cada día junto a una estrategia concreta para cada uno de los problemas que se habían señalado. Comprendí que necesitaba crecer más rápido que mi empresa, o de lo contrario la organización se vería lastrada por mí y mis capacidades».

Compartir el informe con su equipo fue la manera que Aidan encontró de quemar sus naves. Una vez que su equipo lo había visto en su peor momento, no había retorno. Trabajó incansablemente para transformar su comportamiento y su negocio. De ahí en adelante, su equipo no volvió a dudar de su compromiso con la organización. «Lo que creas que estás ocultando», recuerda Aidan que yo le dije, «todos los demás ya lo saben. Así que, si los otros ya lo sabían, ¿por qué no compartirlo? Quería levantar la mano y decir: "sé que no soy perfecto, pero me dejaré la piel con tal de mejorar". Y así, cuando los demás vieron que estaba abierto a hablar de esa mejora, se aplicaron el cuento e hicieron lo mismo». Se convirtió en un círculo vicioso de autoconocimiento y de progreso aplastante.

Pero dicho así parece demasiado sencillo. Tras el informe de la Dra. Finfer, Aidan tuvo que recorrer un camino increíblemente arduo. En su hogar, las cosas no iban mejor —a su hijo mayor le habían diagnosticado un trastorno del espectro autista y su hija tenía problemas de salud— y, al mismo tiempo, habíamos incorporado inversores nuevos que estaban poniendo a Aidan contra las cuerdas. El remordimiento del comprador suele compararse con la acidez estomacal. Estos inversores sentían que Aidan les había presentado una valoración inflada, y estaban decididos a obtener su merecida retribución. Estaban sometiendo a Aidan a una presión implacable.

No es que yo no hubiera advertido a Aidan de que su equipo no sería rival para inversores experimentados. El líder de la empresa inversionista era un visionario maravilloso que había firmado por las mismas razones que lo habíamos hecho nosotros, para respaldar al jinete, pero estaba rodeado por tecnócratas —que menospreciaban los sentimientos, carecían de empatía y se centraban solo en los números—, y sabía por experiencia que desgastarían a Aidan. Por supuesto, ellos se limitaban a hacer su trabajo. Los tecnócratas del capital privado desconfían de aquellos que dependen demasiado de sus habilidades sociales, de manera que Aidan necesitaba reunir un equipo ambidiestro que fuera capaz de hablar en excel para los inversores y en humano para los clientes. Más fácil decirlo que hacerlo.

Aidan me llamó una noche habiendo tocado fondo. Me había enviado una fotografía de su hija cubierta de cables de un monitor electrocardiográfico, ya que le estaban realizando un estudio nocturno del sueño en busca de la causa de sus convulsiones. «Mi hija estaba en el hospital», recuerda Aidan, «y nuestros nuevos inversionistas estaban realmente descontentos. Algunos empleados habían dimitido, teníamos dificultades con las ventas, mi mundo estaba colapsando, yo no había dormido en semanas, y los clientes entraban en pánico por brechas de seguridad. Llamé a Matt y le dije que no podía seguir, y que me iría a fin de año».

Me levanté y salí a caminar. Aidan me hablaba llorando. «Creo que mi carrera ha terminado», declaró. «No estoy hecho para esto, y lamento haberte fallado».

«Llevo en este mundo lo suficiente como para saber cuándo alguien está acabado», le respondí, «y tú no estás ni cerca de estarlo. Cuando lo estés, te llamaré y te lo haré saber. Mientras tanto, necesitas un descanso. Tu hija está en el hospital, y tú te pasas las noches en vela. ¡Tienes que dormir!».

Fue un momento crucial para el negocio, y para Aidan a nivel personal. «Una vez te rindes, te sientes liberado», me explicó Aidan más adelante. «Sabía que todo iba a salir bien. Estaba tan involucrado en el éxito de la empresa y en sus trabajadores que solo quería asegurarme de no estar decepcionando a nadie». Tras esa conversación, lo logró. En cuestión de medio año, Aidan reconstruyó su equipo ejecutivo entero y agregó a dos líderes sénior absolutamente fantásticos, las dos contrataciones más importantes que nunca hizo, un director financiero y un director de ventas que yo sabía que revertirían el rumbo de la empresa. Además, reinventó el modelo de negocios, cambió la comunicación interna de la empresa, mejoró su salud personal, y finalmente encontró la calma que sigue a la tormenta.

Dos años después de tocar fondo, en 2021 Barracuda Networks compró SKOUT CyberSecurity por un precio muy superior a las nueve cifras antes de que la empresa cumpliera cinco años. Aidan ha ganado más dinero del que podría gastar en su vida, y más.

Uno de los nuevos líderes que habíamos reclutado no iba a cobrar su parte hasta un año después de cerrar el acuerdo. Cláusula que incluimos en su contrato para asegurarnos de que no se fuera. Por petición de Aidan, trabajé para cambiar dicho acuerdo y conseguirle un cheque por adelantado. Se lo merecía. El equipo entero se lo merecía. La transformación de Aidan fue el logro empresarial más extraordinario que jamás he presenciado.

La Dra. Finfer coincide. «En mi mundo», me explicó, «el *coaching* ejecutivo es efectivo cuando la persona es inteligente, se conoce a sí misma y está motivada. Aidan cumplía con esos tres requisitos, y eso representa un setenta y cinco por ciento del proceso. El resto es orientación por parte de aquellos que pueden aportar ideas nuevas o perspectivas novedosas». La Dra. Finfer apoyó a Aidan en ese camino. Yo lo hice, y también muchas personas que trabajaron con él. Aidan trabajó mucho, pero en realidad fue el trabajo en equipo lo que logró llevar al barco a puerto.

◉ ◉ ◉

Compartir la historia de Aidan me hace muy feliz. En un principio, no me daba cuenta de lo gratificante que resulta liberar el potencial de los demás, lo que prueba que el altruismo incrementa la sensación de bienestar[4]. La profesora Carolyn Schwartz, de la Facultad de Medicina de la Universidad de Massachusetts, descubrió que quienes ayudan son más felices y se sienten menos deprimidos que aquellos que no lo hacen[5]. Somos recompensados con una «sensación reconfortante» que ha sido identificada en las resonancias magnéticas cerebrales realizadas en pacientes que de un modo u otro están ayudando a los demás[6].

Me encanta descubrir los talentos ajenos y adoro encontrar formas de ayudarles a compartirlos con el mundo. He basado parte de mi vida en encontrar formas de dedicarle más tiempo a dicho descubrimiento. ¿Cómo no voy a ayudar a otros si tengo la oportunidad de hacerlo?

Quemar las naves también puede servirte para descubrir aquello que verdaderamente te emociona. Investigas e investigas, encuentras lo que resuena en tu alma y construyes una vida alrededor de eso. ¿Cuál es el objetivo? Lo mejor es que no tienes por qué decidirlo. Simplemente, sigues adelante.

9. Manifiesta tus sueños más locos

Crecí siendo un fan absoluto de los cromos de béisbol y, por alguna razón que no puedo recordar del todo, idolatraba a un jugador por encima del resto, al *outfielder* Andre Dawson, más conocido como El Halcón de los Montreal Expos (y más adelante Chicago Cubs). Bateador fuera de serie, *outfielder* impresionante, ganador de numerosos premios y finalmente miembro del Salón de la Fama del Béisbol, Dawson tenía un *swing* tan suave que hacía que lograr cuatrocientos treinta y ocho *home run* en su carrera (el número cuarenta y seis de toda la historia en alcanzar esa marca en el momento de la escritura de este libro) pareciera coser y cantar. Se dice que uno nunca debería conocer a sus héroes, o, en caso de hacerlo, esperar que le decepcionen, pero estoy bastante seguro de que Andre Dawson sería una excepción teniendo en cuenta lo que ha estado haciendo desde que se retiró del béisbol en 1996.

Puede que sea el cambio de profesión más inusual por parte de un famoso que se conoce. En 2003 Dawson comenzó a dirigir una funeraria en Miami, Florida, y desde entonces no ha hecho otra cosa. Tal como lo describen en ESPN y otros medios, él se encarga de todo, desde conducir un coche fúnebre hasta a recibir a los familiares afligidos. «Nunca se sabe a dónde te conducirá Dios», afirma, «y ni en mis sueños más locos me hubiera imaginado que acabaría haciendo esto. Pero siento que quizás sea mi destino [1]»

◉ ◉ ◉

Cuando piensas en esta historia, no suena como el clásico ejemplo de *quemar tus naves* de los que he hablado en este libro. Para ti, puede que no lo sea, y para mí tampoco. No deseo dirigir una funeraria. Honestamente, no me lo puedo ni llegar a imaginar. Pero el camino de Andre Dawson no es el mío. Le otorgo un enorme mérito por haber sido capaz de dejar de lado el estatus y la fama propias de su carrera deportiva profesional para perseguir la gratificación personal. Y, en cierta forma, su historia ejemplifica exactamente el argumento con el que quiero concluir este libro: *Quemar las naves* trata de ser el dueño de tu camino. Trata de buscar la mejor oportunidad de descifrar lo que es correcto para ti, de manifestar tus sueños sin importar cuáles sean y de cumplirlos independientemente de cuán descabellados, tontos o improbables puedan parecer.

Mica Johnson ascendió por la jerarquía del béisbol profesional como hizo Andre Dawson. Tras una temporada estelar en las ligas menores, en 2015 logró formar parte del equipo titular de los White Sox como segundo base en el primer partido de temporada y registrando una marca histórica en su segundo golpe. Pero su racha no duraría. Durante las siguientes cuatro temporadas, la carrera de Johnson sufrió altibajos, pasando por seis equipos diferentes y jugando, la mayor parte del tiempo, en ligas menores. Después de la temporada 2018, se retiró con tan solo veintiocho años. Pero ese no es el final de su historia. Mientras jugaba a béisbol, descubrió su pasión por el arte y empezó a dedicar su tiempo libre a la pintura. «El hecho de que a mis compañeros de equipo les gustara mi arte fue la inyección de confianza que necesitaba para seguir con ello», me contó. Y trabajó en su pasión con la misma energía que lo había hecho en el deporte. «Mis años como jugador de primer nivel me habían enseñado los resultados del sacrificio y el trabajo duro. Sabía que debía hacer lo mismo con el arte. No pararía de mejorar siempre y cuando siguiera esforzándome», dice. Johnson presentó una exposición en el centro de arte Atlanta Woodruff en 2017 —mientras aún jugaba a béisbol profesional— y comenzó a trabajar en encargos para jugadores, como retratos e incluso un tatuaje para un compañero de equipo. Podría haber continuado recorriendo la liga a trompicones con la esperanza de tener otra oportunidad para alcanzar la gloria. En cambio, escogió retirarse y concentrar toda su energía en su arte, con la confianza de que solo podía ir a mejor.

En 2019, sin trabajo ni ventas, Johnson descubrió los NFT y se dedicó de lleno a ese negocio. Su sobrino le preguntó si los astronautas podían ser negros, lo que lo embarcó en una misión artística que él sabía que iba a ser mucho más importante que el béisbol: crearía obras de arte para inspirar a los niños a soñar. Johnson se comprometió por completo con su misión. Se mudó de Carolina del Norte a New Hampshire con su novia y su hija pequeña durante la pandemia, y trabajó todas las noches en su estudio para crear una colección perfecta. Y durante el último año, ha generado más de dos millones de dólares en ventas gracias a su astronauta negro llamado Aku, que desde ese entonces se ha convertido en la primera propiedad NFT adquirida por un estudio de televisión. Pero la cosa no acaba ahí. «Aún no he alcanzado mi punto álgido», comenta Johnson. «Mi meta es llegar a millones de niños de todo el mundo, inspirarlos a comprender que pueden convertirse en lo que ellos quieran, a pesar de sus circunstancias o los obstáculos que deban superar».

Johnson ha ganado mucho más dinero como artista que como jugador de béisbol, un segundo acto de su vida simplemente extraordinario y que prueba que, cuando piensas que estás en el punto culminante de tu carrera, puede que solo hayas llegado al punto más bajo de tu destino.

◉ ◉ ◉

Laurie Segall trabajó de reportera de la CNN durante casi una década y cubrió empresas de tecnología como Facebook y Apple a partir de 2008. «Comencé justo después de la recesión», recuerda, «cuando no había cobertura de empresas emergentes. El iPhone acababa de salir y de pronto ir a Wall Street ya no era una novedad. A mí me atraían esos creadores, esos innovadores que comenzaban a aparecer en la escena tecnológica. Me resultaban interesantes sus productos y empresas, pero también quiénes eran como personas, y busqué cubrir no solo los aspectos tecnológicos, sino su relación con la humanidad y la sociedad».

Laurie se convirtió en corresponsal sénior de tecnología, lo que le permitió entrevistar a líderes del sector, como Marc Benioff, de Salesforce, Dara Khosrowshahi, de Uber, y a tener más conversaciones con Mark Zuckerberg que cualquier otro reportero. Pero también detectó cómo las noticias cambiaban mientras las personas se alejaban de las fuentes tradicionales de contenido, y ella deseaba estar a la vanguardia. «Siempre me había considerado pionera», comenta, «desde entrar en la televisión con una propuesta para crear una sección inédita hasta lanzar el primer programa de *streaming* de la CNN, y decidí que no quería esperar a que me dieran el permiso para seguir avanzando».

«Vi un video de YouTube de un rabino que explicaba cómo crecen las langostas», continúa Laurie, «y cómo necesitan atravesar un periodo de incomodidad para mudar de exoesqueleto. Y todo cobró sentido para mí. Eso es lo que debía hacer. Necesitaba crear mi propia empresa de medios en lugar de simplemente informar a partir de lo que otros hacían. Me acerqué a Jeff Zucker [exdirector de la CNN] y le anuncié que deseaba irme. Él me pidió que me quedara en algún sector de la empresa, pero yo sabía que no tendría éxito a menos que estuviera comprometida por completo con mi nuevo proyecto. Debía cortar el cordón umbilical. Jeff había sido mi mentor, y yo confiaba en él, y me sentía muy halagada de que me quisiera allí, pero le respondí: "¿Jeff, sabes cómo crecen las langostas?". Y se lo expliqué».

En 2019, Laurie lanzó la productora Dot Dot Dot, que se centraba en contar historias sobre la intersección entre tecnología y humanidad. «Había abandonado un trabajo por el que millones de reporteros matarían, pero sabía que deseaba crear algo nuevo». Dio el salto a pesar del miedo que sentía. «En parte fui capaz de hacerlo porque llevaba trabajando en los medios toda mi carrera», explica. «Hacemos que este proceso parezca fácil porque lo hemos superado. Colocamos a personas que queman sus naves en las portadas de revistas después de que hayan alcanzado el éxito; pero el fracaso y los altibajos constantes son parte del camino. Me fascinaba el periodismo, adoraba lo que hacía y era muy buena en ello, pero no era suficiente. ¿Cuánto tiempo puedes tolerar ese sentimiento de que te falta algo? ¿Cuánto tiempo puedes permitirte preguntarte si cuentas con el coraje de tener miedo antes de tomar esa decisión? Fue aterrador. Siempre lo es. Quizá no hablamos lo suficiente acerca del miedo».

Yo no podría haberlo dicho mejor. Tuve la oportunidad de conocer a Laurie, y su coraje y ambición me sorprendieron. Mientras conversábamos, ambos nos dimos cuenta de que su futuro estaba destinado a incluir la comunicación y la creación de contenido. Mientras escribo esto, ella se encuentra en pleno proceso de transformar Dot Dot Dot en la propiedad mediática multiplaforma que llevará el metaverso a las masas: Web 3.0, NFT, el futuro de Internet. Su extensa red de contactos en el ámbito tecnológico le permitirá no solo contar historias, sino ayudarnos a todos a crear y construir un universo *online* que conectará a los usuarios con el mercado de los NFT, las criptomonedas y la red *blockchain*, y se convertirá en el destino para aprender y beneficiarnos del sinfín de oportunidades que se ofrecerán en ese nuevo mundo. Laurie y su empresa se transformarán en la puerta de entrada al metaverso.

Nada de eso habría podido suceder de no haber dejado la CNN y establecerse por cuenta propia. «No tenía idea de cómo crear un negocio», admite, «pero ser reportera me enseñó una lección: si no sabes cómo hacer algo, le preguntas a alguien que sepa. Creo que especialmente las mujeres sienten ese miedo de que, si no saben cómo crear un negocio, no pueden crearlo; pero existen multitud de mujeres increíbles que lo han hecho, y me siento enormemente privilegiada de seguir sus pasos. Obtener mi independencia y la oportunidad de desgranar mi sueño en lugar de que otro apruebe mis ideas ha sido lo más difícil y gratificante que he hecho jamás».

◉ ◉ ◉

Laurie pone énfasis en la independencia que ganó cuando escapó de un mundo en el que los demás debían aprobar sus ideas. Ese es el verdadero secreto de una vida y una carrera que te emocionen cada mañana: necesitas encontrar el camino que te permita ser tú mismo, expresarte y liberar tu poder al máximo. Cuando estaba rodando mi piloto de televisión, terminé experimentando una felicidad que ni siquiera sabíaa que existía. Durante muchos años, a lo largo de numerosos proyectos, me había estado autocensurando, reprimiendo una parte de mí personalidad porque sentía que debía complacer o ganar la aprobación de otros. Estaba actuando desde el temor, intentando poner una marcha menos de mi capacidad total, consciente del síndrome de la amapola alta que expliqué en el capítulo dos. En otras palabras, estaba intentando evitar que me cortaran la cabeza.

Ahora bien, siendo el «talento» central del proyecto, tenía el poder de ser yo mismo al cien por cien, y esa libertad me resultaba fascinante. Como diría Curt Cronin en el contexto de un campo de batalla, había quitado el seguro. Resulta difícil alcanzar la grandeza si usas parte de tu energía en intentar reprimirte. Cuando hablo sobre ir en busca de tus sueños, no se trata simplemente de eliminar planes alternativos y redes de seguridad, sino también de, literalmente, poner todo de ti en tu proyecto y no guardarte nada.

Algunas veces el camino hacia esos sueños es largo y cuesta arriba, pero otras veces no es así. Sugared + Bronzed es una cadena de bronceado y depilación de gran éxito dirigida por una pareja, Courtney Claghorn y Sam Offit, quienes comenzaron en una tienda cuando tenían veintitrés años e hicieron progresar su negocio durante casi una década hasta inaugurar diez tiendas en todo el país. El margen de beneficio era significativo, y yo percibía un crecimiento brutal en su horizonte.

Mientras yo estudiaba su negocio, otro inversor quiso comprar la mayor parte de la empresa. Courtney y Sam se enfrentaron a un dilema: ¿recolectar el dinero y la recompensa de su arduo trabajo o seguir esforzándose para crecer todavía más y lograr un éxito mayor? No existe una decisión correcta o incorrecta cuando las opciones son retirarte con suficiente dinero para sustentarte a ti y a tus hijos durante el resto de tu vida o intentar seguir creciendo. En gran parte es cuestión de matices, pero también de quién eres y la clase de vida que deseas vivir.

«Creo que, como emprendedores, no siempre evaluamos los aspectos negativos y los riesgos», me explicó Courtney, «y eso realmente me hizo pensar en lo mucho que estábamos arriesgando al poner todos los huevos en una misma cesta. Creo que ahora que hemos vendido una participación de acciones mayoritaria, hemos disminuido la presión de «todo o nada» y hemos adquirido la capacidad de pensar con mayor claridad sobre la vida y los negocios. Pudimos comprar un hogar extraordinario y crear nuestro refugio. Y ahora podemos pensar con mayor claridad sobre cuál queremos que sea nuestro próximo proyecto empresarial, cómo ayudar a otras empresas emergentes a alcanzar el éxito, y también realizar más obras de caridad. En resumidas cuentas, me siento realmente feliz».

¿Quién puede culparla? Es decir, para muchas personas ese es el objetivo. Es por esa razón por la que se inicia un negocio en primer lugar. Para encontrar esa libertad y eventualmente respirar tranquilos.

Si yo hubiera estado en su lugar, habría vendido, o quizás no. Vendo empresas al mismo tiempo que las compro. Mientras trabajaba en este libro, mi equipo vendió SKOUT. Compramos Magnolia Bakery. Estamos cerrando acuerdos constantemente. Pero esta es la lección de este libro: en cuanto hago algo, analizo mi situación actual y evalúo cuál será mi siguiente paso.

No todos están dispuestos a colgar el guante de béisbol (y un salario de millones de dólares) para agarrar un trapo y limpiar una funeraria. No todos renunciarían a un trabajo como estrellas de la pantalla para la CNN. Pero esa es la idea. Esos son *sus* caminos. Tu camino será diferente a medida que descubras tus propios talentos, tus propias pasiones y tus propios deseos. Tu camino será único, el mío también lo es, y no escribí este libro para indicarte el camino correcto. Lo escribí para contarte cómo encontrar ese camino y cómo recorrerlo para poder vivir una vida significativa.

¿Qué es lo que solo tú puedes hacer? ¿Adónde te han conducido tus experiencias de vida, y cómo puedes volcar esas experiencias en el mundo? ¿Cómo quieres pasar tus días y qué legado deseas dejar?

La felicidad está en el camino

Cuando buscas depresión posmaratón en Google, aparecen casi un millón de resultados. Y, de hecho, la ciencia ha demostrado que los corredores sienten una tristeza emocional enorme después de terminar una maratón[2]. Existe una melancolía inevitable cuando alcanzas algo que has planificado y para lo que has entrenado tanto. La anticipación supera al logro. La búsqueda es lo que te brinda la felicidad, y el acto real —ya sea correr una maratón o cerrar un acuerdo importante— nunca puede igualar la anticipación. Kaitlin Woolley y Ayelet Fishbach, cuya investigación sobre el poder de la incomodidad mencioné en el capítulo cuatro, son los autores de una publicación denominada «La experiencia importa mucho más de lo que crees». Esta indica que importa más cómo nos sentimos cuando realizamos una actividad que cómo creemos que nos sentiremos de antemano, o cómo más adelante recordaremos que nos sentimos[3].

Incluso los atletas olímpicos experimentan este efecto[4]. Ganen o pierdan, se sienten psicológicamente desgastados cuando regresan a casa, y son proclives a deprimirse gravemente; en especial si no cuentan con un plan para lo que viene a continuación. El secreto mejor guardado de una vida exitosa es que la felicidad no está en dejar de trabajar o de aspirar a más. El éxito y la satisfacción están basadas en la búsqueda constante. Los éxitos, incluso en los niveles más altos, no mitigan este fenómeno. Se han hecho multitud de estudios sobre la decepción que se siente tras alcanzar grandes logros. Como se ha escrito en la revista *Harvard Business Review*: «Para estar completamente comprometidos, necesitamos experimentar un sentido de continuo crecimiento en el trabajo»[5]. Por esa razón Michael Jordan se retiró del básquet en la cúspide de su éxito y Jon Stewart abandonó el programa *The Daily Show*. «Creo que hay momentos en los que te das cuenta de que [ser maravilloso en algo] ya no es suficiente», declaró Stewart, «o de que quizás sea hora de sentir algo de incomodidad»[6].

«Realmente temía obtener la plaza», admitió la profesora de Harvard Francesca Gino. «Había visto cómo mis colegas la obtenían y luego atravesaban periodos de depresión. Habían trabajado tanto en busca de un objetivo, y luego todo se detuvo, y no era lo que ellos esperaban. Creemos que situaciones como ganar la lotería ejercerán un gran impacto en nuestra felicidad, pero, cuando suceden, nos adaptamos verdaderamente rápido. Los sucesos que consideramos tan importantes no terminan suponiendo un gran cambio. Por otro lado, es importante progresar hacia algo. Yo intenté darle la vuelta a la idea de lograr la plaza, no como un destino, sino como el hito de un camino mucho más largo cuyo objetivo era ejercer un impacto en el mundo. Debía evitar considerarla como un objetivo en sí mismo».

Puedes sentirte orgulloso de lo que logras; puedes mirar atrás y decir: «No puedo creer que haya llegado tan lejos», pero luego tu próximo paso debe ser mirar hacia adelante y darte cuenta de cuánto camino aún puedes recorrer.

◉ ◉ ◉

Joshua Becker es un expastor cuyos libros sobre el minimalismo han resultado ser auténticos éxitos de venta. Ha descubierto una inmensa alegría en compartir el mensaje de la simplificación, de cómo vaciar tu vida de las posesiones innecesarias puede conducir a una gran satisfacción[7]. No puedo afirmar que sigo al pie de la letra su filosofía minimalista —me encantan los coches de lujo—, pero no podría estar más de acuerdo con la idea de que las cosas, ya sean tangibles o la clase de logros que soñamos con alcanzar, no nos brindan la recompensa que esperamos.

Becker escribe sobre cómo esa sensación de vacío en el deporte se siente mayormente en la victoria[8]. «Cuando ganas», dice, «se elimina la búsqueda del objetivo. Ya no queda nadie por derrotar. Ningún obstáculo que superar... Pero tu vida no cambia de ninguna manera. De hecho, el trabajo empieza de nuevo la mañana siguiente»[9].

◉ ◉ ◉

Hay quien se pone a la defensiva cuando hablo de *quemar las naves*. Alegan que suena como una receta para una vida de perpetua insatisfacción.

«Tranquilízate, Matthew», piden. «¿Por qué trabajar tanto, esa persecución constante del siguiente logro, cuando podrías simplemente disfrutar de lo que ya has alcanzado y vivir una vida de placer?».

La respuesta es que *quemar tus naves* es realmente difícil. Pero es precisamente esa dificultad lo que nos hace felices. La felicidad no se encuentra en una vida de placer, sino en la lucha, la búsqueda, el propósito. Es difícil, y por esa razón es gratificante, y por esa razón vale la pena intentarlo.

Tan solo fijémonos en Marc Lore. Podría haberse retirado tras vender Diapers.com. Pero siguió adelante y lanzó Jet, que lo llevó a un éxito todavía mayor. Ahora ha decidido aspirar a más a través de Wonder, los Timberwolves y su ciudad del futuro.

O analicemos el ejemplo de Bobbi Brown. Vendió los derechos de utilizar su nombre para vender productos de belleza cuando lanzó su línea de maquillaje décadas atrás; y por esa razón no pudo llevárselo consigo cuando abandonó su empresa matriz Estée Lauder en 2016. Durante años, llevó puesto un collar con la fecha en la que terminaría su acuerdo de no competencia. En cuanto terminó, lanzó una nueva marca, Jones Road, cuyo objetivo era dirigirse directamente a los consumidores y se ha convertido en una estrella de TikTok a la edad de sesenta y cinco años.

O escuchemos a Gary Vaynerchuk. «No necesito validación externa», me cuenta, «porque estoy aquí para jugar. Me maravilla el éxito, los objetos elegantes, pero ocupan un lugar muy distante en comparación con mi obsesión por el juego y el proceso. Cuando pienso en los negocios, sé que las derrotas llegarán, pero a su vez me motivan para la próxima oportunidad. Me siento agradecido de poder ser parte de este juego y de hacer lo que hago todos los días».

◉ ◉ ◉

John Skipper fue presidente de ESPN, copresidente de Disney Media Networks y luego director de la empresa de medios británica de deportes llamada DAZN Group antes de decidir lanzar una empresa propia, Meadowlark Media, un estudio de producción de contenido que comenzó con el periodista deportivo y presentador de pódcast, Dan Le Batard, en 2021. La experiencia de John dirigiendo una empresa mediática multimillonaria demuestra que más grande no es necesariamente mejor, y que nada puede reemplazar la libertad de trabajar con personas que valoras en proyectos que te permiten aprender y crecer. Esa es la felicidad del camino.

«Después de veintisiete años como líder establecido», explica, «dirigir DAZN me dio la oportunidad de innovar, de ver la industria desde una perspectiva completamente diferente, de exponerme a un panorama empresarial mucho más internacional y de ver cómo era experimentar con modelos de negocios totalmente diferentes».

Más allá de eso, lanzar su propio estudio —a sus sesenta y tantos años— le hizo entusiasmarse de nuevo y alcanzar otro tipo de triunfos. «He aprendido mucho», afirma. «Nunca antes había empezado un negocio desde cero. Y, ahora, puedo hacer lo que quiera, decir lo que quiera y trabajar con personas maravillosas. En ESPN tenía la obligación de hacer siempre lo mejor para el negocio, pero eso a menudo significaba que, si alguien era un cretino con talento, teníamos que tolerarlo. Aquí, no tanto. Y eso hace que todo sea mucho más divertido. Puedo trabajar con personas que son genuinamente buenas y decentes y, por encima de todo, creativamente interesantes».

El camino correcto no tiene por qué significar aumentar tus ingresos constantemente. Ya he mencionado que el tamaño de una oportunidad no siempre se corresponde con la energía requerida para llevarla a cabo. Lo que quiero decir es que la dimensión de una idea tampoco tiene por qué ser proporcional a la gratificación. «Las personas creen que necesitan estar en la cima de la pirámide, pero lo importante es que seas feliz haciendo lo que sea que hagas», asegura John. «Yo dirigía una empresa que ganaba miles de millones de dólares, y ahora solo tengo veinte empleados… pero es mucho más gratificante porque la empresa me pertenece. No siempre debes ascender en términos de dinero. Haz cosas interesantes en su lugar». Mientras escribo estas palabras, Meadowlark Media acaba de cerrar un acuerdo de primera opción por varios años con Apple para producir contenido documental y *realities* para Apple TV. Conociendo a John, me muero de ganas de ver con qué nos sorprende a continuación.

Vive tus sueños en simultáneo

Aquellos jugadores de fútbol con los que hablo de sus carreras posdeportivas caen en una trampa predecible. «No me molestes con esto ahora», protestan. «Estoy concentrado en jugar, de manera que déjame terminar y ya me encargaré después del resto de mi vida». Pero todos caemos en esa trampa a menudo, ¿verdad?

- «No puedo encargarme de ello, estoy ocupado».
- «Déjame terminar este proyecto, y luego tendré tiempo para ocuparme del próximo».
- «Empezaré mi negocio cuando las cosas se calmen en el trabajo».
- «Tendré tiempo para mis aficiones… cuando me retire».

Todas esas son racionalizaciones que mantienen el *statu quo*. Pero la realidad es que el momento nunca será el adecuado. No puedes predecir cómo se desarrollarán las cosas y tampoco puedes programar tus triunfos. El mundo no te esperará. Para vivir una vida de perpetuo crecimiento, debes aprovechar lo que estás haciendo hoy para acercarte a lo que deseas hacer mañana, incluso aunque eso signifique hacer dos, tres, cuatro o diecisiete cosas a la vez. Al mundo le da igual si estás ocupado.

Las ideas no esperan, y seguir tu instinto no tiene nada que ver con esperar el momento adecuado. Nunca existirá mejor momento que el presente. Siempre estarás ocupado; o, al menos, siempre deberías estarlo.

¿Y sabes qué? En realidad las cosas son más fáciles si no esperas el momento adecuado. Tu momento de mayor ventaja es cuando estás más ocupado, cuando tienes proyectos emocionantes en marcha, un trabajo ejecutivo, tu empresa va como un tiro, acuerdos en proceso o personas con las que estás comprometido. Es entonces cuando debes presentar tu próxima gran idea, no cuando todo lo demás ya terminó y solo estás perdiendo el tiempo. No cuando estás desesperado buscando alguien que te diga que sí para tener un nuevo propósito y algo que hacer. Existe un dicho que a los jugadores de póker les gusta mucho y que aplica tanto al juego como a la vida: el dinero asustado nunca gana. Debes aprovechar esos momentos fugaces en los que las cosas están saliendo bien para lanzar tus nuevos proyectos, mucho antes de que realmente necesites hacerlo. El problema con la ventaja es que, cuando estás desesperado por encontrarla, ya es demasiado tarde para crearla.

Siempre debes estar abierto a la oportunidad, incluso aunque el momento no sea el indicado. Necesitas «confiar un poco en el destino», como a Curt Cronin le gustaba afirmar. Es una manera hermosa de decir que no necesitas contar con todas las respuestas desplegadas frente a ti para embarcarte en una gran apuesta. Solo necesitas tomar los primeros pasos tentativos en la dirección de tu ambición. Más allá de eso, confía en que el universo contribuirá a su manera. Debes estar abierto a recibir ideas, personas y una pizca de suerte en tu vida.

Mi socio de ochenta y dos años, Stephen Ross, vive según esta filosofía. Es dueño de los Dolphins, ha reconstruido el oeste de Manhattan, pero ¿por qué parar ahí? Recientemente decidió «reimaginar» Palm Beach como una sociedad pospandemia en la que se pueda trabajar desde cualquier lugar, llevó la Fórmula 1 a Miami y construyó un campo de golf de casi mil doscientos acres, entre otros tantos proyectos. Stephen le encargó una pintura al artista Peter Tunney que cuelga en su oficina central y que tiene grabada la siguiente frase: «Estaré ocupado durante el resto de mi vida». Seguramente lo estará, y lo disfrutará cada minuto.

Encuentra el punto de mayor impacto

Si hay una decepción que ha marcado mi vida es la certeza que las cosas podrían haber sido mucho mejores para mi madre y para mí si tan solo alguien nos hubiera ayudado cuando nos encontrábamos en nuestro peor momento. Si tan solo alguien se hubiera involucrado, reconocido nuestro sufrimiento, asegurado de que yo podía asistir al instituto, de que ella tuviera el cuidado médico que tan desesperadamente necesitaba, de que tuviéramos la comida suficiente, de que nuestro apartamento fuera seguro y estuviera limpio… mi infancia habría sido muy diferente.

Michael Rubin, director ejecutivo de Fanatics, comprende lo que significa ayudar a niños en dificultades. Con el éxito de su empresa, comenzó REFORM Alliance, una organización que intenta concienciar sobre las desigualdades del sistema de justicia criminal de Estados Unidos. Con un presupuesto de más de cincuenta millones de dólares —incluida una donación de diez millones de Jack Dorsey, de Twitter—, la organización ayuda a las familias damnificadas por leyes injustas de libertad condicional y provisional y aboga por un cambio en el sistema. En diciembre de 2021, en Filadelfia, antes de un partido de los 76ers, Rubin, el rapero Meek Mill y su compañero Lil Baby llevaron a veinticinco niños al estadio de la NBA para una «experiencia navideña»[10]. «Cada uno de estos niños tiene una madre o padre que actualmente se encuentra encarcelado o ha estado en prisión por un fallo del sistema», explica Rubin. «No cometieron un delito, pero fueron condenados a prisión». Los niños jugaron un partido en la cancha, y miraron el partido de los Sixers contra los Heat en primera fila. «Queríamos regalarles el mejor día de sus vidas», declaró Rubin[11].

◉ ◉ ◉

Mi amigo Curtis Martin fue *running back* durante once temporadas en la NFL y es miembro del Salón de la Fama del Fútbol Americano Profesional. Creció en circunstancias que hacen que mi infancia parezca fácil. Cuando Curtis tenía nueve años, su abuela fue apuñalada hasta la muerte en su habitación. Durante dos años, el asesino anduvo suelto, y Curtis y su madre vivieron con el temor de que el asesino volviera a por ellos, ya que su dirección había salido en el periódico. En las zonas marginales de Pittsburgh, Curtis perdió a dos decenas de amigos a manos de la violencia callejera, incluido su mejor amigo, a quien dispararon delante de sus ojos mientras daban un paseo. A pesar de no haber empezado a jugar fútbol hasta su último año de instituto, muy pronto cada universidad del país estuvo tras sus pasos. Pero él se sentía desdichado e insatisfecho hasta que descubrió la religión y se dio cuenta de que el fútbol podía brindarle un espacio, una voz, una manera de ayudar a otros y significado a su propia vida.

Para él, el fútbol siempre ha sido un medio para llegar a un fin, una manera de hacer el bien. En su único día libre de la semana, cada martes, recorría la ciudad de Nueva York y pasaba el tiempo con diferentes personas sin hogar que había conocido durante los años. Se sentaba a conversar con ellas desde una perspectiva más humana. Por otro lado, reunía a algunas de las personas más famosas del mundo en encuentros secretos y creaba un entorno seguro para que compartieran sus problemas. Deseaba llevar luz a las vidas de tanta gente que lo estuviera pasando mal como pudiera. El tormento de la infancia de Curtis podría haberlo vuelto resentido y amargado, pero, en cambio, lo tornó empático, generoso y sabio. Es un ejemplo de cómo podemos utilizar aquello en lo que somos buenos para cambiar y mejorar las vidas de los demás, incluso de los más necesitados.

◉ ◉ ◉

Sé lo que es sentirse impotente al intentar encontrar un camino hacia una vida mejor. He quemado mis naves porque quiero alcanzar una posición en la que pueda brindar la ayuda que yo nunca recibí. Ese es mi objetivo final. Veo el punto de mayor impacto, y trabajo para poder ayudar a que más y más personas superen su peor momento.

En los años posteriores a la muerte de mi madre, creé una beca en su honor en la Universidad de Queens, la beca Linda J. Higgins *Empowerment Scholarship*, que cada año se otorga a numerosas madres solteras. Sé lo difícil que fue para ella encontrar el equilibrio entre la maternidad y la educación, y deseo brindar a estas madres las facilidades que mi madre nunca tuvo. Estas mujeres han superado toda clase de obstáculos inimaginables para poder subir a ese escenario y recibir sus diplomas personalmente.

En 2019, cuando di el discurso dedicado a los ganadores de dichas becas, logré que las beneficiarias se levantaran de su silla. Tal como mi madre había hecho conmigo cuando tenía diez años, habían llevado a sus hijos al campus esa tarde, y yo viajé a ese mismo parche de tierra en el cual había jugado treinta años atrás. Es uno de los pocos recuerdos felices de mi infancia. El resto los bloqueé.

«Tameka y Rosanna», les dije. «Al igual que mi madre, habéis superado los obstáculos más difíciles para poder estar hoy aquí. No pusisteis excusas. No os hicisteis las víctimas. Y nunca, nunca os disteis por vencidas».

Estas beneficiarias de la beca son muy inspiradoras. Hablo con ellas cada año e intento ayudarlas más allá del dinero. Uno de nuestros encuentros recientes fue absolutamente desgarrador. Una madre soltera que había emigrado de Latinoamérica recordó cómo una noche se había quedado sin niñera para su hija de once años, de modo que la llevó al campus. La profesora no le permitió quedarse sentada en silencio al fondo del salón, ya que pensaba que sería alguna clase de infracción absurda del protocolo. La madre le contó al grupo cómo sentó a su hija en el suelo fuera del aula, le pidió que leyera en silencio y luego se echó a llorar. Su hija, su fuerte y pequeño torbellino, la abrazó y le respondió: «No, no, mami, está bien. Estaré bien. Estoy muy orgullosa de ti. ¡Puedes hacerlo!».

Otra ganadora de la beca llegó al país sin hablar ni una palabra de inglés, y nunca creyó que estudiar en la universidad fuera una posibilidad. Finalmente, se inscribió… y al poco le diagnosticaron cáncer de mama. El día en el que le comunicaron el diagnóstico también recibió la carta de Queens College que le ofrecía la beca que lleva el nombre de mi madre. Allí estaba ella, llorando mientras hablaba conmigo por teléfono; la beca era lo único que le permitía poder estudiar.

Me contó que releyó mi discurso inspirada por la historia de mi madre. «Si tu madre pudo hacerlo, yo también puedo», aseguró.

Mi madre predijo que su vida no significaría nada y que su memoria sería en vano. Yo no podía permitir que eso sucediera. Después de su muerte, el alcalde me preguntó si había algo especial que pudiéramos hacer para honrarla. Fue un gesto muy amable, y le dije que en realidad ella había expresado un último deseo. En sus últimos días en el apartamento, me suplicó que la llevara una vez más al campus de Queens College. Sin dudas era el único lugar donde era feliz. En ese momento, yo estaba muy ocupado preparándome para mi nuevo trabajo, y ese recuerdo llevaba años atormentándome. De manera que el alcalde hizo los arreglos para que su féretro recorriera el campus por última vez.

Estas becas me hacen sentir que estoy ayudando a mi madre a escribir el final de su propia historia. Su legado no terminó en soledad, en ese triste apartamento de Springfield Boulevard. Ella vive en esas mujeres fuertes y combativas; y yo soy su mensajero.

◉ ◉ ◉

Me postulé para presidente de Queens College cuando era estudiante, y sufrí una derrota estrepitosa. Se trató de mi primer fracaso real. Mi oponente era el ya fallecido José Peralta, un hombre amable y decente. Esa campaña para presidente fue el inicio de una vida en el servicio público, donde José construyó una carrera impresionante en la Asamblea el Senado del estado de Nueva York. Su compañero de campaña era Alan van Capelle. Cuando Alan se graduó en 1997, el sesenta por ciento de los estadounidenses se oponían a la idea del matrimonio gay. Alan podría haber aceptado el *statu quo*, pero en cambio, decidió ponerse manos a la obra. Se convirtió en el líder de un grupo activista llamado *Empire State Pride Agenda*. Luchó para cambiar los corazones y las mentes y, cuando eso no fue suficiente, luchó para cambiar a los políticos.

Después de que el proyecto de ley del matrimonio gay sufriera una reñida derrota en el Senado de Nueva York en 2009, Alan hizo campaña para que su antiguo compañero del Queens College, José Peralta, entrara en el Senado. José ganó y, dos años más tarde, suyo fue uno de los treinta y tres votos que permitieron aprobar la ley del matrimonio gay en el estado de Nueva York.

Comparto esta historia para explicar que todos podemos contribuir a cualquier tipo de cambio significativo mediante nuestras acciones. No te quedes ahí sentado sin hacer nada. Si observas detenidamente, verás que, en este momento, está pasando algo en el mundo que ahora aceptamos, pero de lo que nos avergonzaremos más adelante. Escoge tu causa. La verdad es que no importa cuál sea, siempre y cuando encienda una chispa en tu interior. Y ya encontrarás la forma de cambiar el sistema, paso a paso, nave a nave, mientras buscas los puntos de impacto y haces todo lo posible para mover el mundo en la dirección correcta.

◉ ◉ ◉

Mi amigo Darren Rovell es un ejemplo de cómo las pequeñas cosas, los ajustes mínimos, pueden cambiar por completo la vida de otro. Darren había sido reportero para ESPN durante años, pero su superpoder residía en ser un genio del «*trading* de arbitraje». Darren compraba objetos de colección en casas de subastas —ya sea en casas que no recibían publicidad, que habían enterrado ítems interesantes en lo más profundo de sus catálogos o que no sabían sacar partido a la historia de un objeto— que sabía que estaban infravalorados. Los objetos subían de valor el día que Darren los compraba simplemente porque era un maestro construyendo un discurso de venta. Revendía los objetos en aniversarios relacionados con el objeto en cuestión—como la fecha de un concierto en particular o de un evento deportivo— por el doble de lo que él había pagado originalmente.

A modo de ejemplo, Darren invirtió durante años en Warren Buffett, ya que notaba una desconexión entre el cariño que la gente sentía por el «Oráculo de Omaha» y la falta de coleccionistas de objetos del mismo. La inversión dio sus frutos en 2022, cuando Darren vendió su pieza más valiosa por millones de dólares. Más de doscientas veces lo que él había pagado por ella. Se trataba de la firma de mayor tamaño de Buffett (casi treinta y dos centímetros) realizada sobre una lámina de dieciocho billetes sin cortar y sin circulación del Tesoro de Kansas City. Así funcionaba la mente de Darren: hacía conexiones que otros no veían y descubría cómo transformarlas en narrativas convincentes que conmovían a la gente. Eso es lo que lo convertía en un excelente reportero.

Yo veía que las habilidades de Darren requerían de autonomía para que su mente pudiera vagar y funcionar a máximo rendimiento. Utilizar sus capacidades de reconocimiento de patrones como reportero no le daba esa libertad. Sería de mucho más valor en un contexto de negocios en el que él pudiera participar directamente. De manera que alenté a Darren a seguir ese instinto que yo sabía que poseía y deseaba aprovechar.

Pero no fue fácil reunir el valor para quemar una nave enorme y prestigiosa como ESPN. Le costó mucho dar el paso de buscar otras aspiraciones tras años de gran éxito como reportero en ese gigante de la comunicación. Yo quería que comenzara un fondo de inversión y pusiera su mente de genio a trabajar, o al menos se involucrara en las etapas iniciales de una empresa joven y utilizara sus habilidades para ayudarla a encontrar el éxito. Veía en él un inmenso talento listo para ser liberado.

Mientras tanto, en RSE firmamos un cheque para ayudar a fundar una empresa emergente de apuestas deportivas. Me di cuenta de que por fin había llegado el momento: si Darren podía gestionar el contenido para la marca y tener una participación accionarial en el negocio, podía cambiar su vida. Era una combinación perfecta. «Yo no estaba listo para comenzar mi camino como emprendedor a tiempo completo», recuerda Darren, «pero tampoco me sentía cómodo con las personas que controlaban mi carrera. Sentía que eran buenos en las reuniones, pero no destacaban en la ejecución. Al mudarme a una empresa emergente, por primera vez en mi vida tuve menos jefes y sentía que verdaderamente estaba controlando el destino de mi negocio».

Su acuerdo le aseguró una posición fundamental en términos de contenido y construcción de marca y le otorgó una participación en la empresa. Quemó sus naves y cambió su vida. Menos de tres años después de que Darren se uniera, la empresa se vendió, y él ganó el dinero suficiente para emprender su próxima aventura. «He estado haciendo lo que amo cada día durante los últimos veintiún años», explica. «Pero la decisión de dar el salto fue la mejor iniciativa que jamás he tomado».

◉ ◉ ◉

Mi amiga Julianne Hough es otro ejemplo de alguien que decidió conducir su vida hacia una dirección más plena y gratificante al encontrar su punto de mayor impacto potencial. Valiéndose de su experiencia como bailarina, cantante y actriz —ganadora en múltiples ocasiones y luego jueza de *Bailando con las estrellas*—, Julianne deseaba llevar la danza al público general. Lanzó KINRGY, una plataforma de bienestar que brinda a las personas un medio para mantenerse mental y físicamente saludables mediante ejercicios basados en la danza que incorporan movimiento, ejercicios de fuerza, respiración, visualización y meditación. KINRGY comenzó como un conjunto de clases presenciales, pero se mudó al mundo *online* durante la pandemia del COVID-19, donde Julianne y un grupo de guías entrenados y cuidadosamente seleccionados ayudan a miles de usuarios y suscriptores a alcanzar su máximo potencial.

«La danza, para mí, siempre ha sido mi superpoder», me contó, «y creo que es un poder que todos poseemos. En todo el mundo, la gente baila para celebrar, para cuidar sus cultivos, para la fertilidad, para sanar. Es un lenguaje universal». Julianne considera que la danza es la manera más rápida para que alguien pueda cambiar su estado mental, ya que el movimiento está relacionado con la conexión emocional, y ella anhelaba entregarle ese poder al público. Se dio cuenta de que estaba aprovechándose del mundo, cuando en realidad deseaba devolver lo recibido, y decidió utilizar su pasión para crear un negocio.

«¿Cuándo llevarás *Bailando con las estrellas* al gran público?», era la pregunta que siempre le hacían, y ella buscó entregarle a la gente esa misma clase de experiencia holística y completamente inmersiva a gran escala, contribuir al sentimiento de que todo es posible. Julianne comprendió sus habilidades y comenzó a construir un equipo que la ayudara, personas que entendieran cómo convertir su talento e ideas en un negocio. Así nació KINRGY, y ahora Julianne se ve a sí misma no solo como una bailarina y una celebridad, sino como alguien que puede ayudar a la gente a alcanzar sus sueños. Un año después de la fundación de la empresa, Julianne conoció a mis estudiantes de Harvard para dar una clase en mi curso, no como estrella de televisión, actriz o cantante, sino como la fundadora de un gran negocio y líder de un movimiento. Con KINRGY, ha empezado a escribir el próximo gran capítulo de su vida.

No existe el puerto final

Cuanto más territorio conquistemos, más capacidad tenemos para ayudar a otros, para servir y devolver lo recibido, y también para mejorar nuestras vidas y futuro.

Pero ¿cómo? Cuando termines este libro, ¿cómo puedes comenzar a *quemar tus naves* de verdad? La mayoría de iniciativas implican un riesgo y, en última instancia, muchos negocios fracasan porque únicamente nos enfocamos en encontrar respuestas en lugar de cuestionarnos si estamos haciendo las preguntas correctas en primer lugar. Te lanzo algunas preguntas más que debes hacerte mientras absorbes las lecciones de este libro y te preparas para comenzar tu próximo camino:

- ¿Qué es aquello que solo yo puedo hacer?
- ¿Qué ideas identifico que nadie más está aprovechando?
- ¿Qué me hace especial, y cómo puedo aprovecharlo al máximo?
- ¿Qué es lo que realmente *deseo* hacer en lo más profundo de mi ser?

No necesitas tenerlo todo resuelto, y, si crees que lo tienes, te garantizo que fracasarás. La señal inequívoca de la falta de autoconocimiento es la confianza total en tu plan y en tu habilidad para ejecutarlo. Los problemas engendran soluciones. Colócate en una situación difícil para la cual no tengas respuestas y sorpréndete con la profundidad de tu ingenio y tus habilidades para la resolución de problemas.

◉ ◉ ◉

Mucha gente se opone a la noción de que no hay puerto final. Piensan que quiero decir que nunca se relajen, que nunca descansen, que nunca digan que han acabado. Ese no es el mensaje que estoy intentando transmitir. Al recorrer tu camino, quizás encuentres una isla donde quieras construir un hogar, quedarte un tiempo, asentar tu base y vivir una vida libre de la presión constante de lograr algo nuevo. Estás recuperando fuerzas, y tienes permiso para hacerlo. Todos lo necesitamos. Pero, en algún momento, sentirás esa punzada de nuevo. No puedes quedarte en un lugar para siempre. A menos que seas una persona inusual, constituida de una manera diferente a casi todas las personas que conozco, quedarte quieto no te brindará la misma alegría que continuar prosperando y lanzándote hacia nuevas aventuras.

El mayor arrepentimiento que la gente experimenta en el lecho de muerte es que nunca persiguieron sus sueños más audaces. Mientras terminaba este libro, desayuné con Scott Tannen, el fundador y director ejecutivo de Boll & Brunch, una tienda de artículos de lujo para el hogar que he visto crecer desde dentro. Tannen en sí mismo es la personificación perfecta de muchas ideas de este libro. Ya había tenido un gran éxito al fundar y vender Candystand, uno de los sitios de juegos *online* más grandes del mundo, pero, cuando él y su esposa, Missy, estaban renovando su casa, tuvieron una revelación

Tras observar la industria de la decoración de hogares, Scott y Missy detectaron que al mercado le faltaba una marca de lujo que realmente estuviera en concordancia con los valores de los clientes a quienes intentaba vender. Scott vio una oportunidad de reinventar la cadena de suministro y trabajar directamente con fabricantes de todo el mundo de manera ética y justa; siete años más tarde, la empresa ha recaudado más de cien millones de dólares.

«No nos podíamos creer que no existiera una marca o producto que claramente fuera "la mejor ropa de cama"», me contó Scott. «De manera que creamos una».

Era una idea que otros podrían haber tenido, pero no había sido así, «una oportunidad desperdiciada que mucha gente, durante mucho tiempo, dejó pasar», declara Scott.

Esa mañana, mientras desayunábamos, Scott mencionó de pasada que, tras una larga búsqueda, finalmente habían encontrado una agencia que se haría cargo de dirigir su estrategia de redes sociales de manera efectiva. Pagó diez mil dólares y la empresa generó ingresos por trescientos mil, con un ochenta por ciento de margen. Fue algo increíble, me dijo, y admitió que habían pasado por muchos intentos fallidos antes de descubrir esta agencia. Cuando me dijo el nombre de la agencia, de inmediato me resultó conocida, porque era la misma empresa —Village Marketing— de la que yo recordaba haber oído hablar en innumerables ocasiones durante los últimos años. Le dije a Scott que tenía que conocer a quien fuera que estaba a cargo de esa agencia y descubrir si podía utilizar sus servicios para mi cartera de clientes.

Cuando llamé a Vickie Segar, que comenzó con su empresa en 2013, me recordó que no era la primera vez que hablábamos. Ella había sido directora de *marketing* en Equinox de 2010 hasta 2013, y acababa de dejar su cargo cuando tuvimos una conversación sobre un posible trabajo, una de las primeras vacantes en la entonces incipiente empresa de relaciones públicas de Jesse Derris. Por aquel entonces, Vickie tenía una visión sobre cómo se debía enfocar el *marketing* y sentía que nadie la escuchaba. «No había dudas de que los consumidores pasaban cada vez más tiempo en redes sociales», explica Vickie, «pero no pasaban tiempo con las marcas, sino con las personas. De hecho, si bien la mayoría de las marcas continuaron intentando forzar a sus clientes potenciales a interactuar con sus páginas de redes sociales, yo quería interactuar con ellos donde ya se encontraban, insertar las marcas en conversaciones que los clientes estaban teniendo con otros clientes.

«El descubrimiento de que los consumidores estaban pasando su tiempo en redes con otras personas en lugar de con las marcas era evidente para mí», continúa Vickie, «pero, al parecer, no para el resto de la gente». El modelo existente de agencia no estaba diseñado para trabajar con *influencers*, no incorporaba esa estrategia, lo que dejó la puerta abierta para que actores pequeños como yo domináramos ese espacio».

Era la misma sensación que tuve cuando conocí a Gary Vaynerchuk. Vickie tenía ideas increíbles, y realmente comprendía su campo. Intenté de manera desesperada que se uniera a nuestro equipo. Sabía que Derris sería gigantesco, y que ella era exactamente la clase de genio que necesitábamos. Pero nos rechazó.

Vickie recuerda que rechazó el trabajo porque sabía que esa era la única oportunidad para lanzarse por cuenta propia y ver si podía tener éxito. Hablando con ella ocho años más tarde, lo había logrado. Empleaba a ciento cincuenta personas, ganaba catorce millones de dólares en ingresos, y —mientras combinaba todo esto con la crianza de dos niños— se había convertido en la mejor en ese nicho de la industria. Podría haber trabajado para mí y, en lugar de eso, se convirtió en una empresaria increíblemente exitosa.

«Como mujer en el ámbito de las empresas emergentes de hace una década», me explicó Vickie, «comenzar una familia —o pedir una baja por maternidad de cualquier clase— estaba visiblemente desalentado. Yo fundé mi propia empresa porque necesitaba crear un entorno en el que pudiera ser la madre que deseaba ser y a la vez mantener la carrera que tanto me apasionaba. Necesitaba flexibilidad. También sabía que contaba con la oportunidad de ayudar a abrir camino para otras mujeres, lo que me condujo a fundar una empresa compuesta íntegramente por mujeres con un entorno de trabajo flexible desde su origen».

Es una historia edificante: la de un negocio de éxito y, más importante, una vida de éxito. En febrero de 2022, vendió su negocio a la mayor empresa de publicidad existente, WPP, lo que le otorgó libertad financiera para ella y su familia; casualmente, lo hizo tan solo unos meses antes de que Jesse también vendiera su empresa. Ese momento en el que ella escogió creer en ella misma en lugar de convertirse en nuestra empleada, cambió por completo la dirección de su vida.

◉ ◉ ◉

Y esa es realmente la meta, ¿verdad? Para que la acción de *quemar tus naves* te brinde verdadera satisfacción, debe existir un porqué detrás, una meta que haga que todo el esfuerzo valga la pena. Desde luego que la felicidad se encuentra en el camino, pero aun así debes estar impulsado por una meta más grande que el enriquecimiento personal o la gratificación del ego. La búsqueda de la excelencia puede ser una gran fuerza motivadora, por supuesto, pero si no existe algo más, las victorias pueden empezar a parecer carentes de significado.

Para mí, todo se remite a mi infancia. Tengo el deseo de construir una plataforma —y los fondos para respaldarla— que ayude a aliviar la clase de sufrimiento que mi madre y yo tuvimos que tolerar. Me rompe el corazón escribir esto, pero lo último que me dijo mi madre cuando crucé la puerta esa mañana para dirigirme al Ayuntamiento era que prometía comer puré de manzana a partir de ese momento. Quería bajar de peso. Quería vivir. Quería subirse a un avión por primera vez y sentarse a observar el océano. En su último día en la tierra, aún tenía sueños, y deseaba con desesperación tener otra oportunidad para realizar los cambios que quizás podrían haberle salvado la vida. Ella no lo podía saber, pero ya era demasiado tarde.

No es demasiado tarde para el resto de nosotros. *Quemar tus naves* es una receta para no dejar ningún sueño sin cumplir, ninguna ambición en el olvido. Todos necesitamos darnos la oportunidad de descubrir el límite de nuestros talentos, aquello que nunca alcanzaremos, de conocernos a nosotros mismos y de apreciar nuestro poder. El mayor propósito de mi vida es poder ayudar a otros. Esa lección que aprendí de niño —que nadie vendría a salvarnos—, si bien era cierta, no era inevitable. Todos podemos tomar decisiones. ¿Intervenimos o miramos hacia otro lado? Incluso un gesto pequeño puede cambiar la trayectoria de la vida de una persona, aunque quizás solo sea para brindar un atisbo de esperanza. Ahora puedo ser ese rayo de luz para alguien que lo necesite con desesperación.

Cuando conocí al padre Leonir, hablamos sobre mi experiencia, y él me explicó que en realidad yo no había sido capaz de sanar el trauma de mi infancia porque estaba empleando mi energía en vano al intentar viajar en el tiempo y salvar a mi madre de sucumbir frente a su propio sufrimiento. Nunca sería capaz de sanarla a ella, ni tampoco a ese pequeño que estaba a su lado, pero lo que *sí* podía hacer era salvar a otros al borde del ahogamiento. «Ve hacia el río», dijo el padre Leonir. Así encontraría mi camino hacia la paz.

◉ ◉ ◉

Y de esa forma me vi subido a un escenario en Central Park en septiembre de 2021, donde tuve el privilegio de dirigirme a un público de sesenta mil personas en la pradera *Great Lawn* y hablar de cómo todos podíamos ser agentes del cambio. Durante los últimos tres años, una rama interreligiosa de la Iglesia católica llamada Global Solidarity Fund (GSF) ha estado recaudando fondos para ayudar a migrantes y refugiados de todo el mundo y fortalecer el impacto de organizaciones religiosas que asisten a cientos de millones de personas. Me siento interpelado por el drama de la inmigración. Cuando vemos imágenes horripilantes sobre la migración masiva en televisión, no deberíamos preguntarnos «¿por qué vienen?», sino «¿de qué huyen? ¿Cómo de terrible debe ser su situación y cuánta desesperación deben sentir para verse forzados a huir de sus tierras? ¿Cuánto ingenio y esfuerzo se necesita para emprender ese viaje?». Yo estuve involucrado en GSF, intenté devolver lo recibido y convencer a otros para formar parte de esa misión. Sobre ese escenario, anuncié que lanzaríamos una campaña para recaudar cien millones de dólares para destinarlos a alimentos, vacunas y formación laboral, y que ya habíamos recaudado los primeros veintiocho millones para cumplir esa meta.

Mi misión era transmitir el sueño de igualdad del papa Francisco a todos aquellos que estuvieran escuchando, más allá de sus propias creencias religiosas personales, y hacerles llegar el mensaje de la solidaridad global. ¡En medio de un concierto de rock… en un parque… en cuarenta y siete segundos! Me habían informado que debía atenerme a un guion perfectamente cronometrado y que debía subir al escenario poco después de que lo hicieran el príncipe Harry y Meghan Markle. Estaba nervioso, pero, mientras subía las escaleras hacia el escenario, me fijé en los edificios de la hermosa Manhattan, las construcciones a lo largo de la Quinta Avenida, donde viven y trabajan algunas de las personas más adineradas del mundo cerniéndose sobre nosotros. En ese momento, pensé en alguien bebiendo tranquilamente un delicioso té en uno de esos edificios que lindaban con Central Park, y lo comparé con el padre Leonir en una zona de guerra brindando ayuda a una familia que escapa de asesinatos y violaciones. De manera instintiva supe que debía salirme del guion para conectar con la audiencia. Necesitaba *quemar mis naves* por el padre Leonir y el papa Francisco.

«¿Veis aquellos edificios allí en Central Park detrás de vosotros?», pregunté a los miembros de la audiencia, quienes giraron la cabeza mientras la cámara cambiaba el plano para mostrárselos a los millones de espectadores que nos estaban siguiendo en todo el mundo. El *teleprompter* entró en un frenético caos. «Yo no crecí allí. Crecí en un lugar llamado Queens, Nueva York. Ahora bien, como tantos en Nueva York, crecí en la pobreza y dependí de los servicios públicos, y hubo muchas ocasiones en las que no sabía de dónde saldría mi próxima comida, y agradezco todo el apoyo que recibí. Sin embargo, recuerdo que, en mis momentos de mayor desesperación cuando tenía el estómago vacío, muchas veces me encontré un corazón generoso y una caja repleta de comida proveniente de mi centro católico local. Por esa razón estoy aquí esta noche…».

Más tarde pedí perdón por los cuarenta y dos segundos de más. Un mes más tarde, me otorgaron el mayor honor de mi vida: una reunión privada con el papa Francisco en el Vaticano. El papa Francisco cambió drásticamente la tradición cuando fue elegido vicario de Cristo en la tierra en 2013 y rechazó todas las ostentaciones mundanas del cargo —entre las que se encontraban los lujosos aposentos del palacio— para, en lugar de eso, vivir de manera permanente en una casa para huéspedes y desplazarse por Roma en un Renault del año 1984.

Había un mensaje subyacente en su enfoque revolucionario. Un corto tiempo después de su elección, el papa visitó la prisión *Casal del Marmo* en Roma y lavó los pies de doce presos. «El que está más en alto debe estar en servicio de los otros», explicó el papa Francisco. «Lavar los pies es un símbolo, una señal que significa yo estoy a su servicio»[12].

Observé cómo entraba en un salón modesto del Vaticano, y todos nosotros nos sentimos privilegiados por estar allí reunidos en círculo. El papa Francisco se dirigió a nosotros de uno a uno, lo que nos hizo sentir como si fuéramos las únicas personas en el mundo. Le dije que fue su compasión la que me había inspirado para ir hasta ahí, que había crecido en la pobreza y que el banco de alimentos de la parroquia local me había ayudado. Ahora estaba ahí —recaudando dinero e intentando ayudar a la iglesia— para devolver el favor.

Él me explicó cómo lo opuesto a la indiferencia es la solidaridad, y cómo todos necesitamos devolver lo recibido, no solo en la distancia, sino de manera íntima. «Manténganse cerca de los pobres», dijo. «Visiten la periferia, no solo para sus cuerpos, sino para sus almas». Con aquellas palabras viajé al pasado y recordé cómo, hacia el final de su vida, mi madre deseaba con desesperación que alguien le lavara el cabello para poder volver a sentirse un poco humana, pero en el salón local la recibieron con asco ya que ya no era capaz de bañarse sola. Anhelaba ser vista. El dinero ayudaba, pero el contacto humano era aquello que realmente deseaba. Solidaridad. Esperanza. Conexión.

◉ ◉ ◉

He intentado conectar en estas páginas. He intentado conectar con los empresarios y socios con los que trabajo, y también con las personas con las que me encuentro en mi vida que podrían necesitar mi ayuda. Nunca olvidaré mi visita al papa Francisco, en especial esas palabras que pronunció al final de nuestra reunión, las palabras perfectas para impulsarte a quemar algunas naves: «Ten coraje».

Sé lo simple que suena, y lo difícil que es en realidad. Cuando renuncié a mi cargo con los Jets, la gente me decía que estaba cometiendo un error increíblemente arriesgado, increíblemente estúpido. Me decían que nadie respondería a mis llamadas y que no era nada sin el equipo.

Les respondí que no, que los Jets no son mi plataforma, que yo era mi propia plataforma.

Tú eres tu propia plataforma. Tu inteligencia es la plataforma. Adueñate de tu talento y nunca mires atrás.

Ten coraje.

◉ ◉ ◉

No hace mucho, estaba de vacaciones en Lake George, Nueva York. Habíamos alquilado un barco, y sobre las aguas del lago me encontré con el embarcadero más adorable que jamás he visto, el cual llevaba allí más de medio siglo. Comencé a hablar con uno de los propietarios, quien era descendiente del hombre que había construido todo el proyecto: la casa y los barcos. Había un hermoso bote de madera amarrado a un lado, tan bien cuidado que parecía preservado en el tiempo. Parecía haber salido de un canal de Venecia.

«¿Cuál es la historia de ese?», pregunté.

«Ah, ese bote es muy especial».

Sesenta años atrás, el embarcadero se había quemado hasta los cimientos. Una noticia del cinco de mayo de 1957 confirma la historia: «Incendio en el embarcadero de Smith en Bolton Landing. Las estaciones de bomberos de Bolton Landing, Lake George, Chestertown y Warrensburg trabajaron durante cinco horas para extinguir las llamas».

El propietario original estaba trabajando el día en el que se desató el incendio. Los troncos que apuntalaban la construcción actuaron como pólvora. Él sabía que la estructura podría reemplazarse, pero temía que las llamas devoraran los botes y destruyeran todo en lo que él había trabajado durante toda su vida. Corrió a empujar muchos de los botes hacia el lago, pero se estaba quedando sin tiempo. En aquel momento, tuvo una epifanía. Con un infierno de llamas a su alrededor, corrió hacia adentro y cogió un hacha de la pared. Se ubicó frente al valioso bote que quedaba y comenzó a golpear salvajemente el casco. Si hundía el barco, el motor se inundaría, pero el resto de la embarcación quedaría a salvo de las llamas. Entonces, cuando el fuego se extinguiera, él podría recuperar el bote, sustituir las piezas y reconstruir su negocio.

Si te vas a llevar algo de este libro, espero que sea mi firme creencia en tu capacidad infinita de, simplemente, encontrar la solución. Confía en mí: cuando te encuentres entre la espada y la pared y parezca no haber salida, encontrarás la manera.

En lugar de *quemar tus naves*, quizás debas hundirlas.

Agradecimientos

Siempre he concebido mi improbable vida como una serie de etapas en una carrera de relevos interminable. Empezando por mi primer trabajo en Queens, Nueva York, siempre hubo alguien que vio hacia dónde me dirigía y no de dónde venía, tomó el testigo y me condujo a la próxima etapa. Diane Cohen, Alan Gershuny, el congresista Gary Ackerman, Michael Shenkler, Michael Nussbaum, David Oats, Cristyne Lategano-Nicholas, Colleen Roche, Sunny Mindel, Lou Tomson, Kevin Rampe, Michael McKeon, el gobernador George Pataki, John Cahill, Lisa Stoll, Jay Cross, Woody Johnson, Len Schlesinger, Jeff Frost, Holly Jacobs, Clay Newbill, Rob Mills, Mark Burnett, Barry Poznick, Mark Hoffman y, por supuesto, mi socio, mentor y tío adoptivo, Stephen Ross. En diferentes encrucijadas de mi carrera, todos valorasteis mi potencial por encima de mi pasado y allanasteis mi camino y progreso profesional. Hay muchos otros que creyeron en mí más que yo mismo. Os llevo con gratitud en mi corazón, todos los días de mi vida.

Deseo que este libro os parezca crudo y vulnerable por momentos. Estoy en deuda con todos esos visionarios maravillosos de todas las esferas de la vida cuyas historias ayudan a explicar lo que significa *quemar tus naves*. A Aidan Kehoe y Mike Tannenbaum en particular, gracias por no guardaros nada y permitirme compartir vuestro inquebrantable compromiso hacia el proceso de mejora personal.

Agradezco a todos los lectores que leyeron las primeras versiones de este manuscrito. Hicieron que el resultado final sea infinitamente mejor gracias a sus ideas precisas, sus amables comentarios y su creencia llena de afecto de que *Quemar las naves* podía cambiar vidas: Claudia Lezcano del Campo, Susanne Norwitz, Dave Warren, Eric Van Wagenen, Elyse Propis, John Ciorra. Vanessa Ballesteros, vuestros comentarios ampliaron el alcance de *Quemar las naves* con tal de interpelar de manera efectiva a aquellos a quienes se les han negado las oportunidades de las que yo he gozado.

¿Cómo llegué a *Shark Tank* o a tener mi propio piloto de televisión? Mi representante Reed Bergman consideró que yo era una personalidad televisiva inusual e hicieron que sucediera.

A mi increíble y comprometido equipo de RSE Ventures, ¿acaso hay algo que no podáis conseguir ? Somos un equipo de hormigas capaces de cargar varias veces nuestro peso corporal. La habilidad de cada uno de vosotros para sortear cualquier situación me brindó el espacio mental que necesitaba para escribir este libro y trabajar a distancia cuando fuera necesario. Uday Ahuja, Corrine Glass y Ljena Dedvukovic, gracias por vuestro liderazgo constante de nuestro equipo excepcional. Jessica Rizzo, sin ti no hay RSE, y tu energía positiva, que nos ha acompañado durante la última década, es un regalo para todos nosotros. Lou Majano, gracias por tu ayuda para coordinar los infinitos detalles que requieren la escritura de un libro, ¡y por coordinar más de cincuenta entrevistas!

Quemar las naves debe su existencia al gran visionario y agente literario Michael Palgon, quien moldeó este libro a través de una serie de encuentros maratonianos de pizarras blancas y litros de cafeína. Mi amor por los libros comenzó con Beverly Cleary, de modo que unirme al sello editorial que ella consideraba su hogar, William Morrow, me llena de orgullo y nostalgia. Mauro DiPreta, de HarperCollins, de inmediato vio el potencial que tenía *Quemar las naves* para cambiar vidas, y lo apostó todo para hacer realidad la idea de este autor novel. Gracias a Andrew Yackira por mejorar este libro con cada edición. Carol Lehmann, eres una verdadera artista, y has creado una portada tan poderosa e impactante que resulta imposible no pararse a observarla. Jeremy Blachman, fuiste mi socio en cada aspecto de la creación de *Quemar las naves*. Durante innumerables encuentros en el curso de un año, no dejamos de profundizar en las ideas de estas páginas, y luego buscamos historias y personalidades que enfatizaran cada concepto. Resulta difícil imaginar que exista alguien a quien le importe más tu libro que a ti, pero así me sentía trabajando con Jeremy.

A mis hermosos hijos, la parte más difícil de la escritura de este libro ha sido manteneros por completo fuera de él, tal como os he mantenido alejados del ojo público durante todos estos años. Se podría decir que no incluiros en *Quemar las naves* es la única mentira que he contado en este libro. Ya que deseo que el mundo sepa que sois mi vida entera. A mi sabio hijo de quince años, gracias por haberlo leído. Notarás que he incorporado cada uno de tus fantásticos comentarios (y sí, habrá un examen).

Mi madre, Linda, falleció con cien dólares en su cuenta bancaria, pero yo heredé el regalo más valioso que una madre puede hacerle a un hijo: una fe ilimitada en mi capacidad de resolver cualquier situación. Cada plan disparatado era recibido con un apoyo irracional. La hoja de ruta de *Quemar las naves* fue diseñada hace mucho tiempo en torno a la mesa de nuestra cocina. Suavicé gran parte de mi infancia en este libro, y mis hermanos Todd, Timmy y Tommy también pagaron un precio muy alto por nuestra crianza que no he querido reflejar en estas páginas. Pero quiero que sepáis que os tengo siempre presentes. Todd, has sido mi consejero desde que éramos niños. Todos necesitamos a alguien que conozca la historia al completo. Para mí, ese eres tú.

Finalmente, mi querida esposa, Sarah. ¿Cómo somos tan afortunados? Eres todas estas cosas a la vez: mejor amiga, alma gemela, mi norte cuando no encuentro el camino y mi aliada cuando no quiero hacerlo. No existe nadie a quien admire más que a ti.

Te dedico este libro.

Notas

Introducción

1. Hoff, Rabbi Dr. Naphtali. 2017. «Learn to Burn Your Boats». *Jewishlink.* 9 de noviembre de 2017. https://jewishlink.news/features/21533-learn-to-burn-your-boats.

2. «The Annotated Art of War». (Partes 11.38-40: *No Way Back*) s.f. Changing Minds. Recuperado el 11 de Agosto de 2022. http://changingminds.org/disciplines/warfare/art_war/sun_tzu_11-8.htm.

3. Bishop, Greg. 2011. «Channeling Churchill, Ryan Inspires His Team». The *New York Times*, 7 de enero de 2011, sec. Deportes. https://www.nytimes.com/2011/01/08/sports/football/08ryan.html.

Capítulo 1: Sigue tu instinto

1. Emerson, Ralph Waldo. 1993. *Self-Reliance and Other Essays*. Mineola, Nueva York: Dover Publications.

2. Jasper. 2019. «Airbnb Founder Story: From Selling Cereals to a $25B Company». *Get Paid for Your Pad.* 9 de agosto de 2019. https://getpaidforyourpad.com/blog/the-airbnb-founder-story/.

3. «Stephen Ross». s.f. *Forbes*. Recuperado el 31 de agosto de 2022. https://www.forbes.com/profile/stephen-ross/?sh=4df40b506220.

4. Williams, Keith. 2016. «The Evolution of Hudson Yards: From "Death Avenue" to NYC's Most Advanced Neighborhood». *Curbed NY.* 13 de diciembre de 2016. https://ny.curbed.com/2016/12/13/13933084/hudson-yards-new-york-history-manhattan.

5. Schulman, Pansy. 2019. «New York Citadel: A Future History of Hudson Yards» *Bard College*. https://digitalcommons.bard.edu/senproj_s2019/139/

6. Skid, Nate y Jonathan Fazio. 2021. «How Abhi Ramesh Built a $1 Billion Start-up Called Misfits Market». *CNBC.* 23 de mayo de 2021. https://www.cnbc.com/video/2021/05/23/how-abhi-ramesh-built-a-1-billion-start-up-called-misfits-market.html.

7. Wilco, J. R. 2011. «The Stonecutter's Creedo». *Pounding the Rock.* 27 de diciembre de 2011. https://www.poundingtherock.com/pages/the-stonecutters-creedo.

Capítulo 2: Supera tus demonios y enemigos

1. Nishant, Niket. 2021. «Impossible Foods Raises $500 Mln in Funding Round Led by Mirae». *Reuters,* 23 de noviembre de 2021, sec. U.S. Markets. https://www.reuters.com/markets/us/impossible-foods-raises-500-mln-latest-funding-2021-11-23/.

2. Connor, Andrea. 2017. *The Political Afterlife of Sites of Monumental Destruction: Reconstructing Affect in Mostar and New York.* United Kingdom: Taylor & Francis.

3. Wolfson, Elizabeth. 2017. «The "Black Gash of Shame"—Revisiting the Vietnam Veterans Memorial Controversy». *Art21 Magazine.* 15 de marzo de 2017. https://magazine.art21.org/2017/03/15/the-black-gash-of-shame-revisiting-the-vietnam-veterans-memorial-controversy/

4. Kapp, Matt. 2016. «Of Stone and Steel: The Story behind the 9/11 Memorial». *Vanity Fair.* 9 de septiembre de 2016. https://www.vanityfair.com/news/2016/09/the-story-behind-the-911-memorial.

5. Jensen, Michael, Torsten Twardawski y Nadja Younes. 2021. «The Paradox of Awards: How Status Ripples Affect Who Benefits from CEO Awards». *Organization Science* 33 (3). https://doi.org/10.1287/orsc.2021.1475.

6. Billan, Dr. Rumeet y Todd Humber. s.f. «The Tallest Poppy: Successful Women Pay a High Price for Success». *Viewpoint Leadership, Women of Influence, Canadian HR Reporter, Thomson Reuters.* Recuperado el 11 de agosto de 2022. https://static1.squarespace.com/static/5760345a044262a766b7a699/t/5bc4aa0f4785d3ab4d047fd7/1539615256731/TPS+Whitepaper.pdf.

7. Billan and Humber.

8. Kross, Ethan, Emma Bruehlman-Senecal, Jiyoung Park, Aleah Burson, Adrienne Dougherty, Holly Shablack, Ryan Bremner, Jason Moser y Ozlem Ayduk. 2014. «Self-Talk as a Regulatory Mechanism: How You Do It Matters». *Journal of Personality and Social Psychology* 106 (2): 304–24. https://doi.org/10.1037/a0035173.

9. Jordt, Hannah, Sarah L. Eddy, Riley Brazil, Ignatius Lau, Chelsea Mann, Sara E. Brownell, Katherine King y Scott Freeman. 2017. «Values Affirmation Intervention Reduces Achievement Gap between Underrepresented Minority and White Students in Introductory Biology Classes». Editado por Jeff Schinske. *CBE—Life Sciences Education* 16 (3): ar41. https://doi.org/10.1187/cbe.16-12-0351.

10. Logel, Christine y Geoffrey L. Cohen. 2011. «The Role of the Self in Physical Health». *Psychological Science* 23 (1): 53–55. https://doi.org/10.1177/0956797611421936.

11. *National Geographic*. 2015. «The Power of Positivity | Brain Games». YouTube 22 de junio de 2015. https://www.youtube.com/watch?v=kO1kgl0p-Hw&t=1s.

12. Hendricks, Jaclyn. 2021. «Rex Ryan's "Toe Expert" Joke Causes "Get Up" Cast to Completely Lose It». *New York Post*. 13 de diciembre de 2021. https://nypost.com/2021/12/13/espn-get-up-cast-loses-it-over-rex-ryans-toe-expert-joke.

13. Wenders, Wim, dir. 2018. *El papa Francisco: un hombre de palabra*. Focus Features.

14. *Vatican News*. 2019. «Pope Francis Reflects on Meaning of Death». *YouTube*. https://www.youtube.com/watch?v=fjhoVsUl0UI.

Capítulo 3: Da el salto

1. Ruiz, Eric M. 2016. «Meet Sarah Cooper, the Ex-Googler behind the Cartoons That Have Captured the Internet». *Observer*. 4 de octubre de 2016. https://observer.com/2016/10/meet-sarah-cooper-the-ex-googler-behind-the-cartoons-that-have-captured-the-internet/.

2. Johnson, Eric. 2018. «For Comedian Sarah Cooper, a Job at Google Was Plan B». *Vox*. 10 de enero de 2018. https://www.vox.com/2018/1/10/16871786/sarah-cooper-comedian-google-dick-costolo-kara-swisher-recode-decode-podcast.

3. Shin, Jihae y Katherine L. Milkman. 2016. «How Backup Plans Can Harm Goal Pursuit: The Unexpected Downside of Being Prepared for Failure». SSRN Papers Rochester, NY. 10 de abril de 2016. https://ssrn.com/abstract=2538889.

4. M, Marvis. 2020. «I HATE PLAN B –Arnold Schwarzenegger –the Most Inspiring Speech Ever». YouTube 9 de diciembre de 2020. https://www.youtube.com/watch?v=uGHI58Fhrgk.

Capítulo 4: Optimiza tu ansiedad

1. Diamond, David M., Adam M. Campbell, Collin R. Park, Joshua Halonen y Phillip R. Zoladz. 2007. «The Temporal Dynamics Model of Emotional Memory Processing: A Synthesis on the Neurobiological Basis of Stress-Induced Amnesia, Flashbulb and Traumatic Memories, and the Yerkes-Dodson Law». *Neural Plasticity* 2007: 1–33. https://doi.org/10.1155/2007/60803.

2. Woolley, Kaitlin y Ayelet Fishbach. 2022. «Motivating Personal Growth by Seeking Discomfort». *Psychological Science* 33 (4): 9567976211044685. https://doi.org/10.1177/09567976211044685.

3. Hood, Julia. 2001. «Higgins Steers Kozmo with Political Gusto». *Prweek.com. PR Week Global.* 5 de marzo de 2001. https://www.prweek.com/article/1238055/analysis-profile-higgins-steers-kozmo-political-gusto-matt-higgins-sees-symmetry-political-pr-dot-com-pr-demand-strong-conviction-willingness-brave.

4. McCallum, Jack. 2019. «Have You Heard the One about My Crippling Depression?». *Boston Magazine.* 2 de diciembre de 2019. https://www.bostonmagazine.com/arts-entertainment/2019/12/02/gary-gulman/.

5. McCallum, 2019.

6. Wilstein, Matt. 2020. «The 10 Best Stand-up Specials to Stream While Quarantined». *The Daily Beast*, 17 de marzo de 2020, sec. Entretenimiento. https://www.thedailybeast.com/10-best-stand-up-specials-to-stream-under-coronavirus-quarantine.

7. Posnanski, Joe. 2009. «Zack Greinke Is in Total Control». *Sports Illustrated.* 28 de abril de 2009. https://www.si.com/more-sports/2009/04/28/zack-greinke.

8. Wulf, Steve. 2015. «The Mastery and Mystery of Zack Greinke». *ABC News.* 15 de octubre de 2015. https://abcnews.go.com/Sports/mastery-mystery-zack-greinke/story?id=34499251.

9. Plaschke, Bill. 2013. «Zack Greinke Gets through Anxious Moments». *Los Angeles Times.* 15 de febrero de 2013. https://www.latimes.com/sports/la-xpm-2013-feb-15-la-sp-0216-plaschke-greinke-20130216-story.html.

10. Helder, T. Van y M. W. Radomski. 1989. «Sleep Deprivation and the Effect on Exercise Performance». *Sports Medicine* 7 (4): 235–47. https://doi.org/10.2165/00007256-198907040-00002.

11. Kozan, Kayla. s.f. «Huge List of CEOs That Meditate at Work | 2020». *Peak Wellness.* Recuperado el 11 de agosto de 2022. https://trytwello.com/ceos-that-meditate/.

12. Seppälä, Emma. 2015. «How Meditation Benefits CEOs». *Harvard Business Review*. 16 de diciembre de 2015. https://hbr.org/2015/12/how-meditation-benefits-ceos.

13. Novak, Viveca. 2011. «Bum Rap for Rahm». *FactCheck.org*. 13 de enero de 2011. https://www.factcheck.org/2011/01/bum-rap-for-rahm/.

Capítulo 5: Acepta las crisis

1. Fredrickson, Barbara L., Michele M. Tugade, Christian E. Waugh y Gregory R. Larkin. 2003. «What Good Are Positive Emotions in Crisis? A Prospective Study of Resilience and Emotions Following the Terrorist Attacks on the United States on September 11th, 2001». *Journal of Personality and Social Psychology* 84 (2): 365–76. https://doi.org/10.1037/0022-3514.84.2.365.

2. Panja, Tariq. 2022. «Rare Champions League Rights Sale Produces Two Winners». The *New York Times*, 3 de febrero de 2022, sec. Deportes. https://www.nytimes.com/2022/02/03/sports/soccer/champions-league-relevent-uefa.html.

3. «Year of Wonders 1665–1667». s.f. *National Trust*. https://www.nationaltrustcollections.org.uk/place/woolsthorpe-manor.

4. Freke, Timothy. 2002. *Tao*. Harry N Abrams.

5. Daniels, Cora. 2004. «The Man Who Changed Medicine». Money.cnn.com. 29 de noviembre de 2004. https://money.cnn.com/magazines/fortune/fortune_archive/2004/11/29/8192713/index.html.

6. Schwartz, Barry. 2006. «More Isn't Always Better». *Harvard Business Review*. Junio de 2006. https://hbr.org/2006/06/more-isnt-always-better.

Capítulo 6: Rompe con los patrones que se interponen en tu camino

1. Greenberg, Jason y Ethan R. Mollick. 2018. «Sole Survivors: Solo Ventures versus Founding Teams». *SSRN Electronic Journal*. https://doi.org/10.2139/ssrn.3107898.

2. Howell, Travis, Christopher Bingham y Bradley Hendricks. 2022. «Don't Buy the Myth That Every Startup Needs a Co-Founder». *Harvard Business Review*. 20 de abril de 2022. https://hbr.org/2022/04/dont-buy-the-myth-that-every-startup-needs-a-co-founder.

3. Reilly, Claire. 2018. «Juicero Is Still the Greatest Example of Silicon Valley Stupidity». *CNET.* 1 de septiembre de 2018. https://www.cnet.com/culture/juicero-is-still-the-greatest-example-of-silicon-valley-stupidity/.

4. Lanxon, Nate. 2009. «The Greatest Defunct Web Sites and Dotcom Disasters». *CNET.* 18 de noviembre de 2009. https://www.cnet.com/tech/computing/the-greatest-defunct-web-sites-and-dotcom-disasters/.

5. «Theranos». 2016. *Web.archive.org.* 22 de junio de 2016. https://web.archive.org/web/20160622193253/https://www.theranos.com/test-menu.

6. Katz, Ariel. 2021. «The Theranos Fiasco Shows How Much Startup Advisory Boards Matter». *TechCrunch.* 10 de octubre de 2021. https://techcrunch.com/2021/10/10/the-theranos-fiasco-shows-how-much-startup-advisory-boards-matter/.

7. Kuran, Timur y Cass Sunstein. 2007. «Availability Cascades and Risk Regulation». Universidad de Chicago. https://papers.ssrn.com/sol3/papers.cfm?abstract_id=138144.

Capítulo 7: Consolida tus ganancias

1. Del Rey, Jason. 2021. «Walmart's E-Commerce Chief Is Leaving to Build "a City of the Future"». *Vox.* 15 de enero de 2021. https://www.vox.com/recode/2021/1/15/22232033/marc-lore-walmart-leaving-jet-city-future-capitalism.

2. Souhan, Jim. 2021. «New Owners Have Some Wild Ideas —like Turning Timberwolves into Winners». *Star Tribune.* 28 de septiembre de 2021. https://www.startribune.com/timberwolves-alex-rodriguez-marc-lore-wild-ideas-jim-souhan/600101481/.

3. Alsever, Jennifer. 2021. «Why Tech Billionaire Marc Lore Wants to Build a Utopian City». *Fortune.* 1 de septiembre de 2021. https://fortune.com/2021/09/01/billionaire-marc-lore-utopian-city-equitism/.

4. Gould, Jennifer. 2021. «*Jet.com* Founder Marc Lore Has Fleet of Trucks Ready to Deliver Bobby Flay to You». *New York Post.* 14 de diciembre de 2021. https://nypost.com/2021/12/13/jet-com-founder-marc-lore-has-fleet-of-trucks-ready-to-deliver-bobby-flay-to-you/.

5. Geng, Joy J., Bo-Yeong Won y Nancy B. Carlisle. 2019. «Distractor Ignoring: Strategies, Learning, and Passive Filtering». *Current Directions in Psychological Science* 28 (6): 600–606. https://doi.org/10.1177/0963721419867099.

6. Braverman, Harry. 1998. *Labor and Monopoly Capital: The Degradation of Work in the Twentieth Century*. Nueva York: Monthly Review Press.

7. Kasra Design. 2020. «Dwayne Johnson –Back against the Wall | Collage Animation». *Vimeo.* 23 de noviembre de 2020. https://vimeo.com/482895699.

Capítulo 8: Ríndete ante la grandeza de los demás

1. Cook, John. 2011. «Jeff Bezos on Innovation: Amazon "Willing to Be Misunderstood for Long Periods of Time"». *GeekWire.* 7 de junio de 2011. https://www.geekwire.com/2011/amazons-bezos-innovation/.

2. Connie Schultz «A Voice for the Underdog and Underprivileged». s.f. www.pulitzer.org. Recuperado el 11 de Agosto de 2022. https://www.pulitzer.org/article/voice-underdog-and-underprivileged.

3. Bloomberg. 2020. «Ark's Cathie Wood Has "No Regrets" on Tesla Call». YouTube 18 de diciembre de 2020. https://www.youtube.com/watch?v=ORrZMaX8VQc.

4. Weinstein, Netta y Richard M. Ryan. 2010. «When Helping Helps: Autonomous Motivation for Prosocial Behavior and Its Influence on Well-Being for the Helper and Recipient». *Journal of Personality and Social Psychology* 98 (2): 222–44. https://doi.org/10.1037/a0016984.

5. Farino, Lisa. 2017. «*New Research Shows That Helping Others May Be the Key to Happiness*». *G.O. Community Development Corporation*. 25 de abril de 2017. https://www.go-cdc.org/2017/new-research-shows-that-helping-others-may-be-the-key-to-happiness/.

6. Santi, Jenny. 2015. «The Science behind the Power of Giving (Op-Ed)». *Livescience.com.* 1 de diciembre de 2015. https://www.livescience.com/52936-need-to-give-boosted-by-brain-science-and-evolution.html.

Capítulo 9: Manifiesta tus sueños más locos

1. Keating, Peter. 2020. «The Baseball Hall of Famer Who Runs a Funeral Home». *ESPN.com.* 28 de mayo de 2020. https://www.espn.com/mlb/story/_/id/29224947/the-baseball-hall-famer-runs-funeral-home-andre-dawson-second-act.

2. Scott, Ellen. 2018. «Why You Feel Down after Running a Marathon». *Metro.* 15 de junio de 2018. https://metro.co.uk/2018/06/15/get-post-marathon-blues-7633314/.

3. Woolley, Kaitlin y Ayelet Fishbach. 2015. «The Experience Matters More than You Think: People Value Intrinsic Incentives More inside than Outside an Activity». *Journal of Personality and Social Psychology* 109 (6):968–82. https://doi.org/10.1037/pspa0000035.

4. Florio, John y Ouisie Shapiro. 2016. «The Dark Side of Going for Gold». *The Atlantic*. 18 de agosto de 2016. https://www.theatlantic.com/health/archive/2016/08/post-olympic-depression/496244/.

5. Friedman, Ron. 2015. «Staying Motivated after a Major Achievement». *Harvard Business Review*. 3 de febrero de 2015. https://hbr.org/2015/02/staying-motivated-after-a-major-achievement.

6. Friedman, 2015.

7. Becker, Joshua. 2012. «About Becoming Minimalist». *Becoming Minimalist*. 8 de mayo de 2012. https://www.becomingminimalist.com/becoming-minimalist-start-here/.

8. Becker, Joshua. s.f. «The Emptiness of Sports Is Most Felt in Victory». *Becoming Minimalist*. Recuperado el 11 de agosto de 2022. https://www.becomingminimalist.com/emptiness/.

9. Becker, «*The Emptiness of Sports Is Most Felt in Victory*».

10. Young, Jabari. 2021. «Fanatics Owner Michael Rubin Put His $18 Billion Empire aside to Focus on Families Affected by Unfair Justice System». *CNBC*. 24 de diciembre de 2021. https://www.cnbc.com/2021/12/24/fanatics-owner-michael-rubin-reform-alliance-hosts-76ers-experience.html.

11. Young, 2021.

12. Parham, Robert. 2013. «Pope Francis Models Humility in World That Practices Humiliation». *Good Faith Media*. 2 de abril de 2013. https://goodfaithmedia.org/pope-francis-models-humility-in-world-that-practices-humiliation-cms-20624/.